周秋琴 著

法学视野下的
农民工权益保障问题研究

江苏大学出版社
JIANGSU UNIVERSITY PRESS

图书在版编目(CIP)数据

法学视野下的农民工权益保障问题研究/周秋琴著
. —镇江：江苏大学出版社，2011.10
ISBN 978-7-81130-276-9

Ⅰ. ①法… Ⅱ. ①周… Ⅲ. ①民工－权益保护－研究
－中国 Ⅳ. ①D923.804

中国版本图书馆 CIP 数据核字(2011)第 215539 号

法学视野下的农民工权益保障问题研究

著　者/周秋琴
责任编辑/林　卉
出版发行/江苏大学出版社
地　址/江苏省镇江市梦溪园巷 30 号(邮编：212003)
电　话/0511-84440890
传　真/0511-84446464
排　版/镇江文苑制版印刷有限责任公司
印　刷/丹阳市教育印刷厂
经　销/江苏省新华书店
开　本/890 mm×1 240 mm 1/32
印　张/8.25
字　数/250 千字
版　次/2011 年 10 月第 1 版　2011 年 10 月第 1 次印刷
书　号/ISBN 978-7-81130-276-9
定　价/36.00 元

如有印装质量问题请与本社发行部联系(电话：0511-84440882)

目 录

农民工问题的产生和发展

"三农"问题是当前我国建设社会主义和谐社会和社会主义新农村工作中的重要问题。中国的问题实质上是农民问题。这个判断不但在革命战争年代得到了验证,在新中国成立后乃至改革开放的今天仍然是正确的。农民工的出现是社会全面进步的重要标志,他们为我国工业化、现代化建设作出了巨大的贡献,但他们进入城市从事非农工作却未能改变农民的身份,未被城市所认同和接纳。他们处于产业的边缘、城市的边缘、体制的边缘,是矛盾的复合体。关注这个庞大的弱势群体的利益,赋予其应有的社会地位,依法保障其合法权益,不仅关系到国家的安全和社会稳定,更关系到我国现代化建设战略目标的实现,是构建社会主义和谐社会的题中应有之义。

一、 农民工问题产生和发展的历程

农民工问题的产生和发展,经历了一个曲折的过程。

(一)新中国成立初期:农村人口城市化热潮

人口总是处于一定程度和范围的流动之中,农民也需要流动。1949 年以前,农民流动在相当程度上是属于"流民"的性质。但是,20世纪 50 年代的大量农民外流却与此有着显著的差别,它是在中国政治和经济环境相对稳定、工业化和城市化开始起步的大背景下出现的合乎理性的经济行为。

当治理了战争的创伤、恢复了被战争破坏的国民经济以后，从 1953 年开始，我国实施第一个五年计划，开始了大规模的社会主义经济建设，客观上各地需要的劳动力增多。所以，当时农村许多青壮年人口响应国家的号召，踊跃进入城市参加国家大规模的工业建设，短短的几年时间里，城市人口大量增加。"一五"期间，城市人口增加 55% 。城市人口的激增，使粮油供应出现全面紧张，而且随着国家工业建设指标的调整，政府部门不得不采取了一系列措施，限制农村人口流入城市。其中特别是加强了户口迁移管理制度。1957 年 12 月 18 日，中共中央、国务院联合发出《关于制止农村人口盲目外流的指示》，要求城乡户口管理部门加强户籍管理，切实做好制止农村人口盲目外流工作。1958 年 1 月 9 日，第一届全国人大常委会第 91 次会议通过了《中华人民共和国户口管理登记条例》，该条例第十条第二款明确规定："公民由农村迁往城市，必须持有城市劳动部门的录用证明，学校的录取证明，或者城市户口登记机关的准予迁入的证明，向常住地户口登记机关申请办理迁出手续。"①这一规定将中共中央、国务院《关于制止农村人口盲目外流的指示》内容法制化，标志着我国以严格限制农村人口向城市流动为核心的户口迁移制度的形成。户口迁移、粮油供应、劳动用工和社会福利等 4 项制度相互联系，形成了城乡分隔的屏障。1961 年 6 月中央连续发文规定，3 年内城镇人口必须比 1960 年底减少 2 000 万人以上，特别是 1958 年以来从农村招收的职工，凡是能够回农村的，都应动员其回到农村。从此，农村人口不但难以再进城寻找职业，相反还不得不响应国家和政府的号召，一次又一次地接纳城市下放来的职工、干部、青年学生，把有限的农业饭分给他们一份。这样逆向的劳动力流动虽然在短期内对减轻国家负担起到了一定的历史作用，但在社会经济发展的总趋势中是不利于城市化进程的，也是不利于农民摆脱贫困走上致富之路的。它进一步扩大了城乡差距，妨碍了农村社会结构的变革和农民素质的提高。

---

① 张英红：《户籍制度的历史回顾与改革前瞻》，《宁夏社会科学》，2002 年第 5 期。

（二）20 世纪 70 年代末至 80 年代末：掀起改革浪潮，大量农民外出闯世界

党的十一届三中全会实现了党和国家的工作重点由"以阶级斗争为纲"向"以经济建设为中心"的转移，掀起了我国改革的浪潮。而我国的改革是从农村起步的。农民基于自身生存和发展的需要，首先突破传统的经济体制，创造了家庭联产承包责任制，其后又突破了"城市搞工业，农村搞农业"的传统计划经济格局，大力发展乡镇企业，极大地调动了农民的生产积极性，促进了农业生产的发展和农业劳动生产率的提高。短短十几年，农村的贫困、落后面貌发生了巨大变化，农民生活水平显著提高。农业剩余劳动力大量涌现出来，自觉向城市转移。由于粮食统购统销制度的改革，政府允许农民自带口粮进入县城以下集镇落户，同时放松了对农民迁居的限制，农民获得了在地区间流动的自由，开始进入城市就业。首先是有一技之长的青壮年农民走出家门，进入了城镇。他们有的做小商小贩，有的从事服务业，有的当保姆，有的搞建筑、修路、建桥，参加市政建设。他们进入城市后，有的又从一个城市到另一个城市，或视农时之需自由地往返于城乡之间。到了 80 年代中期，虽然已有相当数量的此类农民工大军在城乡之间流动，但却没有引起人们足够的关注。

1978—1988 年的 10 年间，农村向城市转移的劳动力人数达 4 753 万。城市劳动力占全社会劳动力的比例，从 1978 年的 23.7% 上升到 1988 年的 26.3%。与此同时，由于农村人口的自然增长，全国农业劳动力从 1978 年的 28 373 万人，增加到 1988 年的 32 308 万人，但农业劳动力占全社会劳动力的比例，则从 1978 年的 70.5%，下降到 1988 年的 59.3%，下降了 11.2%。[1]

（三）20 世纪 80 年代末至 90 年代初：掀起一轮又一轮的"民工潮"

随着进城农民工人数的日益增多，其所带来的副作用日益显现。1989 年春节期间及此后的一段时间里，广州、武汉、郑州、上海、兰州、乌鲁木齐等地和东北地区各地的车站、码头人满为患，运载能力告急，城

---

[1] 余红、丁骋骋：《中国农民工考察》，昆仑出版社，2004 年，第 19 页。

市承受能力受到了挑战。由此掀起了一轮又一轮的"民工潮"。

据上海市 1988 年的调查和广州市 1990 年的调查,流动人口中,居住一年以上的占 28.7%。另据 1982 年全国人口普查的结果,常住本地一年以上、户口在外地的人口有 636.5 万,再加上其他人与户口分离及户口待定的人口等,共 1 138.6 万人。1990 年全国人口普查的结果显示,常住本地一年以上、户口在外地的有 1 983 万人,再加上其他人与户口分离及户口待定的人口,共达 2 135.4 万人。但是,根据居住一年以上的流动人口占总流动人口的 28.7% 数字推算,1982 年全国流动人口总数至少为 2 218 万人,1990 年全国流动人口总数至少为 6 909 万人。①

据调查,1990 年,上海、成都、郑州、北京的流动人口中农民工(不包括其他农村流动人口)分别占 47.6%,57.8%,62.1% 和 66%;广州、杭州、太原、武汉的流动人口中,农民工及其他农村流动人口分别占 71.5%,71.6%,74% 和 75%。②

总之,20 世纪 80 年代末至 90 年代初,"民工潮"呈逐步发展壮大的趋势,也更多地带有市场经济的色彩,流动的目的、目标等都更明确,流动去向也不同于以往任何一个时期。这是广大农民在新的和平环境下主动追求更多收益、向往美好生活、争取更高地位的结果,但"民工潮"必然要受到国家宏观经济和政治形势的制约。

(四) 20 世纪 90 年代中期以来:逐步实现农民工公平、有序流动

自 20 世纪 90 年代中期至 90 年代末,由于城市产业结构的调整,失业、下岗问题凸现,城市就业压力增大,众多城市纷纷出台限制农民进城务工政策,农民进城势头锐减,大批农民工返乡,城市农民工人数最低谷时仅剩 6 000 万左右,这个阶段为控制流动阶段。从 20 世纪末开始,国家先后出台了一系列体现公平与正义原则、保障民工合法权益的政策和制度,中国农村人口向城市转移逐渐步入一个良性有序的时期。

和 20 世纪 80 年代至 90 年代初相比,20 世纪 90 年代中期以来,城

---

① 王洪春、阮宜胜:《中国民工潮的经济学分析》,中国商务出版社,2004 年,第 31 页。
② 同①,第 32 页。

市农民工无论是在数量上还是就业范围上,都扩大了很多,城市农民工内部也出现了分层。在这一阶段,大多数城市农民工有了比较稳定的经济收益,他们不再仅仅把在城市维持简单的生存作为第一需要,开始转向以改善生活为目的的,进而希望早日在城市落户,变成真正的"城里人"。

有需求就有供给。1992年全国各地一度掀起了出卖非农业户口热潮,范围主要集中在小城镇,农民可以以每人4 000元到数万元不等的价格购买小城镇户口。1992年5月4日,经国务院办公厅批准,以公安部名义下发了《关于坚决制止公开出卖非农业户口的错误做法的紧急通知》,对各地出卖户口的行为进行制止。1992年8月,公安部拟定了《关于实行当地有效城镇居民户口制度的通知》,征求各部门和地方政府意见,开始实行"当地有效城镇居民户口制度"。同年10月开始,广东、浙江、山东、山西、河南等10多个省先后以省政府名义下发了关于实行"当地有效城镇居民户口制度"的通知。这是我国户籍制度改革的一项过渡性具体措施。

1994年11月25日,国务院召开关于1995年春运期间组织民工有序流动工作会议。这次会议作出了5项重要决策:第一,已经跨地区就业的民工,流入地区的有关部门和单位要想方设法将该地不少于60%的民工留在当地过春节;第二,流入地区的用人单位在春节后一个月内一律停招外地新民工;第三,对民工跨地区流动就业实行统一的管理制度;第四,加强铁路、公路、水路的客运组织,实行春运期间铁路客运票价浮动办法;第五,大力加强宣传教育工作,要广泛地宣传组织民工有序流动的重要意义和国家为维护安定采取的各项措施。这5项措施很快产生了明显效果,"民工潮"的发展势头有所控制。

二、 农民工问题产生和发展的原因

农民工问题的产生和发展有多方面的原因,主要包括以下几个方面:

(一)产业结构失调给农民带来生存压力
改革开放以前,我国是城乡分割的二元经济结构。在轻工业不具备为重工业积累的同时,农村人口众多,经济基础薄弱,因而农业和城市工业同步发展的设想为我国国情所不许。在计划经济体制下,为了实现重工业优先发展的战略目标,国家通过实行"工农业产品价格剪刀差"的政策,"以乡养城",农村提供给工业发展的贡献共计 2 000 多亿元。从而形成发达的城市、落后的农村的局面。农村沉重的税费负担,高涨的农资价格,使农民的劳作几乎无利可图。因此,在政策的允许下,不少农民扔下锄头另谋他途。然而,受当时农村农业生产力水平的制约,粗放的传统农业耕作方式的生产效率极其低下,农民仅靠土地收入基本上只能维持最低的生活开支,根本不能形成第二、第三产业,以就地转化吸收剩余生产力来致富。而且农村能源、电信、交通设施条件较差,城镇化速度缓慢,融资渠道不畅,乡镇企业吸纳农村剩余劳动力的能力逐年下降;再加上政令不畅,基层政府经常"越位行政",有的企业坑农害农事件屡禁不绝,导致国力增强所带来的福祉难以惠及边远贫困山区的农民。此外,因为国家政策而导致"二元社会结构"的形成,农民在缴纳农业税之外,农村的教育开支、村乡干部开支等公共行政性开支都要由温饱状况尚不稳定的农民提供,以维持本应由国家保障的农村社会发展的需要。一些单纯依靠土地的农民全年劳作下来的收入在扣除各项费用之后反倒呈负增长,农民负担明显过重,在此情况下,他们只好离乡离土,进城打工,以维持一家人的生活所需。这些也足以说明农民工之所以能够接受那些城里人不愿干的最脏、最苦、最累、最险的工作是因为利益与生存的选择。

(二) 城市现代文明对农民的吸引力

现代化城市不仅具有较高的效率,更重要的是市民能较快提高其文化素质,过着快节奏的生活,享受着丰富的社会精神财富,这一切都是长期生活在农村的农民尤其是青年农民所向往与追求的,对他们有着强烈的吸引力。

首先,对文明的追求是人类永恒的理想,农民自然也不例外。农民进入城市后可以享受较为发达的城市现代文明。总的说来,城市有品种丰富、质量上乘的商品;与农村相比,城市商品价格更低廉,因为对于同种商品,农村居民还要支付一些额外的费用(如交通费等)。这使得城市居民能以较少的代价获得想要的商品,从而可以获得更多的消费剩余。城市的基础设施建设更为完善,交通更为发达,通讯更为便捷。城市中的医疗设备先进,医疗技术明显高于农村,这使城市居民可以享受到较好的医疗服务。最重要的是,从教育方面来说,城市的教育投入较充足,师资力量雄厚,教育层次合理,城市居民受教育的机会远多于农村居民,城市的教育水平也远胜于农村。此外,城市居民还可以享受到更好的卫生、保健以及文化等方面的服务。

其次,城市聚集效应和规模作用使城市比农村具有更多的个人发展机会。农民进城后,可以充分发挥吃苦耐劳的优良品质。如果他们能接受一些必要的职业培训,生存的空间就会更大。

(三)城市经济的发展需要大量从事体力劳动的农业劳动者

随着改革开放的推进,20 世纪 80 年代中后期起,广东省的深圳、珠海、汕头等经济特区和其他沿海城市,以及 20 世纪 90 年代的上海浦东新区,都先后进行了规模空前的基础设施建设,包括修建公路、铁路、地铁、港口、码头、机场、大桥、隧道、高架,以及大量的工业、商业、民用建筑工程和旧城区的改造工程等,这些都需要大量的强体力劳动者的参与。同时,随着这些地区投资环境的改善,境外投资者开始大量涌入创办大批三资企业,并带动了私营企业、乡镇企业的蓬勃发展和商业、金融、服务等第三产业的繁荣,这也对劳动力产生新的巨大需求。总之,沿海城市和地区的改革发展及大规模的基础设施建设对劳动力产生了急迫而大量的需求,使城市劳动力供求失衡,特别对强体力劳动者的需求出现巨大缺口。这种现状终于动摇了我国从 20 世纪 50 年代起就开始实行的一整套以户籍制度为核心,粮食和副食品供应、招生、招工、就业、住房和公费医疗等与之配套的严格控制农村人口进城的制度,有关部门开始放松对农民进城务工或经商的限制,允许农民自带口粮进城务工或经商。随后,各城市又进一步改革了招工制度和粮食供应制度,取消了粮票,允许一些行业(如环卫、纺织、化工等)根据实际需要招收农民工。所有这些都为大批农业劳动力进城打开了通道。

据国家统计局公布的数据显示,2009 年,全国农民工总量为 2.3 亿人,外出农民工数量为 1.5 亿人,占我国全社会就业总人口(约 7.7 亿人)的 19% 左右。农民工主要集中在工业、建筑业、餐饮服务业这 3 个行业。在外出农民工中,从事制造业的农民工所占比重最大,占 39.1%,其次是建筑业,我国现在的建筑工人大军主要是由农民工组成的。

总之,客观上城市工业化对农民需求形成的拉力,以及农业无利可图形成的农民外出的推力,是农民工产生和发展的基本原因,这也是中国现代化建设的必然过程。因为,没有中国农民的加入与参与,没有农民向非农业的转变,中国要实现从农业国向工业国的跨越发展是不可能的,也是不现实的。

第 一 章
农民工身份的法学研究

第一节　农民工身份问题法学研究的必要性

　　农民工为中国经济和社会发展、为城市繁荣和进步作出了巨大贡献,但自身却遭遇了以前其他社会群体未曾普遍经历过的问题,整体沦落为城市的边缘群体。农民工在城镇从事着二、三产业的劳动,从职业上讲,他们已经是工人;但从身份上讲,他们仍然是农民,依然背负着农民的身份标记。农民工这样的身份,正如这个称谓所表明的,反映的是一种极为矛盾的现实。在中国特色的制度和文化构建下,农民工成为一个备受歧视的群体,同时,在法律规范不健全和社会歧视性政策的影响下,农民工的歧视性身份得以延伸,导致了农民工在就业、工资、工作环境、社会保障、子女教育、社会交往、物质生活条件和生活方式等方面受到了种种不平等的待遇,引发了一系列的社会问题,这极大地打击了农民工工作的积极性,不利于我国经济的进一步发展和社会的和谐稳定。

　　农民工问题是农民工从事非农产业、融入城市过程中所产生的问题。这些年日益突出地反映在农民工身上的各种矛盾与困惑,追根溯源,都与农民工群体的身份定位有着直接或间接关联。农民工的身份是制约农民工问题解决的真正根源,实现农民工身份的转变,是解决农民工问题的根本方式。

一、"农民工"称谓的内涵

20 世纪 80 年代中后期，随着农民工大量进城务工，"农民工"一词应运而生。"农民工"是中国在特殊的历史时期出现的一个特殊的社会群体。目前，我国理论界和社会上对在城镇就业的农村人口这一庞大的社会流动群体的定义很多，如"进城务工人员"、"外来务工人员"、"农民务工人员"、"流动人员"、"民工"、"农民工"、"劳务工"等，但大多数定义为"农民工"。现实生活中，"外来工"、"打工妹"、"打工仔"、"进城务工人员"等称呼常常被用作"农民工"的别称或代称。事实上，这几个概念之间存在着交叉或重叠关系。通常所说的"外来工"、"进城务工人员"主要就是从外地农村迁入城市从事非农产业的农民，也即"农民工"，而人们频繁使用的"打工仔"、"打工妹"，则往往被用作与"农民工"等同的概念，只是性别上的区分而已。实际上，"农民工"只是"外来工"、"打工仔"、"打工妹"中最主要的组成部分，但并不是唯一，"外来工"、"打工仔"、"打工妹"中还包含着为数不少的技术人员、知识分子、刚走出校园的学生、产业工人等原来属于非农民身份的社会阶层。①

"农民工"这个词是由社会学家张玉林教授于 1983 年最早提出的。实际上"农民工"不是一个正式的法律概念，法律上没有界定其内涵，②虽然从理论上讲"农民工"的内涵是可以界定的，但"农民工"本身是一个模糊的概念，因此，对其内涵学术界和法律界并没有定论。目前学界主要有以下几种观点：

（1）"农民工"就是身份上属于农民而已经从农民中分化出来从事工人职业，并通过劳动获得工资收入的社会劳动者。③

（2）"农民工"是具有农村户口身份却在城市务工的劳动者，是中

---

① 本书采用"民工"或"农民工"之词纯属无奈从俗，以指称这一特定个体或社会阶层。或许正是这个尴尬的名称反映了社会现实，也提醒我们来关注和研究这一问题。

② 在法学领域，我国 1984 年出版的《中国大百科全书》（法学卷）中尚无"农民工"或类似的词条；1987 年出版的《劳动法辞典》中也没有"农民工"这一词条。

③ 刘应杰：《中国城乡关系与中国农民工人》，中国社会科学出版社，2000 年，第 27 - 31 页。

国传统户籍制度下的特殊身份标志。①

（3）"农民工"是指常年或大部分时间在城市企业务工,但户籍仍在农村的一个社会群体,亦即人们通常所说的打工农民。②

（4）从理论上讲,"农民工"是指从农民中率先分化出来、与农村土地保持一定的经济联系而从事非农业生产和经营的那部分人,是以工资收入为主要生活来源,并具有非城镇居民身份的非农化从业人员。③

（5）"农民工"是指具有农民身份的工人,是农村富余劳动力流入城镇,向城镇第二、三产业转移,并逐渐成为产业大军的重要的社会群体。④

（6）"农民工"是指拥有农业户口、被人雇佣去从事非农活动的农村人口。"农民工"来自农村,是农村人口,属于被雇佣者,雇佣他们的,可以是个体户、私营企业主或外企老板,也可以是国有单位或集体单位,其他拥有农业户口身份、从事非农活动,但不被他人雇佣的人不属于"农民工",而应是个体工商户、私营企业主等。⑤

结合以上观点,从法学的角度对"农民工"的内涵进行界定时,要考虑其所具有的如下3个基本特征:

一是户籍身份特征。"农民工"虽然进城务工,但其户籍身份依旧是农民,一般在家乡都承包有部分土地,并且缺乏所在城镇居民所具有的社会保障。

二是职业身份特征。"农民工"大部分或全部时间都脱离土地,从事建筑、纺织、服务业等非农产业,成为通常意义上的工人。

三是收入来源特征。工资收入是"农民工"重要的收入来源,这一

① 郑功成:《农民工的权益与社会保障》,《中国党政干部论坛》,2002年第8期。
② 安徽省社科联课题组:《城市农民工是中国工人阶级的一部分》,《学术界》,2003年第2期。
③ 卢海元:《走进城市:农民工的社会保障》,经济管理出版社,2004年,第20页。
④ 关彬枫:《关于农民工以及对农民工实施事实上双重劳动标准的问题与思考》,《劳动法实施十周年理论研讨会暨中国劳动法学研究会年会论文集》,法律出版社,2004年,第39页。
⑤ 王春光:《农民工群体的社会流动》,陆学艺主编《当代中国社会流动》,社会科学文献出版社,2004年,第307-308页。

点是与从事个体经营等依靠其他收入为生的进城农民相区别的关键。总的来说,"农民工"是一种从农民到工人的连续状态,它同工人的区别主要在于其农民身份,而同农民的主要区别则在于其工资收入。①

根据上述 3 个特征,基于目前理论界进行的研究,结合"农民工"的实际情况,对"农民工"的内涵可以作以下界定:"农民工"是指具有农村户口,有少量的承包土地,但主要从事非农产业,依靠打工收入维持家庭生活的农村外出务工人员。这个群体具有以下基本特征:从职业来看,他们主要从事非农产业活动;从收入来源来看,其外出打工收入成为家庭收入的主要来源;在生产资料的占有方面,他们在城市不直接占有生产资料,在农村拥有少量土地的经营权,但也有一些"农民工"出租甚至转让了对土地的经营权;在社会身份方面,尽管他们长期从事非农产业,但受户籍制度的影响,他们依然没有摆脱"农民"的身份,是一群具有"农民"身份的产业工人。

二、"农民工"的身份

"农民工"从事的是非农职业,或者以非农业作为主要职业,也就是说,他们的绝大部分劳动时间花在非农活动上,他们的主要收入也来自非农活动,但他们的户籍身份还是农民,与具有非农户籍身份的人有着明显的身份差别。② 对于"农民工"的身份问题,理论界有许多不同的说法。

第一种观点认为,"农民工"的身份仍然是农民。虽然"农民工"参与了第二、三产业的工作,大部分时间不再从事农业生产,但他们的身份还是农民。因为长期以来,我国划分工人和农民的标准就是户籍。农民工的户口还在农村,他们在农村还保留着承包耕地,而且他们会在农忙时回到家乡从事农业生产,所以他们带着浓重的农民色彩。③

第二种观点主张,应该视"农民工"为新的产业工人。从职业来看,

---

① 张启春:《谈谈进城务工人员的社会保障问题》,《江汉论坛》,2003 年第 4 期。
② 王春光:《农民工群体的社会流动》,陆学艺主编《当代中国社会流动》,社会科学文献出版社,2004 年,第 307 - 308 页。
③ 徐林清:《我国农民工现象的制度分析》,《岭南学刊》,2002 年第 3 期。

"农民工"从事的工作与工人一样。他们所从事的工作无论是建筑业、加工业，还是运输业等，都是属于产业工人的性质，而与农民在土地上从事农业劳动没有任何相似之处；从工作场所上看，"农民工"的工作场所与工人更接近。"农民工"主要集中于城镇的第二、三产业，而且他们的生产是一种商品生产，与农民自给自足的生产存在本质上的区别；从收入的形式来看，"农民工"的收入与工人相同。农民的收入以土地产出和家庭养殖以及手工艺为最重要的来源。而工人是以工资收入为主，他们通过从事二、三产业劳动而获得货币报酬。"农民工"无论从事何种产业，他们的收入都是以货币为主的。从这一点来说，"农民工"和农民没有相同点，而与工人相同。①

第三种观点认为，"农民工"既不是真正意义上的农民，也不是纯粹的工人。相对于务农者而言，他们是非农就业者，但相对于有城镇户口的城镇居民而言，他们又是农村人。"农民工"作为一个群体并没有真正从农民中分离出来，而且很难做到与家乡彻底分离，真正进入城镇产业工人的行列。但是，外出打工的经历又使他们很难完全回归到原有的生活中去。② 只有用"边缘人"这样的概念才能较为准确地描述出这个社会群体的基本特征。③

对"农民工"复杂身份的确定是中国所独有的一种做法，在世界上大多数国家并不存在这种略带歧视性的区分。其实，这些年来，"农民工"的阶层定位并没有得到社会应有的重视。正像他们的称谓所反映的那样，非城非乡、亦城亦乡、非工非农、亦工亦农。他们虽然离开了农村，但又不能融入城市。他们已成为一个与农民和市民均不同质的群体，他们既非传统意义上的城镇居民，亦非传统意义上的农民。因此，"农民工"尚无法有效地融入城市，甚至被歧视和排斥。当"农民工"在城镇就业、生活遭遇风险与困难时，也没有相应的社会保障体系为他们

---

① 张富良：《农民工：中国的新产业工人》，《党政干部论坛》，2003 年第 7 期。
② 李迎生：《从分化到整合：二元社会保障体系的起源、改革与前瞻》，《教学与研究》，2002 年第 18 期。
③ 孙立平：《城乡之间的"新二元结构"与农民工流动，农民工——中国进城农民工的经济社会分析》，社会科学文献出版社，2003 年，第 152 页。

提供援助和保护。

三、"农民工"身份问题研究的法理基础

19 世纪,英国历史学派的奠基人梅因在《古代法》一书中指出:"所有进步社会的运动,到此处为止,是一个'从身份到契约'的运动。"①在梅因看来,在"身份社会"里,人们的权利、义务和社会地位是预先给定的;在"契约社会"里,个人则可以通过签约为自己创设权利、义务和社会地位。"从身份到契约"的理念使人们不再受制于先天的血缘身份或者后天的某种带有歧视性的"身份标签",而是由主体通过自身的理性的法律行为,自由地选择职业,自由地设定某种契约法律关系,主体在这种契约法律关系中获得平等的法律地位,从而得以平等地参与社会竞争。

"从身份到契约"的必然结果,是使个体和社会摆脱血缘身份、等级身份等特权身份的制约和束缚,在现代国家建构一种契约身份。契约身份来自于契约,也即国家社会中的法律。契约身份的获得,意味着特权身份的消灭。因此可以说,"从身份到契约"的过程,也就是契约身份获得的过程。

中国的封建专制统治就是一种基于血缘宗族关系之上的身份社会。个人属于家庭,血缘关系是连接家族社会的基本纽带,身份等级是形成一切社会关系的基础。新中国的成立,取缔了一切特权阶级的剥削地位,建立了无产阶级专政的政权,实现了大多数人的身份解放。然而到了 20 世纪中叶,计划体制下的"身份"更厉害。与梅因所分析的传统社会不同,这里的个人不是依附于"家族",而是依附于整个国家。计划体制下的"身份"取决于国家政策的制度设计。其影响最广泛、现阶段仍起作用的主要是户籍身份制度。户籍制度将人口分为两类:城市人口和农村人口。不同的户籍身份有不同的权利和义务,而这种差别性的权利和义务都是预先给定的,个人没有选择的权利。对于具有农村户口的中国农民来说,户籍身份的改变是极为困难的,他们极难进入其他身份群体。这种户籍身份制度将农民牢牢地束缚在土地上,即使进入城市第二、三产业,也不能获得相应的法律身份,从而导致其权益

① [英]梅因:《古代法》,沈景一译,商务印书馆,1996 年,第 97 页。

屡屡受损。

现代社会在主流上是排斥等级身份观念的,法治化的进程必须以否定先赋身份为前提。"从身份到契约"的过程,就是破除这种先赋身份的过程。因而,要从根本上解决"农民工"问题,首先就要"使利用身份获取利益的余地大大缩小"。正如梁治平先生所说:"不管人们意识到没有,也不管他们承认与否,中国现代化所面临的基本问题之一正是要以契约取代身份。"①积极加快我国"从身份到契约"的过程,无疑对我国"农民工"问题的解决有着至关重要的作用。

四、"农民工"身份问题研究的现实意义

中国农民的这种身份是一种先赋身份。它虽然不是从上一代遗传下来的,而是由行政的力量赋予的,但是,农民获得这种身份时,不需要也不能够依靠平等竞争,而且一旦得到了这种身份,便不能轻易改变,具有刚性的性质。这些特性又有某种先赋性的因素,下一代能够继承,这又进一步演化为一种具有先赋性的制度。当这种制度将个人的身份凝固以后,最终决定个人发展的不是他的能力和实际贡献,而是先赋的身份。农民的身份就这样因制度的刚性维持了几十年。这时的中国农民是典型的传统农民,他们的身份和职业是一致的,但这是被外在强制性因素束缚的一致。即使职业改变了,农民的身份也不能改变。规模庞大的城市"农民工"就属于这种情况。这些人在职业上可能早已是非农产业工人,但他们的身份仍然是农民,故称之为"农民工",其中少数成为企业家的精英人物,也同样,被冠之以"农民企业家",这些人的政策性待遇仍然等同于留在土地上的农民。

中国"农民工"的以上身份化规定,在改革开放之前,矛盾没有凸显,改革开放以来,尤其是近10多年来,由于工业化和现代化进程的加速,"农民工"大量涌入城市,成为介于农民和工人之间的一个矛盾性的社会群体,"农民工"职业与身份的不一致,致使"农民工"身份转化与职业剥离不彻底,这些都直接导致诸如户籍、就业、子女教育、社会保障、工资等各种社会问题的产生,以更长远的视野来看,这将会给我国

① 梁治平:《从身份到契约:社会关系的革命》,《读书》,1986年第3期。

的工业化和农业产业化带来诸多负面影响。

从法理层面上讲,"农民工"的身份化意味着公民权的不统一和国民待遇原则的丧失,是对历史造成的人与人之间不平等状况的忽视。在城市数以亿计的"农民工",只因为出身是农民便不能分享很多公共资源和福利,这种不公平的状态将构成社会不和谐的一大主因。

通过对"从身份到契约"的分析可知,契约自由意味着人的身份的平等和自由,社会的进步要求人们打破特权的枷锁,摆脱血缘、身份等关系的纠葛,而以独立、自由的人格或称"契约身份"参与社会生活。"农民工"身上农民身份的先赋性,在客观上形成了具有世袭等级意义的身份制度,在这种身份制度面前,人们无法依靠自己的能力自由地选择与改变自己的身份。对于"农民工"来说,天生且不容改变的"农民"身份,致使其无法自由地进入契约选择,获得平等的契约身份,从而使其落后与贫困的处境凝固化,始终受到不公正的对待。这种制度不符合"从身份到契约"的要求,阻碍了自由、平等等价值的实现,不是一种公正的、合理的制度。因此,"农民工"问题的解决,首先有赖于"农民工"身份问题的解决。

五、"农民工"的身份定位

确定"农民工"的身份,是维护"农民工"权利的前提和基础,"农民工"长期受到户籍制度、社会保障制度、就业制度等一系列限制,虽然离开了土地,但又不能真正进入城市,他们已经成为一个与农民和市民均不同质的群体,构成我国目前社会结构的第三元。他们既非传统意义上的城镇居民,亦非传统意义上的农村居民。

那么"农民工"到底是何种身份呢? 2004 年中共中央一号文件《中共中央国务院关于促进农民增加收入若干政策的意见》强调指出,"进城就业的农民工已经成为产业工人的重要组成部分";同年 8 月的一篇以《农民工,一个新阶层的崛起》为题的报道揭示了"农民工已经作为一个新的社会阶层在中国崛起,它拥有 2.3 亿人,被命名为'新工人阶层'"；①中国工会十四大大会报告也把进城务工人员定义为"工人阶级队伍的新成员"。因此，从阶级属性讲，"农民工"是工人阶级的一部分，属于工人阶级。之所以这样讲，是因为：第一，"农民工"已具备工人阶级的基本特征。商务印书馆出版的《新华词典》2001 年修订版对"工人阶级"的解释是：第一，个人不占有生产资料，靠工资收入为生，从事生产的劳动者所形成的阶级。"农民工"在农村虽然还保留着承包地，但他们常年在城市中从事工商业活动。"农民工"进城后，不占有任何生产资料，务工收入已成为家庭收入的主要来源，同工人阶级一样，他们是以工资收入为主要生活来源的城市劳动者。② 第二，"农民工"的数量、作用和趋势使他们必然被定位为工人阶级。农民历来是工人阶级发展壮大的后备军和补充源头。全国外出务工的"农民工"是目前建筑业、纺织业、采掘业和一般服务业的劳动主体。中国产业工人队伍结构的变化，使"农民工"不仅在数量上超过了传统意义上主要由城镇居民构成的产业工人，而且在传统和新兴产业中，"农民工"都已经成为中国产业工人队伍中的新鲜血液。"农民工"是实现非农化转移的主体和动力，他们在推动社会生产力发展方面的作用与传统意义的"工人"是完全一致的。随着城乡二元分割格局的打破、户籍壁垒的撤除、社会民主化和现代化进程的加快，"农民工"的社会地位将会越来越重要。把到企业打工、靠劳动获取工资、与城里原有职工在生产和分配方式上均毫无区别的"农民工"定性为工人阶级，具有重大的经济、政治和社会意义。

第二节　"农民工"称谓的法学批判

"农民工"这一称谓本身就意味着"农民工"身份具有矛盾性和不一致性，"农民工"是农民还是工人，或者既是农民又是工人，对学界和

---

① 朱洁、王兆宇：《城市"安全网"的巨大"空洞"：农民工社会保障制度的空缺》，《当代经济》，2004 年第 10 期。

② 徐增阳、王洪江：《弱者的权利：农民工的权益保护问题》，《调研世界》，2003 年第 2 期。

政府而言都是一个难以回答的问题。从身份的角度看,一直以来,"农民工"都被单纯地界定为进城务工的农民,其本质上还是农民;从职业的角度看,"农民工"是从事非农产业生产的产业工人。"农民工"这个职业身份群体的称谓反映的即是一种极为矛盾的现实。他们"既非传统意义上的城镇居民,亦非传统意义的农村居民,是一个与农民和市民均不同质的群体"。

一、"农民工"称谓的语义学分析

所谓语义学,又称"词义学"(Semantics),是语言学的一个分科。它是以语言的语义系统为研究对象,涉及哲学、逻辑学等诸多学科领域的科学。语义学既是一门学问,也是"一门横断的具有方法论性质的学科"。① 通过语义学分析对"农民工"这一称谓进行解构,理清其内涵、本质、特点及其背后所隐含的意义,有助于判断"农民工"这一中国所特有的称谓是否具有合理性和正当性。

"农民工"这一称谓,当时是指代"离乡不离土、进厂不进城"的在乡镇企业工作的、从农民中分化出来的那一部分人员。随着社会的发展,"农民工"的外延得到扩展。如今,它不但保留了原来的意义,还指代"离乡又离土、进厂又进城"的、从农民中分化出的又一部分人员。

从符号分配来讲,"农民工"3个字本身就是一种尴尬的组合,表现出"所指"的模糊。比如,在英文中就根本无法找到合适的对等词,于是通常被译成"migrant worker"(直译:迁移的工人)或"farmer worker"(直译:农夫工人)。很显然,这两种译法是根本无法表达"农民工"的真正状况——处于"农民"之边缘与"工人"之边缘,而且其中暗含着歧视成分。② 在布迪厄看来,这无疑是一种话语构建的暴力。文字或话语并不仅仅是一种沟通媒介或技能,更是一种符号性暴力——一种温和的暴力,一种能够让使用者甚至包括指代对象产生"误识"并与之"共谋"的

---

① 郭贵春:《语义学研究的方法论意义》,《中国社会科学》,2007年第3期。
② 刘应杰:《中国城乡关系与中国城市农民工》,中国社会科学出版社,2001年,第29–32页。

暴力。①

首先，"农民工"身份的话语构建并非出于一种偶然。从1958年算起到2011年，户籍制度已经实行了53年。通过53年的"隔离"，农民与工人之间的差别（尤其指身份差别）毫无疑问已建构起来，而且这种差别已经深入人心，以至于"农民工"一词的创造表现为是一种无意识的"信手拈来"，而实际上起作用的是人们"骨子里"的工农差别意识。这种"骨子里"的东西是沉淀并表现在人身体上的历史关系，布迪厄将它称为"惯习"。正是因为这种既定的"惯习"的作用，人们没有选择其他词，而是用"农民工"这3个字来表示这个"非工非农"或者说"亦工亦农"的特殊群体。

其次，"农民工"身份的话语认同是一种必然。后现代理论家拉希和尤里说："个体结构和主体身份必须从物理空间和地点（如邻里、城镇或国家等）分离出来的文化符号那里不断地得以重构。"②工农差别意识在社会的各个层面"生根"，于是我们不假思索地使用着"农民工"这3个字，而且也没有觉得这种叫法不妥。其实这种不假思索的使用，一方面表明了我们也有这样的"惯习"，我们已经形成了不能轻易摆脱的思维定式，即把"农民工"群体始终作为既区别于农村人但又不同于城里人的"边缘人"的刻板观念；另一方面，也恰恰表现了我们已经成为了"符号性暴力"的俘虏，我们早已经接受了"农民工"称谓的"合理性"，并通过不假思索地使用捍卫着这种"合理性"。

最后，"农民工"身份的话语认同在悄无声息地构建着"农民工"群体地位的失调。正如帕累托所认为的，没有什么比重复更有效。"农民工"一词的高频率和长时间被使用，实质上是"温和暴力"的不断演练，它不但会强化"农民工"群体本身的边缘化位置感，还会强化城里人（包括居住在城里的决策者）和村里人把农民工视作"另类"（边缘群体）的观念，从而会进一步影响针对该群体的利益分配、机会分配和资源分配，进一步导致或加重弱势群体的弱势化，不断加剧"农民工"群体

① 杨善华：《当代西方社会学理论》，北京大学出版社，2001年，第289页。
② ［美］乔纳森·特纳：《社会学理论的结构》，邱泽奇，等译，华夏出版社，2001年，第299页。

地位失调的现实。从语义学的角度看,"农民工"肯定是工人,而不是农民。从词汇本身的角度来说,"农民工"这个概念是不科学的,更是不恰当的,而且这种称呼在现实生活中还或明或暗地隐含着一种身份性歧视。从现实的角度来说,"农民工"这一概念也非常形象地表现出农民进行职业和身份转化的制度性约束和身份性困境。随着社会的进一步发展和人们理论认识水平的提高,这个具有过渡性和歧视性含义的概念终会被正名,并且被一个更加科学的新名词代替。① "农民工"这一带有歧视性的称谓既不符合现代社会和市场经济的平等规则,也不符合国际上的通行规则,因而必定会产生严重的负面效应:它人为地强化了不平等的意识,伤害了为数众多的社会成员的尊严;加重了就业歧视,影响了一视同仁的、普惠的社会政策的制定和实施;固化了城乡二元结构,妨碍了正常的城市化进程;甚至对已有的较大的贫富差距也是起着推波助澜的作用;降低了整个社会的公正程度。更为严重的是,随着更大数量农村劳动力进入城市寻找工作,其负面效应亦将不断加大。②

二、"农民工"称谓的法历史学分析

"农民工"作为一个社会类别,在中国是近二三十年来社会建构的产物。农村劳动力在城市的大量出现原是各国城市化历史上的普遍情形,即使在中国,一直到20世纪50年代,还有大量农村人口迁入城市。在这种迁移过程中,"流民"、"移民"等概念有时会被用以指称流动中的迁移人员,但从历史上人口流动的特点来看,人口的流动只是"同质流动",即只是承载人口的地域移转,流动人口的身份、职业等并没有发生变化,其法律身份也没有发生转变,所以流动人口的群体身份并没有成为拒斥其职业身份的特殊身份类别。尽管现代中国的城市居民实际上绝大部分来自农村,但在80年代以前的中国城市中,并未有过"农民工"这样的社会类别存在。

我国"农民工"群体的形成与发展源于80年代以来农民的大规模

① 张富良:《新产业工人——中国农民工的历史归宿》,《孝感学院学报》,2003年第9期。
② 吴忠民:《应当逐渐淡化"农民工"的称谓》,《中国经济时报》,2003年5月20日。

流动,而这种流动我们称其为"异质流动",即流动后的人口较之于流动前的人口在职业及其法律身份上存在本质上的差异。大量流动人口在流动之前的职业身份是农民,他们从事着土地耕作劳动;而大量的农民涌入城镇之后,已经从事着同城市产业工人一样的劳作,其职业身份已经由农民转化成工人,其法律身份本应随之转变,但在我国现阶段这种具有"异质流动"特征的人口流动中,流动人口的法律身份及其地位并未随之发生转变。

究其成因,中国城乡劳动力流动具有不同于国际上多数国家的特点。从国际比较的视角看,影响中国流动人口新的职业身份与法律身份的获得的最主要的障碍因素则是其户籍因素。[1]"农民工待遇非市民化的存在是以我国现行的户籍制度为前提的……户籍是农民工和市民巨大差别的一道高墙,也是农民工待遇非市民化的根源所在。"[2]可见,户籍制度的存在是"农民工"身份被建构和维持的宏观背景,由于作为"集体排他性屏蔽"[3]的户籍制度的存在,"农民工"群体始终没有得到一个应有的身份。

中国户籍制度的形成,可追溯到1951年,公安部公布了《城市户口管理暂行办法》,这是新中国户籍管理的第一部法规。随后在1957年,我国政府实行了控制户口迁移的政策,1958年,实施《中华人民共和国户口登记条例》。该条例第十条第二款对农村人口进入城市作出了约束性规定:"公民由农村迁往城市的,必须持有城市劳动部门的录用证明,学校录取证明,或者城市户口登记机关的准予迁入的证明,向常住地户口登记机关申请办理迁出手续。"这一规定标志着中国以严格限制

---

[1] 李强:《影响中国城乡流动人口的推力与拉力因素分析》,《中国社会科学》,2003年第1期。

[2] 王元璋:《农民工待遇市民化探析》,《人口与经济》,2004年第2期。

[3] 在社会分层方面,有两种排斥他人的方式:一种是"集体排他"的方式,即以种族、民族、宗教为区分标准,而将某些社会群体整体排斥在资源的享有之外;另一种是"个体排他",例如,通过考试来选取人才,这样被选取者和被淘汰者都是以个体的形式出现的,并没有以某个身份群体被整体排斥。集体排他常常会激化社会矛盾,现代社会的基本趋势是从集体排他转向个体排他。Frank Parkin. Marxism and class theory: a bourgeois critique. Columbia University Press, 1979: 53 – 58。

农村人口向城市流动为核心的户口迁移制度的形成,它实际上是以法律形式对城乡差别加以认可、肯定和维护。中国通过行政和法律手段把全体社会成员划分为城市户口与农村户口两大类,使其职业和居住、生活空间固定化,由此形成了中国所独有的二元社会结构。①

值得注意的是,该条例使用了"公民"这一概念,从理论上讲,农村农民和城市市民都是"公民",身份同一,应具有同等的权利和义务,但是,农村农民作为公民,却被人为地通过特定的制度安排限制在农村,实质上是"公民"概念上的农民,享有的是从事农业生产和缴纳农业税的权利和义务,只能永久性地从事农业生产,最基本的流动和迁徙自由的权利被剥夺了。

正如任何制度都具有一定的刚性一样,这种状况延续到经济体制改革以后仍然存在。虽然开始允许农民进入城市经商或打工,但农村农民仍然没有获得自由改变身份成为城市居民的许可,在城市没有自由定居的权利。国家实行缓解矛盾冲突的暂住证制度,这种制度就是农村农民与城市市民身份壁垒存在的标志,至多只能是弱化这种壁垒的一种措施。户籍制度成为限制和阻碍农村劳动力向城市流动难以跨越的制度约束,也是迄今为止农村劳动力流动权益实现上存在歧视性政策的重要制度根源。

所以,从身份上讲,"农民工"在向城市流动的起点上就存在不公平。起点不公平就不可能存在过程和结果的公平,"农民工"流入城市中务工,既不是纯粹的农民,也不是纯粹的城市工人,而是处于农民和工人之间的过渡性群体。他们没有摆脱农村户籍的束缚,没有城市户口,仍然是农民,隔离在城市居民的政策和福利之外,不为社会所接纳,甚至被排斥,在城市社会中找不到自己的位置,也没有参政议政的权利,甚至难以找到自身权利的代言人,始终处于相对弱势的地位。

这样,进城务工人员由于户籍制度这一巨大屏障,使之成为"农民工"这样一个"不伦不类"的社会阶层,并由此决定了他们在社会生活中处于弱势地位,使其不仅无法享有与城市居民同样的权利,反而在许多

---

① 曾业松:《新农论》,新华出版社,2004年,第180页。

权利方面受到歧视和侵害。[①]

三、"农民工"称谓的法社会学分析

从法社会学的观点看来,身份可以分为两类:一类是先赋身份,另一类是自致身份。[②] 先赋身份,指个人由生理原因而自然获得的身份;自致身份,是主体经过个人意志的理性选择所获得的身份。先赋身份是无可更改的,因此,作为个体,身份的改变主要依靠自致身份而获得。在现代法治社会中,法律制度的价值之一便是实现和保障社会每个个体的自由权利,作为个体谋生手段,职业的自由选择亦如此。个体通过理性的法律行为,尤其是契约法律行为选择自身的职业身份,从而获得相应的法律地位并实现法定的正当权益。

通过对"农民工"身份的以上分析可知,"农民工"的身份并不是"农民工"通过契约自由选择的结果,而是制度缺陷下构建的一种先赋身份,是一种不平等的、充满歧视性的身份。"农民工"这个词本身就代表着一种低下的地位,"农民工"身份的先赋性正是这种制度歧视的体现。

首先,我们可以从马克思关于自由的自身限制和外在限制的理论来评判。按照马克思的论述,任何事物都有其自然发展和运动的内在界限,自由也不例外。换言之,人们是不是自由的,并不取决于是否受到限制,而是取决于这种限制是自身的限制,还是外在的限制。所谓自身的限制,就是处于一定生产方式内的"只受自己的生活条件的限制"。这种情况下,由于限制是物质生活条件内在的要求,人们心悦诚服地接受它,于是人们便不觉得不自由了。而所谓外在限制,就是不符合特定生产方式内在要求的限制。当事物的发展要求冲破原来的、陈旧的、过时的内在限制,如果这个内在限制还迟迟不愿退出历史舞台,那么它就构成了一种真正的、束缚性的限制。这时,人们就感到自由受到压制了。[③] 由于身份的束缚,市场经济鼓励竞争,鼓励奋发向上,以此来促进

① 朱力:《中国民工潮》,福建人民出版社,2002年,第108－109页。
② 李强:《农民工与中国社会分层》,社会科学文献出版社,2004年,第32页。
③ 吕世伦:《马克思恩格斯法律思想史》,法律出版社,1991年,第431－438页。

财富增长和社会进步。然而,要实现充分、有效的竞争,需要保障市场主体具有大致相同的手段和能力参与竞争。而竞争手段和能力的缺乏,可能出自两种原因:一是自身的努力和勤奋不够;二是自身意志以外的因素,如制度上的歧视、家庭出身、先天资质等。因此,一个鼓励竞争的制度,就应当尽可能消除制度上的歧视,对那些由于家庭出身、先天资质等偶然因素所致的弱势群体应给予适当的救济和补偿,以帮助他们获得接近于普通人的竞争手段和能力,消除各种偶然因素对市场竞争形成的影响,保证市场的酬劳只和个人的勤奋、开拓创新对应。在我国当前,由于悬殊的城乡差异,"农民工"由于身份的制约,没有大致均等的能力和手段参与竞争,"农民工"以及他们的子女,仅仅由于出身的原因,也没有一个大致平等的信贷、健康、医疗和教育条件,使得他们由于自身意志以外的原因,失去了与城市居民平等竞争的能力和手段。

其次,我们可以根据功能主义理论从社会的等级和分层来讨论对"农民工"的身份划分是否合理。功能主义的奠基人杜尔凯姆认为,社会由富至贫的分层体系实际上反映了社会对于不同阶层、群体对社会重要性地位的规定,由于社会上人们的才能、知识、智力、技术水平各不相同,所以扩大不同职业的收入差距可以将最有才能的人吸引到最重要的岗位上去。功能主义的后继者如帕森斯戴维斯、莫尔等人,对于社会等级和分层也基本上持这一立场,只是理论上的具体表述略有差异。① 进一步分析表明,社会分层与等级的正功能如果要发挥作用,需要具备 3 个基本条件:一是社会阶层的划分依据应当是人们的才能、知识、智力、技术水平;二是社会阶层之间是可以流动的,人们可以通过提高自己的才能、知识、智力和技术水平来改变自己的社会地位;三是每个社会主体都有大致相同的机会和途径去开发自己的智力,去提高自己的才能、知识、技术水平。② 如果不具备第一个条件,等级与分层导致的激励就会和社会发展与进步的方向相悖;如果不具备后两个条件,社

---

① 李强:《当代中国社会分层与流动》,中国经济出版社,1993 年,第 36 - 45 页。
② 冉井富:《农民、民工与权利保护——法律与平等的一个视角》,《南都学坛》,2004 年第 2 期。

会地位和资源就是一种先天性的、宿命性的分配,既不会实现最有才能者担任最重要工作的分层原则,也不会形成开发智力和提高才能、知识、技术水平的激励。功能主义关于社会等级与分层的立场受到了来自各方面的尖锐批评,这里姑且不论。如果我们暂时接受这一观点,以功能主义的立场来分析当前我国对"农民工"的差别对待,我们看到,这种差别对待使得"农民工"不能平等地进行契约选择,不能自由地在社会中设定身份,这种不平等使得"农民工"在资源控制、收入水平和社会声望等方面处于极端劣势地位。

可见,影响"农民工"权益的核心在于"农民工"的身份。这些来自农村、拥有农民身份而长期或短期在城市务工的"农民工",正是由于其所谓的农民身份,即一出生就被二元户籍制度终身界定的农民户口,不能真正变成平等的法律主体。随着农民大量涌入城市,"农民工"这一特殊身份群体充分暴露了农民进行职业和身份转化的制度性约束和身份性困境,这样的约束和困境将对我国的"从身份到契约"的进程形成重要的制度性困境和现实性障碍。因此,解决"农民工"问题,根本在于破除强加在"农民工"身上的"农民"身份,允许其自由地进入市场,平等地进行职业选择,并取得应有的法律地位。

四、"农民工"称谓的规范法学分析

在现代法治社会里,"法律是现代社会功能分化所产生的社会子系统……从某种角度来讲,法律的合法性来自于法律本身。"①规范法学要求法律系统内部的概念准确、权利和义务的边界明晰及其逻辑的自洽,只有这样,才能保证在法律规制下的个体获得具有法律正当性的各种权益。而对于在各种政策、法律、规章中出现的"农民工"这一称谓,缺乏规范法学所要求的基本概念标准。

在规范法学看来,"农民工"身份完全是在户籍制度的基础上,在社会各界的话语认同以及各级行政部门政策的强化下,被建构的一种矛盾的身份。这样的身份地位所体现出来的权益失衡显然是不符合国际法律准则的,也是与我国《宪法》和《劳动法》所体现的法律精神背道而驰的。

---

① Luhmann N. Essays on self-reference. Columbia University Press,1990:229.

联合国大会 1948 年 12 月 10 日通过的《世界人权宣言》第二十三条规定:"人人有权工作,自由选择职业,享受公正和合适的工作条件,并享受免于失业的保障,""人人有同工同酬的权利,不受任何歧视"。1997 年 5 月我国第八届人大常务委员会第二十五次会议批准的国际劳工组织 1964 年第四十八届大会通过的《就业政策公约》(第 122 号公约)第二条规定:"向一切有能力工作并寻找工作的人提供工作","每个人不论其种族、肤色、性别、宗教信仰、政治见解、民族血统或社会出身如何,都有选择职业的自由,获得必要技能与天赋的最大可能的机会,并取得一项对其很适合的工作"。① 我国《宪法》也规定,法律面前,人人平等,这是权利平等原则的一种基本表述。《劳动法》第三条规定:"劳动者享有平等就业和选择职业的权利"和其他劳动权利;第十二条规定:"劳动者就业,不因民族、种族、性别、宗教信仰不同而受歧视。"《工会法》规定:"以工资收入为主要生活来源的体力劳动者和脑力劳动者,可确定为职工身份。"这些法律规定都明确地体现出就业权利平等的现代法律精神,但是,我国许多城市的外地劳动力分类管理制度却明确表明:中国劳动者的就业权利因户口、出身地的不同而不同,本地人的就业权利高于外地人的就业权利,在就业领域歧视外地劳动者不仅是合理的,而且也是天经地义的。"农民工"本应享有平等权,但在现实社会中却屡屡受到不平等的待遇。

首先,"农民工"的平等权受到了莫大歧视和剥夺。《中华人民共和国户口登记条例》以法律的形式将城乡有别的户口登记制度与限制迁移制度固定下来,国家的公民由此分为城市居民和农村居民两大身份体系,这样,农民就在国家的名义下,有了法律户口,农民成了世袭的身份。这就造成了农民哪怕已脱离土地,实际上成了城市产业工人队伍中的一员,但只要户口仍在农村,就仍然是"农民工",享受不到与城市居民的同等待遇。对此,有人尖锐地指出,"户口歧视"是与社会主义伦理道德原则格格不入的,甚至也背离了人类社会关于人人生而平等和非歧视的基本道义。在世界各国的各类社会偏见和歧视(种族的、民族

---

① 姜士林,等:《世界宪法全书》,青岛出版社,1997 年,第 225 页。

的、宗教的和性别的等)都日趋消亡的今天,户口歧视的存在的确是一件令人遗憾的事情。①

其次,"农民工"的基本公民权尚未得到保障。"农民工"在获得相对自由的就业权的同时,却因为没有城市户口而无法获得相应的基本公民权,如就业保障权、同工同酬权、受教育权和社会保障权等。因为我国的管理体制是属地管理制,个人居住地只有与户籍地相吻合才可以依次享受到以上各种权利,"农民工"因没有城市户口而无法享受到城市的各种社会资源和政治资源。"我们社会主义国家,每个公民都具有教育、劳动、社会保障等方面的权利。但是,长期沿袭的户籍制度使这些权利属地化了,也就是说,一旦离开了户籍所在地,权利便只是一纸空文。在一个没有社会流动的社会里,权利的属地化并不影响人们平等地享受公民权利,但在社会流动的规模和频率都日益加剧的今天,权利属地化的不合理就表现出来了。外来人口的就业、劳动保护、社会保障、子女教育等多方面的权益得不到保护,甚至在受到伤害时得不到法律的保护。"②现代社会正在经历一个"从身份到契约"的重大历史变迁,市场经济赋予了人们改变职业和选择职业的自由,一个文明的社会也不该允许社会集体无意识地公然歧视它的一部分成员,一个连名义上的"平等"都不能实现的社会是不正常的,也是耻辱和不能容忍的。③

目前在我国,农民首先不是被当做一种职业,而是被当做一种与生俱来的、难以改变的身份。这种身份即使是在以契约的形式获得了其他职业(社会角色)时,也挥之不去,④"人的肉体能使人成为某种特定社会职能的承担者,他的肉体成了他的社会权利。"⑤身份成为确定人们地位高低、权利大小、义务多少的根本标准。身份的本质就是讲究差

① 中国"三农"形势跟踪调查课题组:《小康中国痛:来自底层中国的调查报告》,中国社会科学出版社,2004 年,第 112 页。
② 朱力:《中国民工潮》,福建人民出版社,2002 年,第 247 页。
③ 《农民工维权成本调查:追讨 1000 亿欠薪需 3000 亿成本》,《中国青年报》,2005 年 6 月 9 日。
④ 陆学艺:《当代中国社会阶层研究报告》,社会科学文献出版社,2000 年,第 164 页。
⑤ 马克思、恩格斯:《马克思恩格斯全集》第 1 卷,人民出版社,1979 年,第 377 页。

别、亲疏、尊卑、贵贱,因而成了人与人之间的分水岭和人与人之间一切差别的总根源。① 在中国,表面上看是地点(农村和城市)区分出农民和市民,其实是以户籍制度为核心的制度区分出二者的身份。改革前农民只能固守在土地上务农,而且不能享受市民所享受的各种福利待遇,这就是典型的身份社会的特征。改革开放以来,农民不满足于固守在责任田上,开始追求发展,在此过程中农民确实经历了"从身份到契约"的转变。然而,由于户籍制度的阻碍,农民依然背负着先天的身份标记,不能自由地为自己创设新的身份。因此,必须强调和推动"农民工""从身份到契约"的过程,以促进"农民工"群体平等身份的取得。

---

① 邱本、董进宇、郑成良:《从身份到契约》,《社会科学战线》,1997 年第 5 期。

第 二 章

农民工权益保障

第一节　农民工权益保障概述

要了解和认识农民工权益保障的基本概况,必须把握农民工权益保障的内涵,明白农民工权益保障的基本特征,进而了解农民工权益保障的形成和发展过程以及建立农民工权益保障制度的理论基础和必要性,这是我们研究农民工权益保障的基础。

一、农民工权益保障的内涵

(一) 农民工权益的含义

关于权益一词,人们通常认为权益即权利和利益的统称。农民工权益的含义是什么? 学术理论界对此观点不尽相同。有的认为农民工权益实质上就是农民工权利,它主要是指农民工作为权利主体的利益,包括物质的、精神的和人身的各种利益(或者可以划分为财产权利、政治权利、人身权利等),以及这些利益在法律上的反映、体现和保护。所谓权利保障是指防止权利受到侵害,确保权利最终实现的制度化保护。①有的认为法律上的权利与利益是两个紧密联系而又有所区别的不同概念,由于权利通常是指现行法律所承认和保护的利益,所有的权利都与利益相关,但所有的利益并不都可以成为权利,只有现行法律所承

---

① 张清:《农民阶层的宪政分析》,《中国法学》,2005 年第 2 期。

认和保护的利益才是法律意义上的权利。权益就是权利和合法利益相结合的简称。农民工权益主要包含政治权益和经济权益两个基本方面。经济权益在农民工权益中处于基础性、决定性地位；政治权益又深深地影响着经济权益，成为经济权益实现的保障。在文明社会中，两者实现的共同条件是平等权的真正实现。①本书认为以上两种观点都有其可借鉴之处，但并没有完全概括农民工权益的内涵，农民工权益应该是依其自然属性和社会属性所应享有的权利及其利益，包括人的权利、公民的权利和特殊群体的权利及其相关利益，也就是我国宪法和有关法律法规确认并加以保障的权利及其合法利益。

（二）农民工权益保障的含义

权益保障通常被认为是法律规定的、受国家保护的、不受侵犯和损害的权利和合法利益。我们所说的农民工权益保障的含义是什么？从总体上讲，是一种国家权力对公民的基本权利和合法利益的保护，而不使其遭受到外界其他非法行为的侵害，这种权益保障制度体现了我国政治体制的特色，是人民当家做主的一种具体体现。在我国，人民是国家的主人，各级人民代表大会是由人民直接或间接选举产生的，人民代表大会是国家的权力机关，它受人民的委托行使国家权力，由其产生的其他国家机关负责管理国家、执行法律，对人民负责，受人民监督。国家权力机关及其政府制定宪法和法律法规，赋予公民法定的权利和合法利益，并保障公民权益得以实现。具体地说，本书认为农民工权益保障就是国家根据《宪法》和有关法律法规的规定，依法保护暂时或长期离开农村土地到城镇从事非农业生产，而户籍仍在农村的劳动者的政治、经济、文化教育与社会等基本权利和其他合法权益，并排除其他非法行为的干涉或者侵害，使其各项权益得以实现。

二、农民工权益保障的特征

从农民工权益保障的内涵中我们不难发现，同其他社会主体的权益保障相比较，它具有作为一般社会主体——公民权益保障的基本特征，同时还具备社会特殊主体——农民工权益保障的独有特征：

---

① 李长健：《论农民权益的经济法保护》，《中国法学》，2005 年第 3 期。

（一）主体的特殊性

一方面,权益保障的主体是农民工,他们是没有彻底离开土地而又从事非农产业的劳动者,既不是完全意义上的农民,又不是真正意义上的工人,是农民向城镇居民转变过程中形成的兼具二者特性的某一特定人群;另一方面,主体是生存于农村与城镇之间,是一个处于流动状态的特殊弱势群体。

（二）内容的特定性

农民工自身的特殊性决定了其权益内容的特定性,农民工作为普通公民,享有《宪法》和其他法律规定的公民各项基本权利,体现了公民的基本权利在法律上的平等性,这是农民工与一般公民在权益内容上的共同性;同时,农民工作为社会的特殊主体,还享有国家针对农业与农民、城镇与工人的特点所单设的各项权益,这体现了权益内容的特定性。

（三）受损害的非偶然性

在二元社会结构下,农民工这种身份和职业的相分离,使之在理论上亦工亦农,而现实生活中处于非工非农的尴尬境地。由于立法工作的滞后,许多在理论上农民工应该享有的权益,在现实生活中却被"蒸发"了,即事实上的缺失和受损,这使得农民工权益被侵害已成必然,而非偶然。

（四）法治化的迫切性

农民工权益保障的主体特殊性、内容特定性和受损害的非偶然性,决定了必须对其加强法制建设,进一步完善有关法律法规,强化政府及其有关部门严格依法办事的力度,依法保护农民工的合法权益。

从农民工权益保障特征的角度,我们还可以得出这样的结论:农民工权益保障的目的和意义,不仅是确认和保护农民工的合法权益,更重要的是为了防止侵害其合法权益行为的发生,以保障公民的基本人权,保证国家法律得到有效、正确的实施,促进我国宪政目标的实现。当然,通过对农民工权益的依法保障,也有助于对其他社会主体权益进行全面的保障。农民工权益保障主要是依法进行,同时也包括一些政策措施和行政手段。从实践看,当前党和国家为了保护农民工的合法权益,制定并实施了一些相关政策等,这些都属于政策措施和行政手段,但这些是辅助性的、非主要的。

所以,农民工权益保障的目的及其意义、目标可完整地概括为:一是确认,通过宪法和法律法规的制定,明确农民工权益的合法性;二是保护,通过有关法律法规的实施,保障农民工的合法权益得以实现;三是防止侵权,通过对侵犯农民工合法权益的非法行为的制裁,防止侵权行为发生。

三、农民工权益保障制度的形成与发展

农民工权益保障制度的形成和发展过程,也就是农民工权益保障的产生、确立和法制化的过程,它与我国民主政治制度的形成与发展、经济社会体制改革有着息息相关、密不可分的关系,是社会主义民主与法制建设的必然结果。

（一）社会主义制度的确立和形成是农民工权益保障制度形成的基础

1. 国家根本制度和政治制度的确立与完善是农民工权益保障得以产生的政治基础

新中国成立之后,1954 年 9 月,第一届全国人民代表大会通过了新中国第一部《宪法》,确立社会主义制度为我国的根本制度,并通过了包括《地方各级人民代表大会和地方各级人民委员会组织法》在内的一系列有关重要法律。《宪法》和《地方组织法》规定:"中华人民共和国是工人阶级领导的、以工农联盟为基础的无产阶级专政的社会主义国家"、"中华人民共和国的一切权力属于人民。人民行使国家权力的机关是全国人民代表大会和地方各级人民代表大会",以及"保护公民私人所有的合法财产,维护社会秩序,保障公民的人身权利、民主权利和其他权利"。1982 年的《宪法》在 1954 年《宪法》的基础上,科学、全面地总结了新中国成立以来的历史经验,明确国体为"人民民主专政",增加了社会主义法制原则,增加了"法律面前,人人平等"等规定,并把公民的基本权利和义务置于国家机构之前,进一步丰富了公民基本权利内容。在 2004 年修正案中又增加了"国家尊重和保障人权"。人民民主专政的社会主义制度与人民代表大会制度的确立和不断完善,确立了公

民在国家生活中的政治、经济与社会地位,特别是国家将尊重和保障人权写入《宪法》,进一步为维护包括农民工在内的所有公民的法定权益提供了《宪法》保障。

2. 改革与发展是农民工权益保障得以形成的社会经济基础

十一届三中全会以后,农村彻底突破僵化的"三级所有、队为基础"的经济体制框框,实行包产到户、包干到户或大包干,农民在逐步解决温饱问题的同时,开始摆脱土地的束缚,获得了自由迁徙的权利,特别是 20 世纪 70 年代后期,乡镇企业异军突起,越来越多的农民转移到非农产业。不过,当时的大部分农民是在小城镇务工就业,离乡不离土。随着经济体制改革的深化和经济结构的不断调整,一方面,农村社会经济在得到发展的同时,农民税费负担不断加重,失地农民越来越多,农村新一代农民大量出现,为了求生存、求发展,农村劳动力不得不外出谋生;另一方面,随着沿海经济的快速增长,城镇私营企业的迅速崛起,城市第三产业的快速发展,市场对劳动力的需求日益增强。在这种情况下,农村劳动力流动长期处于停滞状态的局面终于被打破,农民开始以空前的规模和速度向外转移,并逐步从小城镇走向大中城市,从"盲流"、"民工潮"到现在形成了庞大的农民工群体。可见,我国政治经济体制的改革与社会的发展,为农民走出农村到城镇务工就业提供了社会的、经济的基础,使纯粹的农民成为亦工亦农的农民工。目前,农民工已成为我国一个重要的社会阶层,进而对我国社会的生存与发展产生着十分重大的影响。

(二)民主与法制建设的不断推进是农民工权益保障法治化的原动力

1. 依法治国、建设社会主义法治国家是农民工权益保障法治化的内在动力

党的十一届三中全会以后,随着我国民主与法制建设的发展,公民的基本权利保障逐步得到重视、恢复和发展。1982 年的《宪法》不仅全面明确了公民的基本权利,而且将公民的基本权利和义务置于国家机构之前,以表明国家权力是来源于人民的委托和授予。依法治国,建设社会主义法治国家,是我们党和国家的基本治国方略,并被写入 1999

年的《宪法修正案》。依法治国的基本要求是有法可依、有法必依、执法必严、违法必究,也就是说一切社会组织和公民个人都必须以《宪法》和法律为活动准则,并维护《宪法》和法律的尊严,保障其实施。要保障公民的基本权利,必须要将公民权利法治化,国家既要以《宪法》和法律的形式对公民的权利予以确认,又要依法保障公民合法权益得以实现。农民工作为一个特殊的社会群体出现并迅速壮大,不仅对我国的社会主义现代化建设作出了重要贡献,而且必将对我国政治经济制度与社会发展产生深远影响。近年来,党和国家对农民工权益保障问题十分重视,先后出台了以《劳动法》为主的一系列保护劳动者合法权益的法律法规,其中不少规定都涉及农民工权益保障问题,尤其是 2010 年 10 月 28 日第十一届全国人民代表大会常务委员会第十七次会议通过的《中华人民共和国社会保险法》第一次以法律的形式明确了公民的社会保障权,该法已经于 2011 年 7 月 1 日起施行。除此之外,国务院办公厅还发出了《关于做好农民进城务工就业管理和服务工作的通知》《关于进一步做好进城务工就业农民子女教育工作的若干意见》等规范性文件,从就业、工资支付到教育等方面对农民工权益保障给予了进一步规定和明确。因此,加快农民工权益保障方面的法制建设,使农民工权益保障法治化,既是依法维护农民工合法权益的需要,也是依法治国、建设社会主义法治国家的内在需要。

2. 民主法制建设实践是推动农民工权益保障法治化的外在动力

农民工权益保障方面存在的问题日益突出,这不仅引起了党中央、国务院的高度重视,也引起了社会各界的广泛关注,要求加快立法、依法保护农民工权益保障的呼声十分强烈。在十届全国人民代表大会第二次会议期间,人大代表提出了多件关于农民工权益保障方面的立法议案,法律界的一些专家、学者也在积极研究,并提出了许多积极的意见和建议。部分省、市、自治区人大常委会和政府制定了本行政区域内关于农民工权益保障方面的若干规定,有的已经或即将出台。如河南省政府在全国范围内首次地方专门立法保护农民工权益。

《河南省进城务工人员权益保护办法》规定:用人单位必须按照有关规定支付进城务工就业人员的最低工资标准、加班或延长工作时间的劳动报酬、解除劳动合同的经济补偿；按照国家标准和行业要求，为进城务工就业人员提供必要的安全生产设施、劳动保护条件及职业病防治措施等；为进城务工就业人员办理工伤保险；对技术工种以及从事矿山、建筑和危险物品生产经营作业的进城务工就业人员，上岗前用人单位应依法予以培训。各级政府应在财政支出中安排专项经费，扶持进城务工就业人员的职业技能培训工作。进城务工就业人员子女到当地全日制公办中小学学习的，在入学条件等方面应与当地学生同等对待。各地对涉及农民工权益保障的立法，不仅是对《宪法》和《劳动法》等有关法律法规关于保护劳动者合法权益规定的细化，更重要的是为保护农民工权益提供了法律依据和法律保障，从而也推动了农民工权益保障法治化的进程。

四、农民工权益保护的理论基础

对任何一个社会问题的研究都不是空穴来风，都有一定的现实原因作先导和以一定的理论为立身之根基。农民工权益法律保障问题是我国建设社会主义法治社会和构建社会主义和谐社会迫切需要解决的问题，这是研究农民工权益法律保障的现实原因。民主宪政理论的发展和成熟是研究农民工权益法律保障的前提条件和理论基础。

（一）人权理论

人权是人作为人享有或应该享有的权利，它代表了人类的尊严，体现了正义、公平、人道、善良等美好的人类精神和价值。享有充分而广泛的人权，是人类长期以来追求的理想。尊重和保障人权既是人类文明的标志，也是社会发展的趋势。人权理论的产生和发展经历了一个漫长的历史过程。现代人权理论来自西方的自由民主理论。早在17世纪，洛克以自然状态的理论为依据，主张人权的不可侵犯性。他认为统治自然状态的自然法承认人有保护自己生命、健康、自由和财产不受侵犯的权利。伴随着时代前进的步伐，到了现代，它的内容无论在广度上还是深度上都发生了重大变化，人权理论也被社会普遍接受。人权是指在一定的社会历史条件下每个人有按其本质和尊严享有或应该享有的基本权利。人权理论强调人权是人与生俱来的，人与人之间是平等的。从内容上看，人权包括生存权和发展权两项基本内容。所谓生存权,是指社会中的任何一个人都有生存下去的权利。这意味着,人的生命不可被非法剥夺,任何人、任何组织(包括国家机构)都不能无端地剥夺人的生命。同时也意味着,当一个人不论任何原因陷入贫困、发生生存危机时,都有从国家和社会获得帮助以维持生存的权利。这是人权的第一层次。所谓发展权,是指社会中的任何一个人都有满足和发展自己需要的权利和自由。发展权也有两个方面的含义:一是发展的自由不受任何人、任何组织(包括国家机关)的侵害;二是发展的权利受社会的保护,即国家和社会有义务帮助公民实现平等的发展权利。这是人权的第二层次。人权思想为世界各国所崇尚。无论西方的天赋人权还是我国《宪法》对公民基本权利的规定,都是对人的基本权利的肯定和保护,同时都揭示出了人权理论的共性:人权主体的普遍性,凡人皆无任何差别地拥有人权;人权享有的平等性,不论贫富、贵贱,每个人在人权享有上一律平等。农民工作为城市的弱势群体,他们生活在城市的最低层,其合法权益得不到保障,我们应当为保障农民工的合法权益而努力,这对于我国人权事业的不断进步和最终实现将起到巨大的推进作用。因此,人权理论构成我国农民工权益法律保障的基础理论之一。

(二) 法治理论

法治是现代各国的普遍要求,是宪政的真谛,是民主的基础,是社会秩序进步的保障,是现代政治文明的普遍准则。近现代的法治,是西方文明的产物,它源于古希腊罗马时代,经历了近代欧洲"三 R 运动"①的积累酝酿,大约形成于启蒙运动时期,并伴随着西方文明的发展而不断完善。从亚里士多德的"良法之治"到1959 年国际法学家会议的《德里宣言》,法治在世界各国的鲜活实践不断地充实着法治理念的内涵。西方社会在近代掀起的 3 次革命运动,从不同的领域和价值层面,对中世纪的基督教的神圣文化形态进行了批判,共同促成了人文主义的胜利。亚里士多德指出:"法治应包括两重意义:已成立的法律获得普遍

---

① "三 R 运动"即文艺复兴、宗教改革和罗马法复兴。

服从,而大家所服从的法律又应该本身是制定得良好的法律。"①法治是指统治阶级按照民主原则把国家事务法制化、制度化,并严格依法进行管理的一种治国理论、制度体系和运行状态。其核心内容是:依法治理国家,法律面前,人人平等,反对任何组织和个人享有法律之外的特权。在现代法治国家,有的宣布宪法和法律具有至高无上的权威,有的宣布任何组织和个人不得凌驾于宪法和法律之上,都把树立法律权威作为实现法治的重要内容。通过确立法律的至上权威,以公力救济代替私力救济,以平等对待关怀其治下的民众,使人们在形式上都能有同等的机会享受法律治理所带来的福利和正义。由此,法治成为现代社会最佳的一种社会治理方式,成为现代性的重要标志,也成为获得社会正义的首要方式。在法治社会中,法律是弱势群体实现自身生存与发展的武器,法律也要求政府必须担当起维护弱势群体权益的使命。因此,在我国法治建设过程中,保护为社会经济发展作出巨大贡献,但合法权益履遭侵害的弱势群体——农民工是国家应尽的责任。法治理论为我国建设法治国家,完善农民工权益保护提供了理论基础。

(三) 人民主权理论

人民主权理论是关于国家和政府起源的基本理论。人民主权,即人民是国家的主人,是自己的主人,是民主的主体。离开了人民,民主就无以存在。所以,人民管理国家,人民当家做主就是人民主权的本来含义。人民主权理论的首创者当属欧洲资产阶级启蒙运动的先驱洛克。在《政府论》中,洛克多次强调人民主权的重要性和实现途径:"在所有合法政府中,同政府的形式一样,确定谁是统治者也是政府自然和必要的一部分,是由民众自己决定的。""立法机关的宪法是社会首要的和最根本的法令,宪法中的一些条例规定了他们的联盟如何在一些人的指导下和在一些法律的制约下继续存在。只有是民众同意的人或民众委任的人,才有权制定这些法律,没有公众的同意和委任,他们中的任何人或任何数量的人都无权制定法律……"②卢梭是人民主权理论

---

① [古希腊]亚里士多德:《政治学》,吴寿彭译,商务印书馆,1963 年,第 199 页。
② [英]洛克:《政府论》下篇,叶启芳,等译,商务印书馆,1999 年,第 96 页。

的集大成者,他集中地、系统地论述了人民主权理论。1762 年,卢梭以发表《社会契约论》一书为标志,全面地确立了人民主权的理论。① 人民主权理论是卢梭社会政治思想的核心和精华,在"公意学说"和"社会契约学说"的思想基础上,提出立法权属于人民,并且表现公意。公意的运用就是主权,主权运用公意的行为结果就是法律。人民有权创设、修改法律,并且还必须遵守法律,以实现法律面前,人人平等;政府不具有主权者的权力,只是受人民的授权,执行国家公共权力;人民享有革命权,对国家拥有永恒的主权。在民主国家,当政府违反公意侵犯人民主权时,人民就有权推翻它,在自由、平等的契约关系下,重新组建新的国家、新的政府。② 马克思、恩格斯在科学社会主义的理论框架下,站在历史唯物主义的高度,对卢梭人民主权学说进行了扬弃,并把卢梭一切权力来自于人民的主旨思想,转化成为人民主权决定论,从而确定了人民是国家主人的人民主权理论。③ 这种人民主权理论对无产阶级政党建立社会主义国家产生了深远的影响。在社会主义国家中,人民是国家权力和国家主权之间产生的联系纽带,就两者相互关系而言,国家的一切权力属于人民包含着国家主权属于人民的意思。④ 依据人民主权理论,农民工作为我国社会主义的建设者,应享有参与国家和社会事务管理的权利,享有宪法和法律规定的公民所享有的各项民主权利和自由。人民主权理论为研究农民工权益保护奠定了理论基础。

五、建立农民工权益保障制度的必要性

（一）是更好地体现社会保障的本质需要

社会保障是指国家为了保持经济发展和社会稳定,在公民年老、疾病、伤残、失业、遭遇灾害、面临生活困难的情况下,由政府和社会依法给予物质帮助,以保障公民基本生活需要的制度。它是国家赋予每个劳动者的一种权利,是以国家为主体,依据一定的法律、法规和政策,通

① 肖君拥:《人民主权论》,山东人民出版社,2005 年,第78 页。
② 陈献艺:《浅析卢梭的人民主权理论》,《经济与法》,2009 年第 3 期。
③ 陶庆:《马克思主义政党人民主权的理论原则与政治意义》,《当代世界与社会主义》,2007 年第 3 期。
④ 许崇德:《中国宪法》,中国人民大学出版社,2006 年,第 175 页。

过国民收入的分配和再分配为社会成员基本生活权利的实现而提供经济资助或服务的综合性事业。社会保障的对象是社会成员中的弱势群体。农民工工资低廉，就业没保障，人身权利经常受侵犯，是处于城市和乡村之间的"边缘人"，属于弱势群体。所以从社会保障制度本身来看，农民工作为我国现阶段一个特殊的社会阶层，其作用和地位决定了农民工社会保障制度的建立已经成为社会发展的必然要求，应尽早提上议事日程。

（二）是建立健全我国社会保障体系的需要

农民工社会保障严重滞后会影响我国社会保障制度的完善。过去，我国的社会保障制度及改革一直按城乡分开的做法，而且整体上偏向于对城镇居民的保障。这种城乡分立的二元社会保障结构是不合理的，不利于统筹城乡经济社会发展。从城乡统筹的角度解决农民工的社会保障问题，不但是维护农民工自身权益的需要，也是深化城镇社会保障制度改革、推进农村社会保障建设的一次重大机遇。所以应从大局出发，打破城乡分立的二元社会保障体系，建立制度模式全国统一、覆盖城乡居民、城乡和地区保障待遇有所差别的社会保障体系。

（三）是农村工业化、农村城镇化的需要

在工业化、城市化加速发展时期，农村劳动力不仅要向城镇大量转移，而且还会在不同城镇之间频繁地选择工作和居住地点。农民工不仅对农村现代化起着巨大的促进作用，而且他们的出现打破了城市和乡村的分割，促进了城乡交流，推动了城市化进程。然而对于这一特殊群体，现行的社会保障制度却缺乏有效的保护：1亿多进城农民工中约80.96%的人没有任何社会保障；1.38亿乡镇企业职工徘徊在城乡社会保障制度的边缘，既未进城保，也未进农保；4 000万失地农民身份转换后进入城镇未能得到有效保障，加之城乡之间的农民工社会保障制度及对策研究难以互联互通，已无法适应工业化、城市化的需要。

（四）是维护保持社会稳定的需要

农民工社会保障滞后会给社会稳定带来不安全因素。近年来，我国城市发生的一系列恶性犯罪案件的犯罪者主要是外来民工。建立和完善农民工社会保障制度，让农民工平等地享受法律赋予的权益，分享其已贡献于其中的城市发展的成果,不仅可以促进社会公平的实现,还可以从一定程度上提高农民工的素质,从而减少造成社会不安定的因素,维护社会的稳定运行。

第二节 农民工权益保障的现状

2003 年以来,农民工问题受到全社会的广泛关注,党和政府也高度重视农民工权益的保障问题。尽管对于农民工的"市民"身份还没有定论,但 2004 年的中央一号文件中,已明确把农民工作为产业工人提出,认为农民工是我国产业工人的重要组成部分。农民工作为我国改革开放、现代化建设和建立完善社会主义市场经济体制过程中的新事物,是工业化一般规律和中国特殊国情共同作用的产物,"已经成为我国社会转型时期出现的一个有别于农民和城市居民的最大的社会群体"。农民工对我国的社会主义现代化建设作出了巨大的贡献,但是却无法和城市居民享受同等的权利,有时甚至连公民的基本权利也受到侵害。近年来,随着社会经济的发展,国家对农民工权益问题越来越重视。但由于我国的法制不健全,存在政策不利因素的影响,侵害农民工权益的事件不断发生。农民工权益受损,主要集中在经济、政治、文化、社会保障 4 个方面。

一、经济权利的缺失

对于农民工来说,最重要、最具实质性意义的是经济权益得到保障和实现。所谓经济权益是公民享有的经济物质利益方面的权利,是公民参加国家政治生活、实现其他权利的物质保障。它是公民从社会获得基本生活条件的权利。农民工的经济权益如果得不到切实保障,其弱势地位就无从改善,其他一切权利也就无从谈起。然而,在现实生活中,恰恰正是这些农民工赖以为生的权利受到的侵害最为严重。农民工经济权益的核心之一是劳动权,而劳动权的实质是就业权。农民工作为一个脱离了农村土地的特殊群体,其生存和发展都离不开城市。他们在城市就业过程中遭受不同程度的不公正对待,主要体现在以下几个方面:

（一）就业权利不平等

平等就业权是农民工的基本劳动权利。农民进城打工，最先遭遇的是就业歧视。近年来城市下岗工人增多，城市就业压力加大，农民工从事"脏、累、苦"的工作也成了和城市人抢饭碗。许多城市特别是一些大城市为保护本地人就业而制定了限制性就业政策，对农民工从业的行业、工种加以限制，这阻碍了农民工充分享有平等就业权，与城市居民相比，农民工遭到不公平的就业限制和歧视。许多地方政府为了优先解决城市就业压力，对农民工进城就业仍然采取一些歧视性的政策。使农民工就业局限于脏、累、重、险等行业或工种，而对大量行业和工种城市居民拥有就业特权。事实上，我国当前最典型、最集中的就业歧视不是性别歧视，也不是年龄歧视，而是社会身份歧视，如对农民工的歧视。

（二）劳动报酬权受到侵害

劳动报酬权是劳动者按照劳动的数量和质量取得报酬的权利。农民工取得合理劳动报酬的权利遭到侵害，主要表现在农民工和城镇工人同工不同时，同工不同酬。（1）同工不同时。城镇工人享受每周双休制，8 小时工作制，有法定的节假日；农民工一般不享有这些权利，法律规定的加班时限及报酬亦几乎形同虚设。（2）同工不同酬。农民工付出了辛勤的劳动，却得不到应有的经济待遇。更为严重的是，不少企业仍然存在拖欠和克扣工资现象。许多农民工一年忙到头却连工资都拿不到，这种情况在全国各地时有发生。尽管国家对农民工工资拖欠问题高度重视，并采取了一系列强制措施，但拖欠工资问题仍未得到根本解决，前清后欠现象仍较普遍。

（三）劳动安全权得不到保障

劳动安全权是农民工最基本的劳动权利之一，它是指劳动者享有在劳动过程中要求改善劳动条件，以使自己的身体健康和生命安全得到有效保护的权利。由于农民工主要分布在外资企业、乡镇企业和个体私营企业，而某些用人单位只注重眼前的经济利益，忽视工作环境的改善，无视农民工的健康和生命，一味地降低生产成本，既不对农民工进行劳动安全培训，也不采取必要的安全防护措施，有的甚至不具备起码的安全生产条件。现实中,农民工的劳动安全权常常受到严重侵害,突出表现在工伤救助和职业病防治两个方面。

二、政治权益的缺失

政治权利应为社会政治权利主体参与并影响政治生活,从而得以在政治生活领域作为自决、自主的存在的权利。就其形式而言,政治权利是指参与并影响政治生活的权利。就其实质而言,政治权利是社会政治权利主体在政治生活领域得以自决、自主存在的权利。农民工虽以自己的劳动为城市作出了贡献,但却没有机会参与社会政治生活,没有能力维护自身权益,成为城市社会中的"沉默阶层"。"沉默的大多数"是美国社会学者形容美国的工人阶级没有政治权力的一种说法,以此来形容农民工阶层也是再恰当不过的。农民工政治权益体现的是其作为普通公民所具有的基本权利,这一群体的政治权益的缺失主要体现在其政治决策、政治参与及政治表达等方面缺乏对城市社会的话语权,而且也没有掌握对自己利益相关的社会事务的发言权,缺乏制度化的利益表达渠道。

(一) 农民工的选举权和被选举权难以实现

政治参与是民主政治的重要内容和显著标志,普通公民需要通过合法途径,运用直接或间接的政治手段施加影响于决策与管理机构并监督政府公务。丧失了选举权和被选举权这一公民最基本的参政议政权利,也就失去了对城市社会以及对与自己生存利益相关的社会事务的话语权,失去了合法的、制度化的权益表达渠道。农民工作为有着上亿人口并为城市建设作出突出贡献的巨大社会群体,却不能和城市居民享有平等的选举权和被选举权。由于许多地区选民和人大代表的名额是根据当地户籍人口确定的,因此没有本地户籍的农民工便不能参加当地的选举和被选举活动。村委会选举是村民自治的前提和基础,是农民政治参与的重要形式,然而由于诸多原因,农民工参与其原籍村委会选举的比例并不高。城市是农民工生活和工作的地方,所以城市政策的制定将直接关系到他们的切身利益。农民工生活在城市是弱势人群,对参与政治方面又是边缘人。

（二）农民工参与社会管理的权利形同虚设

我国的进城农民工人数大概有1亿多,对于生活地和工作地都在城市的农民工来说,其切身利益与城市建设息息相关,他们很有必要参与城市的管理,因此,他们也大都希望能够参与城市的管理。同时,由于农民工在城市工作和生活的权益经常遭受严重侵害,其合法利益得不到有效保护,这就在很大程度上使他们参与城市管理的愿望越来越强烈。与农民工对城市管理有着强烈的参与愿望相比,他们对城市管理的实际参与状况并不令人满意。在城市的各级各类权力机构中,如党代会、人代会和政协,农民工代表极少,与他们在城市总人口中所占的比重极不协调,即使有个别代表,也仅仅是作为劳动模范存在,他们中很少有代表农民参政的能力。当农民工的合法权益遭受侵犯时,其政治表达权无法得到保障。

三、文化权利和受教育权利的缺乏

（一）农民工的文化权利可望却不可即

文化权利通常是与经济和政治权利并举的,但是人们对文化权利的关注远不及前两者,这就说明了人们对它的忽视现状。"文化权利是一个整体———一种权利——即对文化的权利,或参与文化生活的权利。"①文化生活是城市生活方式的重要组成部分,也是城市生活方式的高级形态,是判断农民工能否真正融入和接受城市生活的一个重要的标准。农民工基本的经济、政治权利尚且没有充分实现,精神层面的文化生活的权利的享有状况也就可想而知。目前,城市特别是一些大城市的政府都在积极促进文化事业的发展,丰富市民的精神文化生活,保障市民享受文化权利,对文化事业的投入不断加大。然而,农民工作为城市建设的主力军在兴建了大批图书馆、博物馆、文化馆等公共文化设施后,自己却不是受益者,城市的文化发展宏图中并没有农民工的身影。农民工远离家乡和亲人,业余文化生活单调而枯燥,加上一些企业对农民工实行封闭式管理,限制其外出自由,致使一些农民工感到生活

---

① 〔波兰〕雅努兹·西摩尼迪斯:《文化权利——一种被忽视的人权》,黄觉译,《国际社会科学杂志(中文版)》,1999年第4期。

苦闷和空虚。

（二）农民工的受教育权利遭遇不平等对待

享有受教育权利是一个公民掌握一定生产技术和知识水平，谋取生存发展的必要条件，根据《教育法》及《中华人民共和国义务教育法》关于公民依法享有平等的受教育权利的规定，农民工在接受再教育和技能培训上享有跟城市居民同等的权利，可实际情况并非如此。由于城市各机关、企事业单位只规定在职职工可享有公费继续教育的机会，农民工的受教育权利基本上难以实现。政府提供的免费教育和培训也主要针对下岗职工，农村劳动力大多无法享受，这就造成了教育和培训机会实质上的不平等，由此更加剧了农民工在城市就业的困难。2003年10月，农业部、劳动和社会保障部、教育部、科技部、建设部，财政部联合颁布了《2003—2010年全国农民工培训计划》，这对农民工来讲的确是一个福音，但庞大的农民工队伍和政府财力相去甚远。大部分农民工文化教育程度低，这使得他们在城市中只能从事一些简单的重体力劳动。许多用人单位在招收农民工的过程中，为了节省成本，上岗之前只是简单地对农民工进行一些技能培训。这些技能培训缺乏长远性和计划性，只是为了适应眼前工作而开展的临时性培训。农民工在工作期间几乎不接受任何形式的业务培训和在岗培训，城市里现有的教育制度和培训项目从来没有有计划地把他们作为一个重要的、有潜能的社会群体来对待。

在子女受教育方面，大部分进城的农民工子女在城市里难以享受国家规定的义务教育待遇。由于我国义务教育阶段实行"分级办学、分级管理"。《义务教育法》第八条规定：义务教育事业，在国务院领导下，实行地方负责、分级管理；第十二条规定：实施义务教育所需事业费和基本建设投资，由国务院和地方各级人民政府负责筹措，予以保证。这个教育法则明确了流入地政府对流动人口学龄儿童的入学并没有法律上的责任，作为城市边缘人口，农民工子女无法享受流出地政府带给他们的教育补助，所以相当一部分农民工子女得不到相应的受教育机会，被迫或主动放弃了受教育的机会和权利。

四、社会保障权益的缺损

社会保障权是指所有公民在年老、疾病、伤残、死亡、失业或者由于其他原因生活出现困难时,有从国家获得物质帮助以维持基本生活或者提高生活质量的权利,它是公民的一项最基本的权利,是现代社会中的一项基本人权,是"一种新型的社会权利,所有人,无论自上而下靠工作为生,或者无工作能力,都应得到生活的保障,甚至包括他的家庭成员"。[①] 对此,《宪法》和《劳动法》都有明确规定。但在实际生活中,农民工虽然在城市打工多年,却始终享受不到城市的各种社会保障和福利待遇。城市职工普遍享受养老、医疗、失业、生育和工伤5大保险,农民工则被排除在社会保障之外,很难享受到社会保障待遇。当他们在城市就业、生活遭遇风险与困难时,也没有相应的社会保障体系为他们提供援助和保护,他们只有依靠自己。

[①] [法]C·米尔、郑秉文:《法国社会保障的经验教训与出路——与中国学者的交流》,《国外社会科学》,2001年第2期。

第 三 章

农民工的经济权利

对农民工来说,经济权利得到有效的保障与实现是最重要和最具实质性意义的。经济权利是指公民享有的经济物质利益方面的权利,是公民参加国家政治生活,实现其他权利的物质保障。它是公民从社会获得基本生活条件的权利。农民工的经济权益如果得不到切实保障,其弱势地位就无从改善,其他一切权利也就无从谈起。然而,在现实生活中,恰恰正是这些农民工赖以为生的权利受侵害最为严重。农民工的经济权利集中表现在劳动权益方面。

劳动权是劳动者最基本的权利,劳动者的其他权利都是从劳动权派生的。没有劳动权,其他一切民主和自由权利就没有实际意义,也就不能实现。农民工劳动权包括就业权、劳动报酬权、休息休假权、劳动安全卫生权等权利。

第一节 农民工的就业权

目前,在我国农民工已经作为一个新的社会阶层而存在,这个阶层大约拥有2.3亿人口,被称为"新工人阶层",而且其人数也存在不断增加的趋势。随着农民工人数的增加,这一群体在城市中工作和生活出现的问题也越来越多,其生存权、就业权、财产权以及政治文化、教育等各个方面的权利和利益,均在不同程度上受到损害和歧视。在诸多权利中,就业权是最基本的权利,就业问题是亟待解决的问题,因为就业乃谋生之手段,是农民工群体生存和发展的根基所在,解决农民工平等就业权的问题,是彻底处理好农民工各种问题的根本。农民工的平等就业权问题的解决已刻不容缓。然而无论是理论上还是实践中,对这一问题的解决都没有具体、有效的举措。学术界对平等就业权的研究尚未达成普遍的共识。整体来说,学术界对农民工平等就业权的研究还没有形成体系和建立起完善的理论根基,平等就业权仍然被简单地界定为禁止就业歧视。在实践中,法律规则对农民工平等就业权虽有一定的规定,但还不够完善,具体措施方面规定很少,实践操作上也缺少法律依据,关于平等就业权受损后的法律责任承担的规定,则更是空白。因此可以说,平等就业权基础地位还不够牢固,由于农民工平等就业权受到损害所产生的问题已经达到危及社会和谐与稳定的严重程度,因此在社会转型时期,在就业压力不断加剧的情况下,对平等就业权进行深入的研究分析和理论定位,已经成为法制的基本任务和时代的必然要求。

一、平等就业权概念的界定

(一)平等就业权的相关法律规定

1. 平等就业权的国际法规定

国际社会对于平等权作出的相关规定主要体现在一些国际宣言、公约和条约之中。《联合国宪章》中有多个条款提出应在经济、社会、文化、教育及卫生等多个方面,增进对全体人类的人权及基本自由的尊重。[①] 1948 年联合国大会《世界人权宣言》中就已经指出,宣言所载的一切权利和自由,人人皆可拥有。之后,《经济、社会及文化权利国际公约》和《公民权利和政治权利国际公约》也对有关平等原则相继进行规定。例如:《公民权利和政治权利国际公约》第二十六条明确规定:"法律应禁止任何歧视并保证所有的人得到平等的和有效的保护,以免受基于种族、肤色、性别、语言、宗教、政治或其他见解、国籍、财产、出身或其他身份等任何理由的歧视。"[②]国际劳工组织在《1958 年消除就业和

---

① 胡志强:《中国国际人权公约集》,中国对外翻译出版公司,2004 年,第 250—251 页。
② 同①。

职业歧视公约》中对就业歧视作出了权威性的定义,即:"根据种族、肤色、性别、宗教、政治观点、民族、血统或社会出身所做出的任何区别、排斥或优惠,其结果是取消或有损于在就业或职业上的机会均等或待遇平等。"①除了对于平等权的一般规定之外,联合国还通过了一些特殊保护的公约和文件以强调特定领域中的平等权保护问题。例如,在以妇女为权利主体的领域中,就通过了《消除对妇女歧视宣言》(1967 年)和《消除对妇女一切形式歧视公约》(1979 年),明确肯定了妇女与男子享有同样的平等权利。其中,《消除对妇女歧视宣言》第十条规定:"确保妇女,不论已婚未婚,皆能在经济及社会生活方面,享有与男子平等的权利。"②此外,在流动务工人员的权益保障方面,通过了《保护所有移徙工人及其家庭成员权利国际公约》(1990 年)等公约和条约;在残疾人权利保障方面,通过了《残疾人权利宣言》(1975 年)和《残疾人职业康复与就业公约》(1983 年)。以上这些国际法的宣言、公约和条约,构成了国际法中关于平等就业权的相关基础性规定,在很大程度上对我国法律法规中农民工平等就业权的规定起到了一定的指导和借鉴作用。

2. 平等就业权的国内法规定

很多西方发达国家的宪法、法律中都明确规定公民享有平等就业权,并且以宪法和法律为基础制定了专门性的反歧视法或其他相关单行法来确认并保护公民的平等就业权,同时这些相应制度都具有一定的可行性和可操作性,而并非简单的权利宣言。在这些国内法中,对平等就业权规定比较全面且影响较大的有以下几个法律文件:(1) 英国的《就业政策白皮书》,其中政府承诺要维持一个高且稳定的就业水平;(2) 美国的《就业法》,规定了联邦政府的持续的政策和职责之一在于为那些有能力、有意愿和正在寻找工作的公民创造就业机会和条件,从而促进就业。同时,为了保障并促进就业,保护公民的平等就业权,禁止就业歧视,美国还先后颁布了《同酬法》(1963 年)、《民权法》(1964

① 韩冰:《农民工平等就业权问题探析》,吉林大学硕士学位论文,2004 年,第 11 页。
② 胡志强:《中国国际人权公约集》,中国对外翻译出版公司,2004 年,第 351 - 353 页。

年)、《就业年龄歧视法》(1967 年)、《反怀孕歧视法》(1978 年)、《美国残疾人法》(1990 年)等一系列法律,[1]并成立了平等就业机会委员会,以负责专门执行以上禁止就业歧视的相关法律。总体来说,很多国家国内法对于公民平等就业权的规定比较完善,在实践中对平等就业权的保护也取得了很好的实践效果。在我国,《宪法》是国家的根本大法,是一切法律法规制定的根源和基础,其中对公民的基本权利作了具体规定,当然也包括公民的平等就业权,公民的平等就业权有最高效力的法律保障。与此同时,在《宪法》的基础上,其他相关法律对公民的平等就业权作出了具体规定。例如,《劳动法》中规定了劳动者的平等就业权、选择职业权、获取劳动报酬权、休息权、劳动安全卫生保障权、接受职业培训权、享受社会保险与福利权等权利,除此之外,还规定了国家实行最低工资保障制度和带薪休假制度,具体明确了工时标准、女职工特殊保护标准、职业培训标准等;在《中华人民共和国就业促进法》中,还对国家、政府、用人单位以及职业中介机构在消除就业歧视、保障公民平等就业方面所担负的义务与职责作出了详细规定。这部法律对平等就业权的规定更为详细具体,它扩大了禁止就业歧视的范围,在从劳动关系建立以前到劳动关系形成的整个求职过程中禁止就业歧视,并且针对社会上普遍出现的户籍歧视和地域歧视现象,作出了禁止设置歧视性限制的规定,并规定了城市中的农村劳动者与城镇劳动者享有平等的就业权和其他劳动权利,它将农民工的平等就业权单独提出,对解决农民工的平等就业权问题具有一定的指导意义,并且在救济途径上,还规定劳动者遭遇就业歧视可依法向人民法院起诉,为平等就业权的权利救济提供了理论依据。除以上法律规定外,在一些单行法中,如《妇女权益保障法》、《残疾人保障法》等都有相关的条款为平等就业权的保护提供了良好的国内法依据。

(二) 平等就业权的概念

顾名思义,平等就业权包含了平等权和就业权两层含义,可以看做

---

① 梁晓春:《国际(人权)法视野下的就业平等权及其法律规制——建议我国公民平等就业权的法律保护》,《武汉大学学报(哲学社会科学版)》,2008 年第 5 期。

是两种权利的融合。其中平等权又包含 3 个方面：机会的平等、程序的平等和结果的平等。机会的平等作为平等竞争中最为重要的一环，是一种起点上的平等，是指所有社会成员应该得到平等的竞争机会。它对所有社会成员是否能平等地进入到竞争中来起到决定性作用；程序的平等指提供给所有社会成员平等的竞争规则，是一种过程上的平等，是维护平等权利的重要保障，能够使各群体、群体成员在同一规则之下参加社会活动或社会竞争；结果的平等指社会活动或社会竞争最后结果的平等性，即尽管个体活动存在很大差异，但是所有社会成员在最终结果上均获得了相等的政治、经济和社会地位以及相等的报酬、相等的社会资源。由此可见，为了达到最终结果的平等，我们首先必须保障机会的平等和程序的平等，但由于个体的差异，结果还是会千差万别，我们一定要将结果所体现的差异控制在社会所能承受的范围之内。当然，在这里需要引入相关权利的确认以及相关的制度。就业权具体指有劳动能力的公民能够获取参加职业性有偿劳动的机会的权利。每个有能力和意愿参加工作的人都应获得此权利。所以说，作为劳动者生来就享有的权利，就业权最为直接地体现了劳动权利和生存权利，充分体现了《宪法》在劳动领域对于公民生存权的保护。

综上所述，总体来说，平等就业权是在就业中体现平等，对劳动者的生存作出最基本的保障，这种保障并不是要求劳动者之间的工作、待遇没有差别，而是要保障所有的劳动者都能够站在平等的起点上、拥有同样的规则，并据此获得相当的劳动成果。①

二、农民工平等就业权的特殊性

如上所述，农民工作为一个由农民组成的特殊群体，从某种意义上讲，其已经成为一个伴随社会发展和城市化进程所出现的特殊群体。农民工虽然维持着农民的身份，却离开了农民赖以生存的土地，在城市中从事工人的工作，已经可以被看做是一个独立的阶层。但这一阶层的生活状况和权利保护却不容乐观。农民工作为一个由社会迁徙人员组成的群体，正如有学者所指出的那样，凭借既有的户籍制度，城市行

---

① 李强：《社会分层与贫富差别》，鹭江出版社，2000 年，第 34 页。

政管理系统和劳动部门、社会保障、公共教育等各个系统,将乡镇迁移人员排除在"城市居民"之外,使乡镇迁移人员成为事实上的"城市里的非城市人"——制度规定的"非市民"。① 农民工群体与城市居民和农村居民都不尽相同,这样的特殊性,使他们虽然长时间生活和工作在城市里,却并不被认同为归属于城市,而仍然被认为是农民。当然,这里的农民并不单单指一个阶层,而是指代农民这一阶层所特有的共性——居住在农村并拥有土地,这种社会身份与职业身份的分离,使得大多数农民工成了城市的"边缘人",他们处于城市的最下层,主要从事城市居民不愿意从事的体力劳动职业。相比于农民工群体,城市劳动者有更高的文化知识和技术水平等很多方面的优势,这也使得其与农民工群体竞争时处于优势地位,更有竞争力,容易造成就业歧视,极大地影响了农民工平等就业权的实现。总体上讲,农民工这一群体的出现必然要受到社会的关注,其发展也必然影响到社会的稳定。但其特殊身份造成了这一群体在城市就业中的相对弱势,因此,如果不通过法律对农民工的平等就业权予以保护,如果不能给予农民工与城市劳动者平等的就业环境,就必然会造成农民工在法律上和现实中的弱势地位。所以,要还原农民工平等的社会地位,使其能够积极地参与到社会经济活动中,不应该只是把他们视为弱势群体进行同情和怜悯,最为关键的是要使现行的法律制度更加完善,确保农民工在城市中能够拥有平等就业权,保证他们在城市中享有平等的就业机会,并得到平等的与就业相关的权利。

三、农民工平等就业权的法律依据

农民工平等就业权的法律依据主要是指现行的成文法规定,下面简要介绍我国农民工平等就业权的现有法律体系。

(一)目前我国对农民工平等就业权保护的立法框架

我国关于平等就业权的法律保护主要体现在《劳动法》中。我国《劳动法》第一条将其立法目的明确为:"为了保护劳动者的合法权益,

---

① 冉井富:《农民、民工与权利保护——法律与平等的一个视角》,《南都学坛》,2004 年第 2 期。

调整劳动关系,建立和维护适应社会主义市场经济的劳动制度,促进经济发展和社会进步,根据《宪法》,制定本法。"《劳动法》对于劳动者权益的保护自然也对农民工的权益予以保护,其具体的保护规定总结如下:

1. 完善劳动合同制度,保护平等就业权

我国《劳动法》第十六条第二款规定:"建立劳动关系应当订立劳动合同。"劳动关系的成立、变更与解除的每个环节都涉及劳动者合法权益的法律保护问题,而当劳动争议发生时,劳动合同往往是法律上解决劳动纠纷、明确双方权利义务的关键所在。因此,我国《劳动法》明确规定,用人单位应当建立健全劳动合同用工制度,在建立劳动关系的同时应当订立劳动合同。具体来讲,在内容和形式上,劳动合同应当符合法律规定,满足《劳动法》第十九条对劳动合同的形式与内容的必备要求;在过程上,劳动合同的订立不可违反平等、自愿、协商一致的原则,必须遵循法律、行政法规,不得以欺诈、胁迫等手段订立劳动合同。由是观之,完善劳动合同制度,是对劳动者的最基础的保护,是保护农民工平等就业权的前提和重要保障。

2. 强化工作环境标准,保护平等就业权

良好的工作环境是劳动者劳动权利的重要组成部分,平等的工作环境也是保护农民工平等就业权的组成部分,我国《劳动法》第五十二条规定:"用人单位必须建立健全劳动安全卫生制度,严格执行国家劳动安全卫生规程和标准,对劳动者进行劳动安全卫生教育,防止劳动过程中的事故,减少职业伤害。"这一规定在法律上为农民工拥有平等的工作环境及其平等就业权受保护提供了法律依据。

3. 建立劳动争议机制,保护平等就业权

建立独立的劳动争议解决机制,可以有效地解决劳动争议问题,为农民工平等就业权的保护提供法律保障。我国《劳动法》第七十九条规定:"劳动争议发生后,当事人可以向本单位劳动争议调解委员会申请调解;调解不成,当事人一方要求仲裁的,也可以向劳动争议仲裁委员会申请仲裁。对仲裁裁决不服的,可以向人民法院提起诉讼。"所以,在我国解决劳动争议一般分为3个步骤:一是调解,二是仲裁,三是诉讼。

与之相对应的劳动纠纷解决机构分别是劳动争议调解委员会、劳动争议仲裁委员会和人民法院。当平等就业权受到侵害的时候,农民工可以通过这几种方式来维护自己的权利。

4. 实行劳动监察举报制度,保护平等就业权

实行劳动监察举报制度,以国家行政权的直接渗入来保护农民工的平等就业权将会更加有效。我国《劳动法》第十一条规定了劳动监督检查,劳动监察权具体由县级以上各级人民政府的劳动行政部门行使。

总体来说,目前我国以《劳动法》为主的保护农民工平等就业权的立法框架还不完善。《劳动法》本身是对所有劳动者就业权的保护,并未注意到农民工这一群体的特殊性,对农民工平等就业权的关注和保护尚显不足。农民工作为弱势群体,应区别于其他劳动者予以保护,而这一点在整个立法体系中并没有得到体现。因此,《劳动法》主导的对农民工平等就业权的保护立法体系还有待完善。

（二）其他相关法律法规的规定

1. 《宪法》对农民工平等就业权的保护

《宪法》是我国根本大法,是其他法律制定的准则,其对农民工平等就业权的保护具有根本性意义。《宪法》第四十二条规定:"中华人民共和国公民有劳动的权利和义务。"公民的劳动权在根本大法的层面上受国家保护。同时,我国《宪法》还规定了一些劳动就业的方针和政策,这些都为劳动者的劳动权保护提供了最根本的法律依据。而农民工的平等就业权也当然包括在内。我们可以看到,与其说《宪法》是一部法律,不如说是一部权利宣言。《宪法》中劳动权被明确予以确认,但农民工的平等就业权,乃至农民工的劳动权都未被单独提及,因此可以说,在对农民工平等就业权的保护上,《宪法》就如同夜空中最亮的星星,点亮了方向,却没带来温暖。

2. 《工会法》及其他法律法规对农民工平等就业权的保护

《工会法》出台前,工会对工人权益的保障作用虽然不大,但工人们也能够享受到一些福利。农民工虽然也是工人,可是由于他们自身具有的农民的身份往往不被工会接纳,大多数农民工被工会拒之门外,导致工会作为工人的维权组织在保护农民工平等就业权的问题上无法发

挥作用。《工会法》第三条规定:"在中国境内的企业、事业单位和机关中以工资收入为主要来源的体力劳动者和脑力劳动者,不分民族、种族、性别、职业、宗教信仰、教育程度,都有依法参加和组织工会的权利。"由于农民工主要生活来源也是工资,所以也可以加入工会,享有加入和组织工会的法定权利,从而实现了对农民工权益的保护。除了国家的统一立法,农民工平等就业权的保护问题也得到了不少地方政府的重视,例如,河南省公布实施了《河南省进城务工人员权益保护办法》,这是我国首例地方政府为保护农民工权益的专门立法。

尽管我国《宪法》、《工会法》、《合同法》等法律中已经作出了保护劳动者权益的规定,但是在法律实施上尚不理想。对农民工平等就业权的侵害,一般发生在建立劳动关系之前,大多是由于用人单位不遵守《宪法》、《妇女权益保障法》、《残疾人保障法》、《民族区域自治法》、《未成年人保护法》等法律,在农民工就业过程中制定歧视性规定。在这种情形下,我国劳动仲裁机构和人民法院又往往因为法律依据不足而不予受理,导致农民工平等就业权受到侵害后无法得到有效的救济和补偿,因此相关法律还有待完善。

(三)《劳动合同法》的实施对农民工平等就业权的保护

《劳动合同法》正式向社会公布后,成为我国第一部对劳动合同进行规范的法律。《劳动合同法》是劳动法律中一部重要的基础性法律,是广大劳动者依法维权的重要依据之一,这部法律的正式实施加强了对农民工平等就业权的保护。

《劳动合同法》是对原有《劳动法》的扩充和完善,《劳动合同法》的实施使我国目前的以《劳动法》和《社会保险法》为主的劳动法律体系得到了有效改善,有效弥补了《劳动法》中对于劳动合同制度规定的不足。这部法律的主要任务在于规范并完善劳动合同制度,比如合同订立、变更、履行、解除和终止以及经济补偿等相关具体制度。其具体规定主要体现在以下几个方面:

(1)适用范围上,与主要适用于中华人民共和国境内的企业及各地经营性组织的《劳动法》相比,《劳动合同法》增加了对于民办非企业单位的规定和限制,这是国务院在行政法规中确定下来的新型用人单位,《劳动合同法》将这一部分包含进来,有利于为农民工的平等就业权的保护提供有利的法律依据。

(2)《劳动合同法》有关用人单位规章制度的规定,与《劳动法》相比更加具体。《劳动合同法》中增加了劳动合同分类的相关规定,对现存劳动力市场上可能出现的劳动合同种类进行了详细划分,为农民工平等就业权的保护提供了具体的合同依据。

(3)《劳动合同法》对实践中用人单位与劳动者不签订劳动合同的问题给出了明确的规定,即使用人单位和劳动者之间没有订立书面的劳动合同,也视为他们已经订立了无固定期限的劳动合同。这一规定为大多数处于弱势地位的没有签订劳动合同的农民工合法权利的保护提供了有效的法律救济手段。

(4)《劳动合同法》还对劳动者的举证地位作出相应规定,对于无法确定是否存在劳动关系的,以有利于劳动者的理解为准,如果用人单位没有证据证明不存在劳动关系,那么就认为已经存在劳动关系。这一点有效地解决了农民工举证难的问题,通过举证责任的设置有效地保护了农民工的平等就业权。

(5)《劳动合同法》增加了劳动合同可变更、可撤销以及合同中止履行的制度,这与现行的《劳动法》相比也是一个很大的完善,为农民工平等就业权的保护提供了更加完善的制度基础。

总之,《劳动合同法》的颁布实施,无论从内容上还是程序上,都更加有效地保护了农民工劳动者的利益,为广大农民工争取平等权利提供了重要保障。

(四)《国务院关于解决农民工问题的若干意见》发布

2006年3月27日国务院发布了《国务院关于解决农民工问题的若干意见》(以下简称《意见》),第一次以法规的形式提出农民工权利的保护问题,其中涉及了农民工权利保护的许多方面:

第一,从总体上强调了农民工平等就业权保护的关键性。《意见》指出,就业权问题是农民工面临的诸多问题中的主要问题,农民工权益的维护对于促进我国经济和社会发展有着重大作用,也是建设中国特色社会主义的战略任务。

第二,规定用人单位必须与农民工签订劳动合同。《意见》要求所有用人单位都必须与农民工依法订立并切实履行劳动合同,以保证权利义务关系明确。同时,要求劳动保障部门要制定并推行规范的劳动合同范本,加强对用人单位订立和履行劳动合同的监督和指导。

第三,严格规定必须及时、完整地支付农民工工资。《意见》中明确规定,各级人民政府应该把妥善地解决涉及农民工利益的问题当做一项重要职责。我国将建立农民工工资支付监控制度和工资保证金制度,从而在一定程度上解决用人单位拖欠、克扣农民工工资的问题。

四、农民工平等就业权的现状和不足

(一) 损害农民工平等就业权的现实因素

农民工平等就业权受到损害的现象普遍存在,内容复杂且涉及范围较为广泛,具体来说主要体现在以下几个方面:

1. 准入歧视

我国人口众多,庞大的农民工群体进入城市劳动力市场,必然会加剧城市劳动力竞争的激烈程度,从而造成城市人口失业率上升。因此,在农民工进入城市劳动力市场的过程中,一些地区为解决本地居民的就业问题,通常对农民工的市场准入设置了一系列的政策障碍,对农民工与本地居民在就业政策上实施差别对待,甚至一些城市还实行按比例就业制度,以此限制外来农民工的就业人数,也有的城市对农民工进入的行业进行限制。这些限制性政策严重违背了公平和公正的原则,侵害了农民工的平等就业权。

2. 企业歧视

企业歧视是指农民工在就业时,因为身份、性别等非经济因素的影响,受到用人企业的不公平待遇,造成农民工自身合法权益受损的现象。在非公有制企业,虽然市场机制在就业领域发挥着较大作用,但是,由于劳资双方力量不均衡,劳动力市场供大于求的现状无法避免,企业不与劳动者订立劳动合同或合同不规范的现象较为普遍,尤其在建筑、餐饮等行业这种现象更为严重,这给农民工平等就业权的保护带来极大挑战。对国有企业而言,由于其企业性质导致其对地方政府的依靠和支持需求很高,解决地方问题成为其不可逃避的责任,因此往往只能遵循当地政府的政策要求而排斥农民工,国有企业的就业垄断限制着农民工的就业领域。此外,由于企业解雇劳动者的成本偏低,企业终止合同可以不对劳动者进行经济补偿,这也加大了企业解雇劳动者的随意性,不公平的解雇政策使农民工平等就业权遭到严重侵害。

对于在用人单位正规就业的农民工来说,虽然国家并未为其建立专门的制度,但是在《劳动法》实施后,进入城镇用人单位的农民工原则上也应当可以依法享受社会保险待遇。但在实践中,由于费率过高、社保关系接续困难等诸多原因,用人单位和农民工自身都缺乏参加社会保险的积极性,农民工参保率依然维持在较低水平。因此,在疾病和意外伤害等情况下,即使生活陷入窘境,大多数农民工仍然享受不到任何社会救助。可见,企业在社会保障方面对农民工的歧视在很大程度上阻碍了农民工平等就业权的实现。

3. 职业歧视

由于农民工的农业户口身份以及城镇地方政府对本地居民施行的地方保护政策,农民工可以进入的行业往往受到限制。与城镇工人相比,他们只能在收入较低、工作环境较差、福利待遇较低的劳动领域,从事一些脏、累、苦、险、差的职业,如制造业、建筑业、采矿业、环保业等行业,且大多从事建筑工、清洁工、厨师、服务员、车工、钳工、钟点工或保姆等职业。有些城市规定,党政机关的工勤人员、高精尖技术人员和管理人员等岗位禁止接纳农民工。

4. 职业安全与人格歧视

生命安全与健康是每个公民的基本权利,安全的要求在于减少损伤性伤害的风险和可能性,健康的要求在于避免可能致病的因素。社会现实表明,农民工往往遭受着职业危险和人格歧视。首先,在生命安全方面,农民工就业集中的行业之一工矿业往往生产条件恶劣,设施安全性能差,工伤事故与职业病患严重危害着农民工的健康和生命安全。其次,在人格尊严方面,农民工往往得不到应有的尊重。有些企业会对其女员工实施搜身等侵权行为,还有一些企业禁止农民工从企业正门出入,从而都构成了对作为劳动者的农民工人格权益的极大侵害。①

5. 职业培训权歧视

职业培训权是指劳动者可以获得职业训练和职业教育的权利。用人单位有义务对其职工进行职业培训并帮助职工接受职业教育。但是,对于农民工而言,其职业培训权往往受到用人单位的漠视。近年来,我国各地频繁发生农民工重大伤亡事故,其中很大一部分是用人单位缺乏对农民工的必要的安全生产职业培训而导致的。有关调查资料表明,在农民工中,接受过短期职业培训的仅占 20% 左右,接受过初级职业技术教育或职业培训的仅占 3.4%,接受过中等职业教育的只有0.13%,而没有接受过职业培训的却高达 76.4%。② 目前影响我国农民工职业培训权实现程度的主要因素有以下的 3 个方面:一是政府有关部门对农民工职业培训的重视不足,职业教育和职业培训计划向城市倾斜,政府扶持资金投入也相对不足;二是用人单位漠视农民工职业培训工作。在用人单位看来,农民工是最不稳定的劳动者,其就业灵活、职业转换快,这使得用人单位对农民工的职业培训心存顾虑,因此动力不够或投入不足;三是农民工自身忽视职业培训。由于我国城乡二元户籍制度对农民工进城就业有较大限制,促使农民工对城市生活始终缺乏应有的归属感,大部分农民工仍依恋故土,最终还是要回归家乡,所以对于职业技能培训的投入缺乏积极性。以上诸种因素共同导致农民工的职业培训权得不到实现,农民工职业素质提升缓慢,缺乏职业技能上的竞争力,从而也在一定程度上影响其平等就业权的实现。

总之,农民工的就业问题无论在就业机会、就业待遇还是就业保障等各方面不平等现象都十分严重,对农民工平等就业权的保护亟待解决。

(二)立法框架存在的问题

我国目前的法律制度尤其是劳动法律制度在保障农民工平等就业权方面还存在明显的不足,立法框架上也存在着诸多障碍。只有首先解决立法框架中存在的问题,才能从根本上保障农民工平等就业权。

---

① 罗华荣:《当前农民工就业权益保障问题》,《上海经济研究》,2005 年第 3 期。
② 兰建勇,等:《农民工权益法律保障机制研究》,《河北法学》,2005 年第 6 期。

1. 劳动合同制存在的障碍

农民工合法利益无法从我国现行的法定劳动合同法律制度中得到充分的保护。劳动合同是调整劳动关系的基本法律形式,也是确立劳动者与用人单位之间劳动关系的基本依据。但是,我国现行《劳动法》对于劳动合同的规定仍然存在一些问题。例如,对劳动合同的条款规定相对简单,调整范围相对狭窄,而且劳动合同的形式不够宽松。劳动者与用人单位订立的劳动合同应当采用书面的形式,这是我国《劳动法》中明确规定的。但是,或者因为法律意识淡薄,或者因为自身知识能力及经济地位所限,大多数情况下,农民工与用人单位之间并无书面的劳动合同。即便有,也很难达到《劳动法》中规定的要求。所以,一旦农民工与用人单位发生劳动纠纷、需要使用法律来维护自身权益,则往往因为不符合法定条件而不被受理。另外,农民工与用人单位签订的劳动合同期限一般较短。在这种短期劳动合同中,如果劳动者的合法权益被侵害,农民工要想维护自身的权益就可能意味着得不到续签劳动合同的机会。这种可能面临失业的心理负担和后顾之忧,使得农民工在维护自身的合法权益方面没有积极的意愿。况且,由于劳动争议仲裁时效只有短短60天,农民工往往无法在离开用人单位后再行维护自己的合法权益。

2. 劳动纠纷解决机制存在的障碍

我国现行的劳动纠纷解决机制不利于农民工平等就业权的维护。目前我国解决劳动争议的途径主要有4种:和解、调解、仲裁和诉讼。主要的纠纷解决机构有劳动争议调解委员会、劳动争议仲裁委员会和人民法院3类。学术界讨论这三者的关系,存在着单轨制和双轨制两种主张。依法进行的"调、裁、审"体制称为"单轨制",即"先裁后诉",其中劳动争议仲裁委员会的仲裁是人民法院审理的前置必经程序。而"裁审双轨、各自终局"即"双轨制",经劳动争议调解委员会未能达成和解或当事人不愿调解的案件,可以在劳动争议仲裁委员会仲裁或人民法院审判二者之中进行选择,决定解决劳动争议的最终方式。我国现行的劳动争议处理机制是"单轨制"。这种制度存在很多不足之处,对于维护劳动者尤其是农民工的合法权益起不到应有的作用。这种解决机制司法成本较高,而且在法律适用上法律依据混乱不明,当事人诉讼成本也相应增加,使得农民工的维权之路尤为艰难。此外,劳动争议仲裁制度的受案范围偏窄、时效混乱、监督机制缺乏,也不利于农民工合法权益的保障。事实上,相关的劳动立法应当关注用人单位的违法成本和效益问题。[①] 用人单位侵犯农民工权益,往往可以通过承担较小的风险获得巨大利益,而农民工通过法律维护权利却常常得不偿失。所以,当农民工被拖欠的工资、加班费或社会保险费的金额不大时,他们便不愿意付出高额的维权成本来实现权益保障。同时,高额的仲裁费、诉讼费和律师费,以及需时较长的仲裁和诉讼程序,也使得农民工无力维护自身合法权益。

3. 责任承担机制存在的障碍

有了可适用的《劳动法》及相关法规,对农民工平等就业权进行保护,并不意味着农民工的合法权益就有了充分的法律保障,农民工合法权益的保护要求加大对用人单位违法行为的惩罚力度和执行力度。用人单位的经济实力和社会影响力远胜于作为个体劳动者的农民工,为防止用人单位对农民工合法权益的侵犯,客观上要求法律制度在设定处罚时,要加大对用人单位侵权行为的惩罚力度。但是我国现行的劳动法律法规对用人单位侵犯劳动者权益行为的处罚却明显偏轻。[②] 农民工平等就业权的保护不仅是立法上的权利平等问题,也是配套的责任执行制度问题。

第二节　农民工的劳动报酬权

一、劳动报酬权概述

（一）劳动报酬权的概念及性质

劳动报酬权,又称劳动分配权或劳动工资权,是劳动关系中的劳动者因付出劳动而获得的以工资为基本形式的物质补偿。劳动报酬权是

---

① 高俊学:《谈农民工合法权益之保护》,《河北大学成人教育学院学报》,2005 年第 3 期。

② 于定勇:《论农民工合法权益之法律保护》,《社会科学》,2004 年第 8 期。

劳动者在劳动关系中享有的基本和核心权利。劳动报酬权是劳动者生存权的基本内容之一,工资作为劳动力的价格,其直接作用是维持劳动力的再生产,即保障劳动者的自然生存需要。要保障劳动者的生存权,就必须保障劳动者的劳动报酬权。一般情况下,劳动者一方只要在用人单位的安排下按照约定完成一定的工作量,就有权要求按劳动取得报酬。劳动报酬包括工资和其他合法劳动收入,是劳动者用自己付出的劳动所换取的物质利益。所谓工资是指用人单位依据国家有关规定和劳动合同的约定,以货币的形式直接支付给劳动者的劳动报酬。工资是劳动者的劳动收入,分为计时工资、计件工资、津贴、补贴、延长工作时间的工资报酬、特殊情况下支付的工资等。

　　劳动报酬权是人权的重要内容之一。人权即人的权利或作为人类的权利,是人作为人的属性所享有的,不可剥夺、不可转让的基本权利,它是保障人的生存和发展以及保障人作为人应有的尊严与价值的重要权利。相关的世界人权文件中都规定了劳动报酬权,如《世界人权宣言》第二十三条规定有工作权和同工同酬权。《经济、社会和文化权利公约》(1966 年联合国大会通过,我国 2001 年 2 月 28 日由全国人民代表大会批准)第七条关于劳动报酬权规定:缔约各国承认人人有权享受公正和良好的工作条件,特别要保证最低限度给予所有人公平的工资和同工同酬,而没有任何歧视,保证休息、闲暇和工作时间的合理限制,定期给薪休假以及公共假日报酬。

　　劳动报酬权是国际劳工组织理事会确认的核心劳工标准之一。核心劳工标准特别对男女同工同酬作出规定,其中的国际劳工公约第 100 号《男女工人同工同酬公约》规定:"各会员国应当以符合现行决定报酬率等办法的适当手段,保证在一切工人中实行男女工人同工同酬的原则。"目前这一公约的批准国已有 150 个左右,我国已于 1990 年批准加入这一公约。同时,劳动报酬权也是国际劳工组织高度重视的权利,《国际劳动宪章》将其列为国际劳工组织要实行的 9 项原则之一,明确规定"工人应该得到足以维持适当生活程度的工资";著名的《费城宣言》将其作为国际劳工组织要达到的 10 项目标之一,明确规定:"工资、收入、工作时间和其他劳动条件方面的政策,应能保证将进步成果公平的分配给一切人,维持就业者的最低生活费。"

劳动报酬权是宪法权利,属于政治权利之一,世界各国均在宪法中明确规定劳动报酬权的相关内容。我国《宪法》第六条第二款规定,国家在社会主义初级阶段,"坚持按劳分配为主体、多种分配方式并存的分配制度";在"公民的基本权利和义务"一章中确认劳动报酬权是公民的基本权利之一,规定"国家在发展生产的基础上,提高劳动报酬和福利待遇";同时第四十八条第二款规定,"国家保护妇女的权利和利益,实行男女同工同酬"。

劳动报酬权是我国劳动法规定的劳动者的基本劳动权利之一,《劳动法》第四十六条第一款规定:"工资分配应当遵循按劳分配原则,实行同工同酬。"《劳动法》第五十条、第五十一条对工资支付作了原则规定。《劳动法》第五十条规定:工资应当以货币形式按月支付给劳动者本人,不得克扣或者无故拖欠。第五十一条规定:劳动者在法定休假日和婚丧假期间以及依法参加社会活动期间,用人单位应当依法支付工资。此外,国家劳动行政管理部门为保障劳动者劳动报酬权的实现也发布了一系列规章性文件,如劳动部发布的《工资支付暂行规定》以及《对〈工资支付暂行规定〉有关问题的补充规定》,对工资的支付办法,禁止克扣或无故拖欠劳动者的工资以及工资支付的监督等都作了较为详细的规定。

劳动报酬权作为人权和公民权,具有私权和公权的双重性质。其私权性质在于,反映了劳动者与用人单位的分配关系。对劳动者而言,有劳就应得,工资是其获取生活资料来源的重要途径,也是其通过用人单位参与社会分配的形式。对企业而言,有义务通过支付工资对劳动者的劳动力消耗进行补偿,有义务向劳动者分配社会经济成果,同时工资分配权是企业经营管理权的重要内容之一,根据我国现行法律的规定,企业有工资分配的自主权。从劳动报酬权的私权性质出发,在市场经济条件下,用人单位与劳动者在遵守国家工资保障立法有关规定的前提下,可就工资标准、数额及支付日等内容在平等、自愿的基础上协商,并在劳动合同中予以约定。

（二）工资及支付工资的法律法规

1. 工资的定义

1994 年 12 月 6 日，劳动部发布的《工资支付暂行规定》中第三条规定："本规定所称的工资是指用人单位依据劳动合同的规定，以各种形式支付给劳动者的工资报酬。"1995 年 8 月 4 日，劳动部发布的《关于贯彻执行〈中华人民共和国劳动法〉若干问题的意见》中对工资的定义是："工资是用人单位依据国家有关规定或劳动合同的约定，以货币的形式直接支付给本单位劳动者的劳动报酬。"可见后者对工资的定义更加准确。

2. 关于工资支付时间的规定

《劳动法》第五十条规定："工资应当以货币形式按月支付给劳动者本人。"1994 年 12 月 6 日劳动部发布的《工资支付暂行规定》第七条规定："工资必须在用人单位与劳动者约定的日期支付。如遇节假日，则应提前在最近的工作日支付。工资至少每月支付一次，实行周、日、小时工资制的可按周、日、小时支付。"《工资支付暂行规定》第八条规定："对完成一次性临时劳动或某项具体工作的工作者，用人单位应按有关协议或合同规定在完成劳动任务后即支付工资。"

《劳动合同法》第十一条规定："用人单位未在用工的同时订立书面劳动合同，与劳动者约定的劳动报酬不明确的，新招用的劳动者的劳动报酬按照集体合同规定的标准执行；没有集体合同或者集体合同未规定的，实行同工同酬。"

3. 最低工资保障制度

最低工资是指用人单位对单位时间劳动必须按法定标准支付的工资。《劳动法》第四十八条规定："国家实行最低工资保障制度。"虽然国家法律并没有很明确的规定，但是 1993 年 11 月 24 日劳动部发布的《企业最低工资规定》第二条规定："本规定适用于中华人民共和国境内各种经济类型的企业以及在其中领取劳动报酬的劳动者。"《劳动合同法》第二十条规定："劳动者在试用期的工资不得低于本单位相同岗位最低档工资或者劳动合同约定工资的 80%，并不得低于用人单位所在地的最低工资标准。"《劳动合同法》第七十二条规定："非全日制用工小时计酬标准不得低于用人单位所在地人民政府规定的最低小时工资标准。"可以看出,弱势群体农民工的工资在国家最低工资保障的范围之内。

4. 最低工资率的确定

最低工资率的确定,直接影响到劳动者的收入及各方面的待遇,依据《企业最低工资规定》第四条规定:"最低工资率的确定实行政府、工会、企业三方代表民主协商原则。"第六条规定:"最低工资率在国务院劳动行政主管部门的指导下,由省、自治区、直辖市人民政府劳动行政主管部门会同同级工会、企业家协会研究确定。"可见,在最低工资率的确定方面,代表劳动者的利益一方的是工会组织,而现在我国弱势群体农民工的工会组织建设几乎是空白的。

(三)处理拖欠农民工工资的法律法规

《劳动法》第五十条规定:"工资应当以货币形式按月支付给劳动者本人。不得克扣或者无故拖欠劳动者的工资。"《劳动法》第九十一条规定:"用人单位有下列侵害劳动者合法权益情形之一的,由劳动行政部门责令支付劳动者的工资报酬、经济补偿,并可以责令其支付赔偿金。"企业克扣或者无故拖欠劳动者工资的情况首先被列入其中。

《劳动部关于贯彻执行〈中华人民共和国劳动法〉若干问题的意见》第六十三条:"企业克扣或无故拖欠劳动者工资的,劳动监察部门应根据《劳动法》第九十一条,劳动部《违法和解除劳动合同的经济补偿办法》第三条,劳动部《违反〈中华人民共和国劳动法〉行政处罚办法》第六条予以处理。"

1994 年 12 月 6 日,劳动部发布的《工资支付暂行规定》第五条规定:"工资应当以法定货币支付,不得以实物及有价证券替代货币支付。"第七条规定:"工资必须在用人单位与劳动者约定的日期支付。如遇节假日或休息日,则应提前在最近的工作日支付。工资至少每月支付一次,实行周、日、小时工资制的可按周、日、小时支付工资。"第十八条规定:"各级劳动行政部门有权监察用人单位工资支付的情况。用人单位有下列侵害劳动者合法权益行为的,由劳动行政部门责令其支付工资和经济补偿,并可责令其支付赔偿金:(1)克扣或无故拖欠劳动者工资的;(2) 拒不支付劳动者延长工作时间工资的;(3) 低于当地最低工资标准支付劳动者工资的,经济补偿和赔偿金的标准,按国家有关规定执行。"

1994 年 12 月 3 日,劳动部发布的《违反和解除劳动合同的经济补偿办法》第三条规定:"用人单位克扣或者无故拖欠劳动者的工资的,以及拒不支付劳动者延长工作时间工资报酬的,除在规定的时间内全额支付劳动者工资报酬外,还需加发劳动者工资报酬的 25% 的经济补偿金。"

1994 年 12 月 26 日,劳动部发布的《违反〈中华人民共和国劳动法〉行政处罚办法》第六条规定:"用人单位有下列侵害劳动者合法权益行为之一的,应责令支付劳动者的工资报酬、经济补偿,并可责令按相当于劳动者工资报酬、经济补偿总和的 1 ~ 5 倍支付劳动者赔偿金:(1) 克扣或者无故拖欠劳动者工资的……"

新《建筑法》面向社会征求意见,征求意见稿中对损害消费者和农民工利益的行为的处罚力度相当大,其中规定:承包单位未依法与劳务企业签订书面劳务合同的,或者未按合同约定支付劳务人员工资并拒不改正的,可处以 10 万元以上 30 万元以下的罚款。

《劳动合同法》第三十条规定:"用人单位应当按照劳动合同约定和国家规定,向劳动者及时、足额支付劳动报酬。用人单位拖欠或者未足额支付劳动报酬的,劳动者可以依法向当地人民法院申请支付令,人民法院应当依法发出支付令。"第三十八条规定:"用人单位有下列情形之一的,劳动者可以解除劳动合同:(1) ……(2) 未及时足额支付劳动报酬的。"

二、农民工劳动报酬权保护现状

虽然目前工资保障立法内容已较多,且对调整劳动者工资起到了举足轻重的作用,但现实中劳动者工资被侵犯的现象却屡屡发生,其中尤以农民工为重。农民工进城打工,成为城市就业市场中的成员,他们在付出辛勤劳动的同时,劳动报酬权却常常受到侵害。劳动报酬权是市场经济条件下劳动者的基本权利,是法律赋予劳动者的重要劳动权利之一。这一权利的实现关系到劳动者的生存和发展。劳动者实现劳动报酬权的重要形式是工资。虽然我国《宪法》和《劳动法》对工资支付的形式、工资保障制度等都作了明文规定,但现实生活中,劳动报酬权遭到侵犯的现象却时有发生,且有上升趋势。概括起来,农民工工资问题主要表现在以下几个方面:

一是劳动时间长、劳动强度大。农民工这个社会群体承担了城市里最重、最苦、最险的工作,付出了血与汗的代价,他们在社会主义现代化建设中作出了巨大的贡献,但却没有得到应有的报酬。这主要体现在工作时间和工资分配方面。正式工人每周有双休日,有法定节假日,实行 8 小时工作制;而农民工通常无法享有这些权利,他们平时基本没有节假日,常常加班加点。我国《劳动法》规定,工人延长工作时间每日不得超过 3 小时,每月不得超过 36 小时,而实际上,农民工加班时间常常超过《劳动法》的规定。

二是收入水平低,增长缓慢。农民工付出了如此辛勤的劳动,却得不到应有的经济待遇,因为身份的差别,常常同工不能同酬。近 10 多年来,农民工工资收入总水平基本上没有提高。

三是劳动合同签约率低,农民工权益得不到保障。一些企业主为降低成本,逃避责任,把农民工作为廉价的临时工使用,不愿意与农民工签订劳动合同。一些用人单位随意延长试用期,在试用期只发基本生活费,有的甚至试用期结束就把农民工辞退,然后再招新的农民工试用。

四是变相克扣和拖欠工资问题严重。农民工工资问题突出表现在克扣和拖欠农民工工资问题上。而且克扣或无故拖欠的表现形式复杂多样,例如:巧立名目,按月扣发,工资年底支付;部分工资第二年发;不签订合同,致使农民工无凭无据,难以申诉;以企业转让、抽逃资金等各种手段拖欠农民工工资,而且有的拖欠行为有向暴力演化的趋势。

由于农民工缺乏法律常识和维权意识,一旦权益受到侵害,有的不知法而放弃维权,有的因未签订劳动合同,拿不出维权依据。在遇到权益受损害后,他们往往事先不能预见可能出现的风险,也不知道怎样用法律武器来维护自己的权益,而是采取自己讨债的方式,以至于出现过激甚至极端行为,如自杀、围堵、拦截、杀人、绑架等。

三、农民工劳动报酬权救济制度存在的问题

要建设和谐社会就应该使社会矛盾大大减少。要想达到这个理想目标,必须建立一种适当的机制,把理想转化为现实,而不仅仅是停留在口号层面。要建立一种长效的解决机制,使处于优势地位的人们和处于弱势地位的群体之间能够达到一种均衡,相互之间的利益冲突能够得到缓和,不至于发生极端事件,这是从法律的角度来看和谐社会应当达到的目标。所以,要从法律层面寻找原因,以期建立一种长效的解决机制,防止工资的拖欠和暴力事件的发生。

（一）相关的法律法规体系不健全

劳动是一切有劳动能力的公民的光荣职责,劳动既是劳动者的权利,也是劳动者的义务,是《宪法》赋予公民的神圣使命。但我国除了《宪法》、《劳动法》、《劳动合同法》等少数法律对劳动者合法权益保障作了一些规定之外,其他法律对劳动者合法权益的保障几乎是空白。这里并不是指每部法律都应对劳动者权益作出规定,而是认为我国现有的法律保护体系内缺乏有机的联系,不能有效地防止和打击侵害劳动者合法权益的非法行为。现有的法律体系只是针对出现的一些问题,提出比较表面的应对措施,头痛医头,脚痛医脚,而未能从根本上杜绝根源。温家宝总理帮农民工讨薪拉开了政府帮助农民工讨薪的序幕,这种现象一方面表现了政府对农民工的人文关怀,另一方面也表现出现行法律的无奈。拖欠农民工工资问题看似简单,但从现有的法律状况来看,并没有得到根本的解决。

（二）现有法律规定不完善

现阶段,处理劳动争议案件的主要法律依据是 1995 年实施的《劳动法》,《劳动法》对依法调整劳动关系、规范用人单位的行为、维护劳动者的合法权益发挥了重要作用。但《劳动法》本身仍存在诸多缺陷。与此同时,与《劳动法》相关的配套法规不健全,表现为零乱、层级低、冲突多、难以操作和准确适用等问题。由于与《劳动法》配套的法律法规的欠缺,涉及劳动关系运行的重要领域尚无相关法律法规予以规范或明确规定,导致劳动者权利受损后难以解决甚至无法解决。

1. 关于工资定义的缺陷

1994 年 12 月 16 日，劳动部发布的《工资支付暂行规定》第三条规定："所称的工资是指用人单位依据劳动合同的规定，以各种形式支付给劳动者的工资报酬。"第五条规定："工资应当以法定货币支付，不得以实物及有价证券替代货币支付。"《劳动法》第五十条规定："工资应当以货币形式按月支付给劳动者本人。不得克扣或者无故拖欠劳动者的工资。"可见，1994 年劳动部发布的《工资支付暂行规定》中对工资的定义是有缺陷的。具体表现为：一是在支付的范围上，该规定第三条把工资支付的范围仅仅局限在依据劳动合同的范围内，这个范围过于狭窄，不利于保护劳动者的合法权益。这之后就有用人单位以没有签订劳动合同为由，拖欠农民工工资。二是在工资支付的形式上，该规定第三条规定"以各种形式支付给劳动者的工资报酬"，而第五条则规定"以法定货币支付"，两者显然是矛盾的。不过，这在以后的工资立法中已经得以纠正，即明确工资的支付只得以法定货币形式支付。1995 年 8 月 4 日劳动部发布的《关于贯彻〈中华人民共和国劳动法〉若干问题的意见》中对工资的定义是：工资是用人单位依据国家有关规定或劳动合同的约定，以货币的形式直接支付给本单位劳动者的劳动报酬。尽管这比《工资支付暂行规定》中的定义已完善得多，但问题是，这里可以依据的"国家规定"究竟是哪些呢？显然这是一个很模糊的概念。

2. 关于工资支付时间的规定不科学

研究工资支付的时间是解决工资拖欠问题的关键。劳动者依法何时可以取得劳动报酬？《劳动法》第五十条规定："工资应当以货币形式按月支付给劳动者本人。不得克扣或者无故拖欠劳动者的工资。"《湖南省工资支付监督管理办法》第三条规定："用人单位应当及时、足额支付给劳动者工资。"第十三条规定："用人单位应当至少每月向劳动者支付一次工资。"但由于依赖和对应的经济模式已经发生了巨大变化，如上规定难以适用于当前复杂的劳动关系状况。

首先，这一规定没有充分预见到当前大量以完成一次性临时性劳动的客观情况。比如，农民工在完成一次性临时劳动，尤其是工期不足一个月的工作任务时，用人单位应当如何支付工资？如上规定显然不能给予任何帮助。

其次,如上规定明显带有计划经济特征,对目前市场经济条件下各种形式的劳动合同缺乏充分的考虑。比如,当劳动合同约定按周或按年支付工资时,那么显然存在一定的矛盾。

最后,如上规定其中的"应当"表明,这显然不属于法律中的强制性规定。既然是"应当"而不是"必须",表明这一规定仅仅是一个指导性原则,对于每一个现实的具体情况不发生强制性效力。所以用人单位往往利用书面劳动合同或口头劳动合同,强行约定半年或一年支付一次工资,其结果是在订立合同一开始,就埋下了拖欠农民工工资的种子。为了弥补如上规定之不足,劳动部在《工资支付暂行规定》第七条、第八条中补充规定:"工资必须在用人单位与劳动者约定的日期支付。如遇节假日或休息日,则应提前在最近的工作日支付。工资至少每月支付一次,实行周、日、小时工资制的,可按周、日、小时支付工资。对完成一次性临时劳动或某项具体工作的劳动者,用人单位在其完成任务后即支付工资。"但是,这一规定仍然存在明显的漏洞:其一,"工资必须在用人单位与劳动者约定的日期支付"中的"日期"一词,既可以理解为每月的一个日期,也可以理解为每年或某年的一个日期,含义不确定。其二,"工资至少每月支付一次"中没有对每次支付的数额予以限制,以至于有的用人单位尽管每月支付给农民工工资,但每次所支付的数额仅仅是每月必需的生活费而已,其余部分进行拖欠。还好这一点在《劳动合同法》第三十条中得以弥补:"用人单位应当按照劳动合同约定和国家规定,向劳动者及时足额支付劳动报酬。用人单位拖欠或者未足额支付劳动报酬的,劳动者可以依法向当地人民法院申请支付令,人民法院应当依法发出支付令。"但《劳动合同法》沿用了"国家规定"这一说法,也带有明显的模糊性。其三,这一规定仅为部门规章,其效力不足以对抗劳动合同的效力。因为《劳动法》第十八条和《合同法》第五十二条都规定,合同只有"违反法律、法规强制性规定"时才无效,即合同违反部门规章并不产生无效的后果。因此,《工资支付暂行规定》中的有关规定必须上升为行政法规或法律才能发挥应有的效用,否则对于解决农民工欠薪问题没有多少帮助。

3. 有关工资拖欠的法定免责事由不合理

《劳动法》第五十条规定:"工资应当以货币形式按月支付给劳动者本人。不得克扣或者无故拖欠劳动者的工资。"何谓"无故拖欠"？劳动部《对〈工资支付暂行规定〉有关问题的补充规定》指出:"无故拖欠系指用人单位未支付劳动者工资。不包括:(1)用人单位遇到非人力所能抗拒的自然灾害、战争等原因,无法按时支付工资;(2)用人单位确因生产经营困难、资金周转受到影响,在征得本单位工会同意后,可暂时延期支付劳动者工资,延期时间的最长限制可由各省、自治区、直辖市劳动行政部门根据各地情况确定。其他情况下拖欠工资均属无故拖欠。"其中第一种情况属于不可抗力,用人单位没有办法不拖欠劳动者工资,理所当然。但是第二种情况显然不合时宜。因为,当前不少用人单位尤其是私营企业根本没有建立工会组织,即使建立了工会组织,也往往不能履行法定职责。更重要的是"生产经营困难、资金周转受到影响"正是目前拖欠农民工工资的普遍借口,这一规定本身不但缺乏客观标准,而且将用人单位的经济利益置于劳动者的劳动报酬权之上,对于作为劳动者的农民工来讲是极不公平的。

4. 对欠薪行为的处罚力度不够

根据《劳动法》第九十一条规定:"用人单位有下列侵害劳动者合法权益情形之一的,由劳动行政部门责令支付劳动者的工资报酬、经济补偿,并可以责令支付赔偿金:(一)克扣或者无故拖欠劳动者工资的;(二)拒不支付劳动者延长工作时间工资报酬的;(三)低于当地最低工资标准支付劳动者工资的;(四)解除劳动合同后,未依照本法规定给予劳动者经济补偿的。"但其对经济补偿的范围和标准并没有明确的规定,而且在执法中赔偿金也只是选择适用,并非当然适用。

在实践中,也很少有责令支付赔偿金的现象,这使得该法条形同虚设。即使根据《劳动合同法》第八十五条规定:"用人单位有下列情形之一的,由劳动行政部门责令限期支付劳动报酬、加班费或者经济补偿;劳动报酬低于当地最低工资标准的,应当支付其差额部分;逾期不支付的,责令用人单位按应付金额 50% 以上 100% 以下的标准向劳动者加付赔偿金:(一)未按照劳动合同的约定或者国家规定及时足额支付劳动者劳动报酬的;(二)低于当地最低工资标准支付劳动者工资的;(三)安排加班不支付加班费的;(四)解除或者终止劳动合同,未依照本法规定向劳动者支付经济补偿的。"

《劳动合同法》第四十六条规定:"有下列情形之一的,用人单位应当向劳动者支付经济补偿:(一)劳动者依照本法第三十八条规定解除劳动合同的;(二)用人单位依照本法第三十六条规定向劳动者提出解除劳动合同并与劳动者协商一致解除劳动合同的;(三)用人单位依照本法第四十条规定解除劳动合同的;(四)用人单位依照本法第四十一条第一款规定解除劳动合同的;(五)除用人单位维持或者提高劳动合同约定条件续订劳动合同,劳动者不同意续订的情形外,依照本法第四十四条第一项规定终止固定期限劳动合同的;(六)依照本法第四十四条第四项、第五项规定终止劳动合同的;(七)法律、行政法规规定的其他情形。"但纵观《劳动合同法》四十六条各项都是针对劳动合同解除和终止时,用人单位应当向劳动者支付的经济补偿,而没有关于企业拖欠劳动者工资应支付的补偿范围和标准的描述。

第三节　农民工的劳动安全卫生权

一、农民工劳动安全卫生权的内涵

劳动安全卫生权包含两方面权利:一个是劳动安全权,另一个是劳动卫生权。这两方面权利都是劳动保护的重要内容,同时也是劳动权的重要内容,是劳动者在劳动过程中应该享有的权利。它们是劳动者实现劳动权的保证,是劳动者维持生存与健康的基本需要,关系到劳动者的切身利益。劳动安全权和劳动卫生权在我国的《宪法》、《劳动法》等法律法规中都有规定。农民工作为劳动者的重要组成部分,理应享有劳动安全权和劳动卫生权。由于这两方面权利具有极大的相似性和关联性,下面将两者的内涵综合起来进行详细阐释。

（一）获得必要的安全卫生条件和防护用品的权利

《劳动法》第五十四条规定:用人单位必须为劳动者提供符合国家规定的劳动安全卫生条件和必要的劳动防护用品;第九十二条规定:用

人单位的劳动安全设施和劳动卫生条件不符合国家规定的,由劳动行政部门或有关部门责令改正,可以处以罚款。《职业病防治法》第二十条规定:用人单位必须采取有效的职业病防护设施,并为劳动者提供个人使用的职业病防护用品。用人单位为劳动者个人提供的职业病防护用品必须符合防治职业病的要求,不符合要求的,不得使用。《矿山安全法》中也有类似的规定。这是现行法律法规对农民工工作环境和工作条件的要求。

(二)参与安全卫生决策的权利

我国《劳动法》对于职工在安全卫生方面的参与权并没有规定,但《职业病防治法》第三十六条第七款规定:(劳动者有权)参与用人单位职业卫生工作的民主管理,对职业病防治工作提出意见和建议。《安全生产法》中也规定,工会依法组织职工参加单位安全生产工作的民主管理和民主监督,维护职工在安全生产方面的合法权益。农民工作为劳动的参加者,可以参与用人单位的劳动安全和卫生方面的工作,就用人单位的劳动安全和卫生状况向用人单位提出意见和建议。

(三)获取安全卫生资讯的权利

劳动者有权获得本岗位安全卫生知识、技术的学习和培训。我国的《安全生产法》、《职业病防治法》等法律规定,劳动者有权了解其作业场所和工作岗位存在的危险因素、防范措施及事故应急措施,有权了解工作场所产生或者可能产生的职业病危害因素、危害后果和应该采取的职业病防护措施。而用人单位对于工作场所存在的危险因素及后果有告知和提示注意的义务。这是农民工享有的对用人单位劳动安全和卫生情况的知情权。

(四)接受职业技能培训的权利

《劳动法》第三条规定,劳动者享有"接受职业技能培训的权利",与之对应的是用人单位有义务对劳动者进行职业安全卫生方面的培训,在劳动者中普及职业安全和卫生知识。《劳动法》还规定了用人单位的责任,即用人单位应当建立职业培训制度,按照国家规定提取和使用职业培训经费,根据本单位的实际,有计划地对劳动者进行职业培训,从事技术工种的劳动者,上岗前必须经过培训。这一权利是从提高劳动者素质的角度来实现对劳动安全卫生权的保护。

（五）拒绝危险工作的权利

《劳动法》第五十六条、《安全生产法》第四十七条、《职业病防治法》第三十六条等规定，劳动者有权拒绝用人单位管理人员违章指挥、强令冒险作业和强令进行没有职业病防护措施作业的要求；劳动者发现有直接危及人身安全的紧急情况时，有权停止作业。这是出于人性化的考虑，将农民工的人身安全和健康放在了重要位置。

（六）获得职业健康防治服务的权利

劳动者享有获得职业健康检查、职业病诊疗、康复等职业健康防治服务的权利。接触职业危害因素、可能导致职业病的作业的劳动者，享有接受定期职业健康检查并了解检查结果的权利；被诊断为患有职业病的劳动者依法享有职业病待遇，有接受治疗、康复和定期检查的权利。职业病健康检查费用由用人单位承担。对遭受或可能遭受急性职业病危害的劳动者，用人单位应当及时组织救治、进行健康检查和医学观察，所需费用由用人单位承担。

（七）监督权

对用人单位违反劳动安全卫生法律法规和标准，或者不履行安全卫生保障责任的情况，劳动者（或工会）有直接对用人单位提出批评，或向有关部门检举和控告的权利。这是从农民工一方来对用人单位的安全卫生情况进行制约。

（八）工伤保险和伤亡求偿的权利

这项权利是劳动安全卫生权利的延伸，属于救济性权利。工伤保险，又称职业伤害保险，是指职工在生产、工作中，由于意外事故负伤、致残、死亡，或者患职业病，而从工伤保险基金中获得医疗费、康复费、生活费、经济补偿等必要费用的一种社会保险制度，是在出现安全事故和职业病情况时的一种救济措施。工伤保险是社会保险制度的重要组成部分，是典型的无过失补偿制度。根据有关法律规定，受到职业伤害（因生产事故伤亡或患职业病）的劳动者，有权享有工伤社会保险，并有权依照民事法律请求用人单位予以赔偿。

二、农民工劳动安全卫生权法律保护现状及存在问题

我国《宪法》规定,凡是具有中华人民共和国国籍的人都是中华人民共和国的公民,在法律面前一律平等。农民工作为中华人民共和国的公民,同其他公民一样,享有《宪法》和法律规定的权利。因此,农民工的权益是《宪法》确认的、神圣不可侵犯的。我国的劳动法律体系的保护对象是劳动者。目前,农民工已经成为我国工人阶级的一部分,其在工作过程中的身份就是劳动者,其劳动安全卫生问题的解决主要依据以《中华人民共和国宪法》为统领、以《中华人民共和国劳动法》为中心建立的劳动法律体系,其中,既有涉及劳动安全的《安全生产法》,涉及职业病危害的《职业病防治法》,也有一些针对特殊行业或特定人群的专门法律法规,如《矿山安全法》、《使用有毒物品作业场所劳动保护条例》、《女职工劳动保护规定》,另外还有《工伤保险条例》、《工伤认定办法》之类偏重于权利救济的法律法规。国家还针对农民工出台了一些政策性文件,如《2003—2010年全国农民工培训规划》等。虽然尚无专门针对农民工权益或只针对其劳动安全和卫生权益的全国性法律,但是一些地方出于更好地维护农民工职业安全和卫生的需要,已经或正在制定专门的法规。如河南省出台了《河南省进城务工就业人员权益保障条例》,在全国首次专门以地方性法规来保护农民工权益。①

近年来,随着我国经济的加速发展,在外出务工成为拉动农村经济发展的有效手段的同时,农民工的生命和安全也受到了严重的侵害。农民工安全事故和职业病增多的情况屡见于各类媒体报道中,不仅引起了党和国家的关注,而且在社会各界包括法学界的学者间引起了大讨论。综合起来,农民工的劳动安全卫生权的保护存在以下5个方面问题:

(一)农民工的工作环境和工作条件恶劣,且欠缺必要的劳动保护措施,导致劳动安全事故和职业病高发

目前,农民工大多分布在外资企业、乡镇企业及个体私营企业,用

---

① 《河南进城务工就业人员权益保障条例征求公众意见》,http://www.zynews.com/2006 – 07/22/content 411967.htm, 2006年7月22日。

人单位为了降低生产成本,没有按照国家标准和行业要求,为农民工提供必要的安全生产设施、劳动保护条件及职业病防治设施,而且往往采用劣质或落后的设备。比如:有的煤矿不安装风筒净化器;一些三资企业,特别是玩具、丝花、制鞋、制衣、电子等劳动密集型企业,常常是几十人甚至上百人一个工作间,十几人甚至几十人同住一个房间,没有防火设施,通风条件很差,环境污染严重。① 相当多的单位不按规定发放劳保用品,有的单位甚至以防尘用品代替防毒用品或者干脆不发放劳保用品。工作环境、工作条件的恶劣和劳保用品的欠缺正是导致农民工劳动事故和职业病的重要原因。

（二）农民工工伤救济途径不畅

首先,农民工的工伤参保率低。由于农民工大多数集中在私营、三资企业中,为了最大限度地降低用工成本,很多企业不按法律规定给农民工缴纳工伤保险,有些企业对农民工采取了部分缴纳工伤保险费的办法,农民工工伤的参保率极低。② 根据国家相关法律规定,因工受伤的人有权获得赔偿。而在现实中,一旦农民工遭遇工伤后,要想获得赔偿却绝非易事。工伤发生后,部分缴纳工伤保险的企业迫使工伤者按照已投保的员工名单,以假名住院,并明确告诉工伤者,只有这样,厂方才会支付医疗费,迫使工伤者"配合",而一旦以假名住院,在以后的工伤认定、伤残评级和工伤索赔过程中,由于诊断书上的名字与真实不符,农民工在向用人单位索赔时就面临着极大的困难。那些根本不给农民工缴纳工伤保险的企业,一旦农民工发生工伤事故,企业主往往仅支付一小部分医疗费,有些甚至推卸责任不支付。这些不依法缴纳工伤保险的做法使得农民工无法享受工伤保险待遇或获得合理的工伤赔偿。

其次,工伤认定和索赔程序复杂,维权成本高。根据《工伤保险条例》的规定,农民工在要求工伤认定时需要提供确认劳动关系的证明。

① 莫洪宪、孙晋:《外来劳工(农民工)权益救济理论与实务》,武汉大学出版社,2005 年,第187 页。
② 张波:《农民工合法权益保护的十大问题与出路》,《南京社会科学》,2006 年第 5 期。

如果不能确认劳动关系,农民工必须先申请确认劳动关系的仲裁,一方对裁决不服的,可以到法院起诉,提起一审、二审;认定工伤并经过劳动能力鉴定后,对工伤赔偿待遇有争议的,还需要先申请劳动仲裁,对裁决不服的,还要提起诉讼,完成所有程序要花费 3 年零 9 个月时间。因为仲裁裁决没有终局性,而处于争议对立面的劳动者与用人单位都很难对裁决满意,起诉就在所难免。虽然不是所有的案件都要走完全部程序,但在现有法律中却存在这样的可能性。由于工伤索赔程序本身环节较多,工伤认定、劳动能力鉴定、工伤待遇索赔,再加上不得不进行的劳动关系确认,可能发生的对工伤认定结论不服的行政复议和行政诉讼,以及其他特殊情况,普遍而言,工伤索赔程序所花费的时间和成本要高于农民工的其他案件。几年下来,所产生的生活费、医疗费、误工费以及行政司法机关处理案件的工作成本等,对本就受伤急需赔偿的农民工来说,无疑是一个极大的经济负担,更不要说他们所面临的精神压力与付出的时间和精力了。

再次,农民工难以得到足额的工伤赔偿款。即使经过一系列法律程序,法院判决了赔偿数额,农民工也很难拿到这笔钱。由于工伤认定困难和程序复杂,还有一些农民工采取与用人单位私了的办法,获得的赔偿款更是少之又少。

(三)相关政府职能部门怠于履行法定职责,无法有效维护农民工的正当权益

劳动安全和卫生是人命关天的大事,除由国家统一规定、管理、监督外,各地政府及有关部门的依法履行职责是落实劳动安全卫生保护的关键。如果职能部门在实际工作中没有落实法律规定,没有依法履行其法定职责,将致使农民工在劳动过程中的安全和卫生权益受到侵害。

(四)农民工自我保护意识和自我保护能力欠缺

一方面,由于大部分农民工的文化素质较低,且长期生活在比较闭塞的农村,他们对工作环境的情况并不了解,也缺乏劳动保护意识。虽然用人单位比农民工更了解工作环境和工作过程中的情况,特别是安全和卫生状况,具有这方面的信息优势,但是大部分用人单位并未将真

实情况如实地告诉农民工。因而农民工对工作环境中的有害因素并不了解,更谈不上预防了。很多人把中毒当做感冒、头痛、贫血等病来治疗,常常在不知不觉中使身体受损乃至中毒,有的人甚至中毒身亡还不知道是怎么回事。

另一方面,农民工缺乏必要的职业培训和安全教育。而企业以追求经济利益为主要目的,对职工的生命健康和安全往往未给予充分重视。在企业看来,职业培训和安全教育并不能直接创造利润,是一笔只出不进的花销。虽然国家对此有强制性规定,但比较而言,侥幸、冒险的成本常常低于守法的成本,因而很多企业选择冒险,让未经过岗位培训且不了解安全卫生知识和岗位技能的农民工直接开始工作,以至于他们根本不具备劳动过程中的自我保护能力。

(五)农民工维权成本巨大

正是因为维权往往要耗费巨大的经济、时间和精力成本,很多农民工在受到侵害后,往往采取与用人单位私了的方式,很少选择司法途径。有关调查显示,只有不到两成的农民工会选择包括劳动仲裁和诉讼在内的司法途径去维护自己的合法权益。有些农民工在无奈的情况下,甚至会选择绑架、堵路、报复等暴力或其他极端手段来引起社会关注,以期解决问题。

三、农民工劳动安全卫生权法律保护不力的原因

农民工劳动安全卫生权屡屡受损,究其原因有很多方面,学者们从不同角度提出了各自的看法。有的学者认为,二元社会结构背景下的管理机制是导致农民工权益受损的主要原因;有的学者认为,最重要的原因是农民工自身素质比较低,自我保护意识差;也有的学者认为,立法的不完善是最终原因;还有的学者认为,劳动力市场供大于求的局面导致的劳资关系不对等是农民工难以维护其劳动安全卫生权的根本原因。本书认为上述方面都是导致农民工劳动过程中的安全卫生权益被侵害的因素,农民工劳动安全卫生权益受侵害现象是诸多因素共同作用的结果。我国正在进行法治建设,法律在社会中发挥着越来越重要的作用,规范着社会的方方面面,法律是农民工实现和维护其合法权益的最重要途径。下文将分别从立法、执法和司法 3 个角度来分析农民

工劳动安全卫生权未得到有效保护的原因。

（一）立法原因

1. 一些现行法律不合理,不适应社会发展的需要

农民工劳动安全和卫生权利的法律法规缺失,主要表现在以下几个方面:

首先,农民工的工伤赔偿标准比较低。2004年开始实施的《工伤保险条例》将所有劳动者(包括临时工、个体户的员工等)都纳入到了工伤保险范围之内,并且规定所有参与工伤保险的人一旦受到工伤,所有医疗费用都由社保部门支付,这项规定可以起到鼓励用人单位为农民工购买工伤保险的作用,这跟旧条例相比无疑是一个巨大的进步。然而此条例的另一个改变,即规定无论是由社保部门支付的一次性伤残补助金还是由用人单位支付的就业及医疗补助金,其标准都是以工伤者受伤前12个月的平均工资为基准数(若低于当地市平均工资的6成就以后者为基数),而旧条例中的基准数是本市职工平均工资,现行条例实际上大大降低了农民工的赔偿标准,这对农民工是非常不利的。农民工的工伤赔偿较之以前大大降低了,这更加不利于农民工工伤后的有效救济。

其次,一些地方政府出台的地方规章和政策带有歧视农民工的成分。如2000年北京市劳动局颁布通告,规定在204个工种中可以使用外地务工人员的行业只限103个。① 这些地方性规定使得农民工主要集中在那些高危行业,也使得一些用人单位利用农民工在职业和工种上的限制,向农民工提供恶劣的工作环境和劳动条件,肆意侵害农民工的劳动安全和卫生权益。

2. 现行立法规定不具体,可操作性差

法律是人们行为的依据。一些涉及农民工劳动安全卫生权益的法律法规,只是规定了条条框框,在实践中就会在具体运用方面出问题。

首先,立法中欠缺对用人单位必须具备的劳动安全卫生设备和设施的规定。

---

① 蔡昉:《为什么城市持续歧视外地民工》,《经济消息报》,2000年6月23日。

劳动过程中用人单位的安全卫生设备和设施的好坏直接关系到农民工劳动安全卫生权的落实。以《宪法》为依据,我国目前已通过了《劳动法》、《安全生产法》、《职业病防治法》、《矿山安全法实施条例》、《煤矿安全监察条例》、《使用有毒物品作业场所劳动保护条例》、《特种设备安全监察条例》、《劳动防护用品管理规定》、《工作场所安全使用化学品规定》等相关法律法规,已建立起保护劳动者安全卫生权的基本法律框架。这些法律法规涉及了劳动安全卫生设备和设施,但这些规定都只是原则性规定,缺乏具体的安全卫生设施要求和安全卫生管理要求。如《安全生产法》中要求 300 人以下企业配备专职或兼职的安全生产管理人员,或者委托具有国家规定的相应专业技术资格的工程技术人员提供安全生产管理服务,而对安全生产管理人员的资质要求、权利义务以及最低安全设备标准等具体的操作性要求却未曾涉及。

其次,立法中缺乏对农民工进行职业培训的具体操作性规定。

农民工的职业技能关系到其劳动行为能否符合安全和卫生标准,关系到其对安全事故和职业病的防范。《劳动法》第六十六条、第六十七条规定:"发展培训事业,开发劳动者的职业技能,提高劳动者素质,增强劳动者的就业能力和工作能力",各级政府应当"鼓励和支持有条件的企业、事业组织、社会团体和个人进行各种形式的职业培训"。《矿山安全法》第二十六规定:矿山企业必须对职工进行安全教育、培训;未经安全教育、培训的,不得上岗作业。这些规定的目的都是通过加强技术培训,来保护劳动者在劳动过程中的生命和健康安全。2003 年,国家出台了《2003—2010 年全国农民工培训规划》,强调了对农民工的职业培训,明确了培训的目标,制定了相应的政策措施。2005 年 11 月,国务院下发了《关于进一步加强就业再就业工作的通知》,扩大了政策的范围,将农民工第一次纳入职业培训补贴的范围之内,农民工第一次享受到城市提供的免费就业服务。但是,这些规定仅仅是一些原则性条款,对于如何落实培训,政府、企业应该相应的担负哪些责任,农民工流出地政府与流入地政府如何具体分配培训责任及双方责任如何衔接,则没有具体规定,也没有配套法规,致使农民工的职业培训往往无法得到保证和落实。且农民工的流动性强,其户籍所在地和务工地的不一致,常常成为两地地方政府推诿培训责任的理由。

最后,现行法律法规关于劳动监察的行政处理规定缺乏可操作性。

目前劳动法规、规章中关于劳动处理程序的规定只有《劳动保障监察条例》第十七条,而该条款关于行政处理程序的规定远远少于《行政处罚法》关于行政处罚的程序性规定,造成劳动监察作出的行政处理缺乏依据。

3. 现行立法规定存在漏洞

我国虽然在建设法治社会的过程中,不断完善立法,但在农民工劳动安全卫生方面的现行立法仍然有一些漏洞,主要体现在两个方面:

第一,《劳动保障监察条例》规定的劳动监察对象范围过于狭窄,无法适应现实情况的需要。根据《劳动保障监察条例》第二条,劳动监察对象包括企业、个体工商户、职业介绍机构、职业技能培训机构和职业技能考核鉴定机构。这就把国家机关、事业单位、社会团体、民办事业单位、家庭雇工等排除在劳动监察对象之外。近年来出现的新型单位,如民办学校,是否被列入劳动监察对象,尚没有依据。

第二,我国《工伤保险条例》规定,一旦发生事故由劳动保障行政部门进行工伤认定。但这只适用于具有法人资格的用人单位或企业,虽然《工伤保险条例》对无营业执照或者未经依法登记备案的单位职工,受到工伤事故伤害或职业病的赔偿问题作了规定,劳动部门规定了《非法用工单位伤亡人员一次性赔偿办法》,但这样非法的用工形式下受害者及其直系亲属是否有权直接申请工伤认定,对此现行法规却没有明确规定。

类似的法律上的空白使得实践中的一些问题难以寻求法律上的依据,不能做到有法可依。

4. 一些立法规定层次较低,缺乏权威性

如关于农民工的职业教育和培训方面,2004 年《国务院办公厅关于进一步做好完善农民进城就业环境工作的通知》(以下简称《通知》)要求地方各级政府采取积极措施,引导和鼓励农民工自主参加职业教育和培训;充分发挥各级劳动保障、教育、科技等职能部门和农村基层组织的优势,充分调动社会各方面的职业教育培训资源,积极引导、鼓励和组织准备进城务工的农民参加职业技能和安全生产知识培训;继续实施好《2003—2010 年全国农民工培训规划》,鼓励农民工自愿参加技能鉴定,对鉴定合格者颁发国家统一的职业资格证书;农民工的培训经费由政府、用人单位和农民工个人共同承担,政府应在财政支出中安排专项经费扶持农民工职业技能工作。2005 年的《关于进一步加强就业再就业工作的通知》规定了农民工有权享受职业培训补贴。地方政府在贯彻这些通知精神的同时,也做了有益的探索。但这些只是国务院的规范性文件和一些地方性的探索,尚未上升到法律层面,缺乏法律的权威性和强制性,实际效果也不理想。

(二) 执法原因

良法是实现法律保护的基础,而良法的实施和执行是法律保护的真正实现。农民工劳动安全卫生权益的保护在执法过程中出现了如下问题:

1. 现有的职能部门设置不合理,监察机构重叠,权限分散

劳动安全、卫生主要包括:安全生产综合管理、劳动安全、劳动卫生、特种设备安全以及女工和未成年工的劳动保护。这些都是劳动安全、卫生的组成部分,如果把它们分开就会产生矛盾,不利于工作的开展。根据我国《劳动法》的相关规定,有权对劳动安全卫生情况进行监督的机构为:国家各级劳动行政主管部门、国家安全生产监督管理总局、卫生部门以及工商、公安、纪检等部门。他们在各自的权限范围内对用人单位和劳动者执行落实国家劳动安全卫生方面法律规定的情况实施监督。涉及工伤保险,由劳动和社会保障部负责;涉及劳动安全,由国家安全生产监督管理总局负责;涉及劳动卫生,由卫生部负责。在劳动过程中,各个部门互相牵扯,职能难以细分,且这些机构之间常常缺乏相互配合,对责任常常相互推诿使得许多投诉不了了之。职业安全、卫生工作是一个完整的体系,分别由几个缺乏合作的部门来承担,势必不利于搞好安全生产和卫生工作,不利于高效统一地行使监察职能,无法杜绝侵害农民工劳动安全卫生权益行为的发生。

2. 劳动执法机构缺乏执法的基本条件和手段

面对日益发展的个体、私营经济和不断壮大的农民工队伍,劳动监察

力量明显不足。目前,全国共有劳动监察员 4 万多名,其中,深圳市的劳动监察人员只有 200 多名,劳动监察人员与劳动者的比例是 1∶20 000,而在香港,监察人员与劳动者的比例却是 1∶4 000。其他城市的城区大多只有一到两名监察员。① 监察人员的匮乏使得政府在面对众多企业和大量劳动违法案件时,对农民工的保护有些力不从心。此外,劳动监察机构缺乏必要的办公设施和手段,许多劳动监察大队甚至连基本的办案交通工具和必要的办公设备都不具备。在这种情况下,劳动监察机构很难有效地对生产过程中的安全卫生情况进行监管。

3. 劳动执法受到地方保护主义的影响,不能有效行使监察职能

保护农民工劳动安全卫生权是劳动监察的最直接、最实质性的目的,而劳动监察是对农民工劳动卫生权益进行法律保护的关键环节。但是,由于劳动监察工作由地方政府主管,上级劳动监察部门对下级监察部门的制约有限,而有些地方政府和部门偏重于扶持企业,特别是支柱产业,以促进本地经济发展,个别地方政府甚至将保护农民工劳动安全卫生权与经济发展对立起来,认为保护农民工合法权益会影响当地的投资环境和企业竞争力,担心劳动监察工作不重视,甚至会影响招商引资,影响地方经济发展,因而对劳动监察工作施加不当干预。如,有的地方政府以行政命令的方式规定劳动监察机构须得到政府领导批准方可到企业检查;有些地方政府领导甚至阻拦、限制劳动监察部门对用人单位开展劳动执法检查。还有的官员,在发生安全事故或职业病后,瞒天过海,不及时施救。在这些地方政府看来,劳动监察的目的不是保护劳动者,而是促进经济"发展"。在这种情况下,当地涉及安全监督和劳动者权益保护的相关部门开展工作就会束手束脚,无法有效地发挥劳动执法的作用,这在很大程度上也纵容了用人单位的违法、违纪行为。

4. 劳动执法的处罚力度不够

现行《劳动法》对违法行为的追究更侧重民事责任,关于行政处罚的规定较少,使劳动监察对劳动违法行为的处理缺乏依据;且主要是要

①　白慧颖:《农民工权益保护问题研究》,《河南省政法管理干部学院学报》,2005 年第 3 期。

求用人单位承担经济赔偿责任,赔偿的数额往往不足以对违法者产生足够的威慑力。在不少地区,劳动监察机关作出的行政处罚决定往往得不到有效执行,企业违法几乎无成本,法律无法起到应有的强制、教育和指导作用。

（三）司法原因

1. 劳动争议处理程序繁杂冗长

在我国,处理劳动争议实行严格的"一裁两审",劳动争议的当事人必须先申请仲裁,不服仲裁方可提起诉讼。其中,劳动仲裁的裁决期限为2个月,法院一审审理期限为6个月,二审审理期限为3个月。如果再经历发回重审,时间则会更长。而用人单位、地方劳动管理部门常常采取恶意诉讼、拖延时间和增大农民工取证难度等做法,将时间期限运用到最高限度,使得农民工在维权过程中付出极大的时间成本和经济成本。法律上规定的时间期限都是在考虑种种复杂因素的情况下确定的,初衷是为了更好地保护劳动者的合法权益,而实践中的情况恰恰与法律原意背道而驰。

2. 先裁后审限制了农民工的诉讼权

在劳动争议处理程序中,向法院提起诉讼直接关系到当事人的劳动权益最终能否得到保护,而将仲裁作为诉讼的前置必经程序,就排除了当事人对诉讼的自由选择的权利,当事人不能在仲裁与诉讼之间进行排他性选择。在实践中,劳动仲裁委员会可能会出于主观上的认识和客观上的某些原因,将本来应该受理的劳动争议拒之门外,结果法院也不能受理这些劳动争议。另外,法院与仲裁机构由于对争议性质存在认识差异而相互推诿的现象也大量存在,仲裁委员会认为不是劳动争议,应到法院起诉,而法院认为争议性质是劳动争议,应首先仲裁。可见,先裁后审的劳动争议处理机制在实践中很大程度上限制了农民工的诉讼权。

3. 劳动仲裁机构的行政色彩太浓,缺乏独立性

劳动仲裁是解决劳动争议的必经程序,作为一种纠纷解决机制,具有独立性是十分必要的。劳动争议仲裁委员会应按照"三方原则"建立,即由劳动行政部门、雇主代表、工会代表组成,应该不具有任何倾向

性。但是,根据现行的《中华人民共和国企业劳动争议处理条例》第十三条规定:"劳动行政主管部门的劳动争议处理机构为仲裁委员会的办事机构,负责办理仲裁委员会的日常事务。"劳动仲裁委员会的办事机构设在政府部门之内,与政府劳动争议处理机构合并办公,这必然会使仲裁委员会的办事机构同时成为劳动保障行政部门的职能科室之一,受其左右。加上仲裁委员会既无经费来源,又无人员编制,工会代表和用人单位代表不便参与仲裁委员会的日常工作,"三方原则"容易演变为劳动保障行政部门独家办案的局面,从而导致仲裁委员会形同虚设,三方机制难以实现。而且浓重的行政性色彩和司法性的欠缺,使劳动仲裁机构容易受到行政干预,其中立性也必然受到影响,以至于作出有倾向性的裁决,偏向于与劳动行政部门有利益关系的一方。由于用人单位在经济、社会上的优势,劳动仲裁部门常常更倾向于用人单位一方。

4. 劳动争议解决的经济成本过大

我国劳动仲裁与法院审判之间没有衔接,劳动争议案件进入诉讼程序后,法院往往重新调查、取证,且实行"谁主张谁举证"原则。不论农民工取证困难的情况,仅仅是接踵而来的仲裁费、诉讼费、律师费、误工费、交通费等一系列支出,对于经济条件有限的农民工来说,都是难以承担的。而农民工即使走完所有程序,可能最终也不能维护其合法权益,获得合理赔偿。即便是维权成功,对于他们来说,也付出了极大的时间成本和经济成本,这是得不偿失的。特别是对于那些工伤者和职业病患者,他们在权益受损后更需要的是及时、有效的治疗,他们更加难以承担花费大量的时间和金钱去追求不确定的维权结果。

正是救济途径中的种种不畅和障碍,导致农民工在其合法权益受到用人单位侵害时,往往能忍则忍,很少会选择劳动争议程序解决问题。用人单位往往抓住这一点,更加肆意妄为,侵害农民工合法权益。这就加剧了用人单位与农民工之间的矛盾,增加了社会的不稳定因素,容易激化更大的社会矛盾。

第四章
农民工的政治参与权

第一节　农民工政治参与权概述

一、农民工政治参与概念的界定

　　政治参与是民主政治的重要组成部分,农民工作为政治生活的主体,为了实现自己特定的利益和要求,运用《宪法》所赋予的政治权力和资格,通过某种方式和途径,以影响政治过程的行为。它是农民工政治权利得以实现的重要方式,反映农民工在社会生活中的政治地位、作用和选择范围,体现政治关系的本质。相关调查研究表明:"农民工是农民中的精英群体,而且他们在流动中获取了更多的经济利益,提高了经济地位,其政治认知水平较高,政治态度也较为积极,他们应该比非外出农民具有更多的参政能力和参政意识。"①所谓的农民工政治参与是指:农民工作为政治生活的主体为实现一定的利益与要求,通过一定的方式和途径对党和政府施加压力,以期影响甚至改变党和政府,使其作出有利于农民工群体的决策。②

---

① 徐增阳:《谁来保障亿万农民工的选举权——村委会选举中农民参与的调查与思考》,《宁波市委党校学报》,2003 年第 6 期。
② 张雷、任鹏:《外出务工农民工政治参与双重性探析》,《理论界》,2005 年第 11 期。

二、农民工政治参与的重要性

"民主作为制度,它的核心概念之一,是强调公民的政治参与",①因此,政治参与发展的程度是衡量社会民主发展水平的重要尺度。目前,农民工作为我国特殊时期出现的一个特殊群体,是一个不可忽视的庞大的社会群体,他们人数众多,分布范围广泛,生存条件比较差,这样庞大的群体的政治参与势必会对社会的政治、经济等各方面产生重大影响。一方面,有利于农民工切身利益的实现和维护,有助于农民工自身政治成熟,成为真正的公民;另一方面,从社会稳定的角度来讲,农民工参与政治将对社会和谐稳定有着重要意义;此外,从长远来看,农民工广泛的政治参与必将有力地推动我国民主政治建设的进程。更重要的是他们在当今社会中还处于弱势地位,自身利益难以实现和维护,这更决定了政治参与对于农民工群体的重要性。农民工政治参与的重要性表现在以下几方面:

首先,农民工政治参与对农民工维护自身权益,完善自身的政治素质,提高自身的政治参与能力有着重要的促进作用。参与政治是农民工提出要求、表达自己的愿望、实现和维护合法权益的重要手段。农民工在政治社会中处于弱势地位,他们的利益要依靠党和政府才能得以实现。农民工只有通过一定的途径积极主动地参与到政治生活中,提出自己的意愿,表达对政府组成和政策意愿的要求,才能使政府了解到农民工群体的需求,并在其政治行为中加以体现,作出对农民工更加科学合理的决策。通过参与政治,农民工实现并维护了自身利益,这对农民工来说是最实惠的,是看得见、摸得着的。除此之外,农民工参与政治还有隐性的利益,即在政治参与过程中,促进了自身的政治成熟。农民工通过直接或间接的、日益广泛的政治参与,能获得更多的政治知识、政治技能和现代民主不可或缺的公民精神,提高自身参与政治的能力。正如帕特曼和麦克弗森所言:"只有通过参与才能促进人类发展,强化政治效能感,弱化人们对权力中心的疏离感,培养对集体问题的关注,并有助于形成一种积极的、具有知识并能够对政治事务更敏锐兴趣

① 白钢:《现代西方民主刍议》,《书屋》,2004年第1期。

的公民。"①

其次,农民工广泛的政治参与能够有力地推动我国民主政治建设的进程。"民主政治就是民治政治,即是由人民来决定政府的形式,管理国家事务,规定政治的方式。换言之,权力的来源、授予、运作、更替、监督以及归宿都应落实到人民的意志之上。"由此可见,广大人民的政治参与是实现民主政治的关键。没有广大人民的政治参与,民主就无从谈起。作为人民中不可忽视的一大群体的农民工的政治参与程度对我国民主政治的发展进程有着重要的影响。但由于诸多因素所致,农民工政治参与现状令人不安。农民工的正当权益得不到保障,权益缺失现象严重,其选举和被选举权利无法享受,政治参与处于双重边缘化状态,这种令人担忧的状况严重影响了我国民主政治建设的进程。因此,扫清现有的阻碍农民工政治参与的障碍,优化农民工政治参与途径,使农民工有效地参与政治,必将有力地推动我国民主政治建设的进程。

最后,农民工参与政治对维护社会的稳定有着重要的意义。由于我国特殊的国情,在社会转型过程中出现了剧烈的阶层分化,从农民中分化出了农民工这一特殊的群体。农民工数量之大的事实与权益缺失的现状之间的矛盾,必然会影响社会的稳定。李普塞特指出:"建立正常的渠道使一些相冲突的利益得到表达","也许在最初阶段上,人们的畅所欲言暴露了统治阶级和被统治阶级之间公开潜在的矛盾,许多制度可能出现混乱,但从长远来看,它能巩固国家政权"。② 由此可见,把农民工纳入民主政治建设的范围,积极支持农民工参与政治表达其利益,保障他们应该享有的权利,增强他们对现存政治体系的合法性的认同,将有利于社会的和谐稳定。

近年来国家为保障农民工政治参与权利相继出台了许多文件。2004 年出台的《中共中央、国务院关于促进农民工增加收入若干政策

---

① ［英］戴维·赫尔德:《民主的模式》,燕继荣,等译,中央文献出版社,1998 年,第 339 页。
② ［美］西摩·马丁·李普塞特:《一致与冲突》,张华青译,上海人民出版社,1995 年,第 166、138 页。

的意见》明确提出农民工已经成为我国产业工人的重要组成部分。2006 年的《国务院关于解决农民工问题的若干意见》中又提出,要健全维护农民工权益的保障机制,保障农民工依法享有民主政治权利。同时,在各省市制定的针对农民工问题的文件中,也都明确规定了对农民工民主政治权利的保障,如湖南省委、省政府在 2006 年 2 月发布的《关于推进社会主义新农村建设的意见》中就明确提出:各级人大、政协、企业职代会和工会要安排一定比例的务工农民参加选举。十届全国人大五次会议更是作出重要决定:2008 年 1 月选出的十一届全国人大代表中,"来自一线的工人和农民代表人数应高于上一届","在农民工比较集中的省、直辖市,应有农民工代表"。[1] 这一决定突破了全国人大代表中没有农民工的先例,使有着 2 亿多人口的农民工阶层在中国最高权力机构中能够发出自己的声音,这对进一步推动农民工政治参与具有里程碑的意义。

三、农民工政治参与现状

农民工走入城市,在谋求自身物质利益的同时,也开阔了视野,提高了自身的素质,为流出地农村注入了新的思维和新的观念。但由于农民工身份与职业的分离,其政治参与权利在流出地和流入地都受到了一定程度的影响。

(一)农民工政治参与的动因

对利益的追求和权利的保护是政治参与的重要推动力,在马克思主义者看来"政治是经济的集中表现",[2]"人们奋斗所争取的一切,都同他们的利益有关"。[3] 国家的公共性决定了民众可以参与其中事务。政治参与的实践源于民主政治的发展,从古代雅典全面的公民参与的直接民主到现代民族国家间接参与的代议制民主,只有参与才有民主,参与的动力是自身的利益及对参与过程的满足感。人不是为了追求

---

① 《关于第十一届全国人民代表大会代表名额和选举问题的决定草案》,《人民日报》,2007年 3 月 8 日。
② 列宁:《列宁选集》第 4 卷,人民出版社,1995 年,第 416 页。
③ 马克思、恩格斯:《马克思恩格斯全集》第 1 卷,人民出版社,1960 年,第 82 页。

真、善、美而参与公共活动,政治参与是人民大众自身的需要,也是社会进步的一种标志。人之所以为人就在于:相对于动物而言,人不仅是物质的消费者,而且是伦理和审美的消费者,政治参与同一个社会的权力分配和政策形成有着密切的联系。民主政治的发展依靠于公民的政治参与,公民参与政治的普遍率是现代民主的核心和尺度。

个人是自身利益的最佳判断者,来自参与的持续压力以及各种参与所显示的政策倾向,成为政府制定政策的重要依据。农民工数量庞大,已成为中国政治稳定与发展中一支重要的力量,广泛而有效的政治参与是他们行使当家做主民主权利的重要途径之一。农民工通过政治参与影响政治决策,以争取和维护自己的合法权益。各种形式的政治参与,影响政治价值体系的构成及运行方式、运行规则和决策过程,是农民工维护其自身权益的重要而有效的方式。

(二) 农民工在流出地的政治参与现状

作为中国工人阶级的一分子,农民工是如何通过政治参与来实现自身的利益的? 我们先来看看农民工在流出地的政治参与状况。

1. 农民工对流出地政治参与的积极影响

由于我国各地区经济发展的不平衡,农村剩余劳动力的转移主要是由经济不发达的中西部地区流向东部地区和大、中城市。四川、河南、安徽、江西、湖北、湖南几省的外出务工农民占全国农民工总量的40%。我国农村地少人多,农民工外出,拓宽了就业渠道,增加了收入,同时,农民工一头连着城市和发达地区,一头连着农村和落后地区,带动城乡劳动力资源和信息资源的优化配置,对农村民主建设产生了积极进步的意义。

一是在经济方面的影响。农民工在城市和发达地区就业获得的收入,除必须的生活费用之外,大部分带回了农村。农民工群体每年带回农村的现金数以千亿计,对流出地农村和农业的发展起到了积极的作用。经济是政治的根源,政治生活总是以一定的经济生活为基础,农民的物质生活水平得以改善,从而使农民有时间广泛参与政治活动,提升政治参与质量。整日忙于生计,挣扎在贫困线上的人是无暇顾及政治生活的。大量农民工外出打工,赚得了比在家务农更多的经济收入,使农村收入增加,购买力增强,为农村公益事业和集体经济的壮大以及农村基层民主建设的加强,奠定了较好的经济基础。

二是在思想方面的影响。农民工在外打工,开阔了视野,提高了政治参与水平,有利于提升民主政治的质量。农民工走入城市,步入了一个全新的天地,摆脱了传统乡土关系的束缚,逐渐接受工业文明和城市现代文明的熏陶,开阔了眼界,学到了技术,增强了政治参与的意识和法律意识,克服了在自给自足的小农经济环境中养成的墨守成规、不思进取的传统思想观念和行为方式。农民工外出打工提高了自身的整体素质,他们在城乡之间频繁流动,为流出地农村注入了新的活力。农民工通过不断带来新的观念和新的思维方式,对流出地的政治生活产生了积极的影响。

三是在政治方面的直接影响。部分农民工回乡创业,成为乡村的精英,有的甚至直接参与到乡村领导的竞选中去。我国基层民主最重要的形式是村民直接选举村民委员会,实行自我管理。

四是农民工在外务工,促使乡村社会个人主权意识的不断觉醒,不断瓦解着中国农村民间政治结构。由于外出打工的农民增多,以往乡村的宗族组织和宗族势力得不到年轻人的广泛参与,其操纵村务的能力降低。过去,很多村民倾向于接受村干部"终身制"、"裙带关系"等,在农民工外出务工的大潮中,这些传统的观念受到冲击。能致富、会赚钱成了老百姓心中村干部的新标准,很多致富能手成为村干部。基层的权力逐步转移到打工赚钱比较多的人手上。农民工精英回乡创业,成为农村社会发展的重要力量。

2. 农民工对流出地政治参与的消极影响

大量农民工离开乡村到城市打工,他们对于农村基层民主政治建设的直接参与程度并不高。在以村级民主选举、民主决策、民主管理、民主监督为主要内容的村民自治活动中,虽然根据户籍,外出农民工仍有资格参与村民自治,享有选举权与被选举权,享受民主权利,但由于空间的阻隔和信息不畅,事实上农民工很难真正返回村中行使民主权利。他们通常委托家人或亲戚朋友在村委选举、换届选举时代替自己投票。

按照卡罗尔·佩特曼的观点,公民参与政治最恰当的领域是与人们生活息息相关的领域,如社区或工作场所,因为这是人们最熟悉也最感兴趣的领域。只有当个人有机会直接参与和自己生活相关的决策时,他才能真正控制自己日常生活的过程。

农民工离开农村出外打工,家乡已不再是其日常生活的地方,他们对家乡的政治生活大多无意或不愿介入,认为政事不是平常百姓的本分,再加之家乡政事与自己生活的利益相关度下降,农民工对村民自治制度的政治效能感不强,认为参加与否没有多大的差别,这种情况影响了农民工实际的政治参与行为。

农民工进入了城市,他们的政治选举权、被选举权、受教育权、保障权甚至劳动权却滞留在农村。"对于一个人来讲,他的行动结果对他越有价值,他就越有可能执行这个行动。"[1]农民工进城的主要动机是挣钱,他们外出本身就是利益比较的结果,计算出在城市做工的收益大于回去参与选举所得的回报,他们必然放弃回户籍地参加选举等政治活动。在以民主选举、民主管理和民主决策、民主监督为特征的村民自治中,多数农民工并没有行使法律赋予的政治权利。

在流出地,农民工政治参与状况不容乐观,那么在流入地,农民工又是如何参与政治生活,以实现自己的利益诉求的呢?

（三）农民工在流入地的政治参与现状

过亿的农民工离开家乡走入城市,很多人放弃了家乡的政治参与权利,那么在他们的工作、生活的地方,他们又是怎样一种状况?

1. 流入地农民工政治参与的实际状况

我国现有的制度和法规赋予了农民政治参与的权利,但权利的实现却对现存的参与制度提出挑战。我国《宪法》和《选举法》规定:中华人民共和国年满 18 周岁的公民,不分民族、种族、性别、职业、家庭出身及居住期限,都有选举权和被选举权。这表明,无论流动人口还是常住人口,也无论流入期限有多长,只要年满 18 周岁,均平等享有参与国家政治生活的选举权和被选举权。但选举法又规定居民、农民、个体工商

---

① ［美］玛格丽特·波洛玛:《当代社会学理论》,孙立平译,华夏出版社,1989 年,第 48 页。

户在户口所在地的居民委员会、村民委员会、村民小组登记。人与户口不在一地的,由本人在取得户口所在地的选民资格后,在现居住地登记为选民。公民的选举资格是与户籍紧密相连的,户籍与政治、经济、文化教育等很多权利挂钩,被赋予很多的"附加值"。依照现行政治参与的相关法律,农民工要么回户口所在地参加选举,以行使自己的神圣权利,要么回家乡办理选民资格证明,以便在城市参加选举。而现实是农民工要么委托家人代为选举,要么放弃自己的政治权利。除了选举,农民工被选举权也同样受到了限制。我国《选举法》规定,按户籍人口数量确定代表名额,这与一些城市现有规模极不相称。以深圳市为例,第五次人口普查中,深圳总人口的实际数量为 700.84 万,其中户籍人口为 121.48 万,暂住人口为 579.36 万人。① 有限的代表名额很难有机会为农民工所取得,在实际操作中,农民工的选举权与被选举权一般是被排斥在外的。

城市是农民工的生活和工作地,与农民工的切身利益密切相关。根据国务院研究室《中国农民工调研报告》调查显示,全国第二产业人员中,农民工占 57.6%,其中制造业占 68%,建筑业占 80%,在第三产业从业人员中,农民工占 52%,城市建筑、环保、家政、餐饮服务人员90% 都是农民工。② 毫无疑问,农民工已经成为城市经济建设的生力军。但农民工没有享受到与城市工人同等的社会地位,其在就业、住房、子女上学、社会保障等方面都没有得到与城市工人同等的待遇。农民工虽然用自己的劳动为城市作出了贡献,但却没有机会参与当地政治生活,没有能力维护自身的权益,成为城市社会中的"沉默阶层"。他们往往居住在城乡接合处,形成"河南村"、"新疆村"、"浙江村"等外来人口聚居地,很少与当地人往来。农民工缺乏对城市社会的话语权,没有掌握与自己利益相关的社会事务的发言权,没有合法制度化的利益表达渠道,成为被动的"无政治群体"。

党和国家把农民工的社会地位定为"中国产业工人的重要组成部

① 刘开明:《边缘人》,新华出版社,2003 年,第 42 页。
② 国务院研究室课题组:《中国农民工调研报告》,中国言实出版社,2006 年,第 7 页。

分"。但在实践中,农民工是农民身份的工人,他们往往在工厂、企业里工作了 10 年、20 年后,还是农民工,仍得不到正式职工的身份。即便工作很出色,也常常得不到应有的任用、培训、升迁机会,更谈不上在工厂里获得当家做主的地位。决定重大事项的职工大会,他们无权参加,不能享有应有的民主权利。在相当一个时期里,他们甚至不能参加工会,现在尽管已被允许参加,但也是另外登记,享受不到正式工人工会会员同等的权利。在相当多的企业里,党团组织都是分设的,领导和管理干部以及有城市户籍的正式工人是一个支部,农民工是另一个支部,有的企业里连农民工支部也没有,农民工党员、团员不过组织生活,他们的党费、团费仍要回农村交纳。

一些农民工中的政治精英有政治参与的意愿,通常在互联网上发表评论,用这种间接的方式来表达自己的政治观点。但由于缺乏相应的政治资源,其对流入地城市政治决策的影响力极为有限。

一些城市中的党代会、人代会和政协中,有极少数农民工代表,但代表比例与他们在城市总人口中所占比例相比,极不协调,也没有能力代表过亿农民工的政治利益。

农民工的户籍与人分离,实际上相当于在某种程度上剥离了其参政议政的权利。城市社会对农民工的漠视以及由此制定的管理体制和相关政策等,都影响了农民工参与城市管理的能力,减少了其参与政治的机会。

四、农民工政治参与的特征

从农民工流出地和流入地政治参与的现状来看,由于职业与身份的分离,农民工在农村与城市政治参与的状况都不容乐观,作为一个人数过亿的庞大群体,其政治权益的实现渠道单一,政治参与缺乏组织性。随着城市化进程的加剧,农民工在农村的利益相关度降低,农民工政治参与的范围也逐步转向城市。

（一）制度化参与途径单一

一般而言,政治参与的方式有投票、选举、结社等,目前,农民工的政治参与方式仍然主要体现在政治选举上,其他如政治结社、政治监督、政治管理等参与途径尚不完善。农民工大多受教育程度较低,法律意识淡薄,很少会主动去参与政治。另外,农民工在外打工,大多从事繁重的体力工作,没有时间也没有精力去关注和参与政治活动。对家乡的政治参与,除了在乡村选举中投票或找人代为投票之外,离家在外的农民工很少去参与流出地农村的管理监督。对于流入地,由于种种限制,农民工政治参与的比例并不高,制度化参与的途径单一。

（二）政治参与的范围由乡村逐渐转向城市

农民工走向城市,许多家庭收入构成发生了很大的变化,农业收入在家庭收入中所占的比例越来越小,非农业收入的比例越来越大,许多人事实上已经脱离了农业。农民工与家乡的利益关系逐渐淡化,与原来村中基层自治组织的关联度减弱。对原来村中的政治事务已基本不参与。而城市才真正与他们的利益休戚相关。虽然农民工在城市中的政治活动还很有限,但随着他们逐渐融入城市生活,随着国家各项制度的改革完善,这一部分农民工政治参与的范围必然转向城市。

（三）农民工政治参与的随意性

农民工进城的规模逐步扩大,往往是一个人进城带动一家,一家人进城带动一村。老少留守在家,大部分青壮年都进城打工。这些进城的农民工大多没有统一的组织,他们的政治参与也没有组织性,只有当涉及个人利益时,才临时采取一些应急手段和方式去参与,具有个体的随意性。对参与制定法规采取消极的态度,缺乏自主意识。农民工虽然人数众多,但由于没有自己的行业组织,没有集团性的利益组织,无法形成团体的力量。农民工流动性较强,又比较分散,群体之间缺少共同的利益基础,缺乏群体的利益自觉,很难进行有效的利益整合和政治参与。在流出地和流入地,农民工的政治参与都显示出一定的随意性。

五、农民工政治参与存在的问题

尽管农民工政治参与出现了可喜的发展趋势,但还远无法达到有序、有效的参与状态,农民工政治参与仍存在许多突出的问题,严重影响其政治参与效果,主要问题表现在以下几方面:

（一）边缘化是目前农民工政治参与最突出的问题

正如亨廷顿所说:"在每一个民主社会,都有一个使民主有效发挥功用的不积极参与政治的边缘人群的存在。"在我国,农民工是政治稳定和政治发展不可缺少的重要力量,也是考察公民政治参与状况不可忽视的重要阶层之一,但农民工政治参与却呈现出明显的边缘化特征。农民工政治参与的边缘化是指:在农民工户口所在地的农村,村民自治和村委会选举是农民参与政治的主要渠道,但由于种种原因,农民工参与村民自治活动的主动性和积极性并不高;而在农民工工作和生活的城市中,参与城市管理对维护农民工切身利益有着重要意义,农民工对城市政治参与抱有极大热情,但却无法真正参与到城市的社会政治事务之中。农民工政治参与的边缘性主要表现在两个方面:

第一,农民工在乡村政治参与中处于缺位状态。乡村村民自治以民主选举、民主管理、民主决策、民主监督为特征,由于农民工长期在外务工,其对村务的知情权、对重大事务的决策权、对干部的监督权等都缺乏可靠的保证。村委会选举是乡村自治的前提和基础,是农民政治参与的重要形式。但事实上农民工参与村委会选举的比例较低。同时,农民工的被选举权也几乎无从实现。一方面他们没有时间参加村委会干部的选举活动;另一方面,即使参与并被选为干部,也没有时间和意愿参与村民自治政权。可见,由于农民工流动性大,其在乡村自治制度中的政治权利并未得到有效实现,其在农村的政治参与处于缺位状态。

第二,农民工在城市政治参与活动中处于弱势状态。与其在农村中的精英和强者地位不同,在城市中,农民工大多处于弱势和无助状态。城市社会政策往往无法覆盖农民工群体,缺乏为其提供相关公共服务的职能。城市政治参与关系到农民工的切身利益,因此他们非常希望能够融入城市政治生活,虽然农民工有进行城市政治参与的愿望,但实际上却很难融入流入地的政治生活,他们在城市政治参与活动中依然处于弱势状态。

(二)制度化虚置与非制度化激增成为困境

"公民参与政治一般具有相应的制度保障,以公民政治参与与制度的关系为标准,政治参与可以分为制度化参与和非制度化参与。"①制

① 方江山:《非制度政治参与——以转型期中国农民为对象分析》,人民出版社,2000 年,第 35、38 页。

度化参与是公民在现有制度框架内进行的政治参与,如法律所认可的投票、游行等政治参与行为;非制度化参与是公民"突破现存制度规范的行为,也是社会正常参与渠道之外发生的活动",①如非法游行、越级上访、打击报复、暴力对抗等。制度化参与一般具有合法性、合理性、均衡性等特点,而非制度化参与往往是以非理性、破坏性的形式出现。在社会转型期,由于政治参与的制度化发展水平与公民政治诉求之间具有不平衡性,非制度化参与的存在是不可避免的。但是,过多的非制度化参与将严重破坏法律的严肃性,威胁社会的和谐与稳定。当前,我国农民工的政治参与就陷入了制度化虚置与非制度化激增的困境之中。

由于农民工处于体制上的边缘人状态,无论在乡村自治中还是城市政治参与中都很难有效地进行制度化参与,这种理性、合法的政治参与模式,在农民工群体中实际处于一种虚置状态。同时,农民工在城市工作和生活中面临着许多问题,如工作条件差、工资被拖欠、受到歧视等,加之新一代农民工与一味沉默的上一代不同,他们的受教育程度普遍高于上一代,也更加懂得维护自己的权益。因此,在农民工公民权利意识增强引发的政治渴求升高与制度化参与缺失的矛盾中,选择非制度化参与就成为农民工维护利益、解决问题所普遍认同的方式。农民工认同非制度化参与的程度远远大于制度化参与。当遇到拖欠工资时,绝大多数农民工选择集体讨薪甚至以自杀相威胁的非制度化方式。农民工之所以普遍选择集体抗争的方式来解决问题,一方面是因为农民工所面临的问题往往带有集体性,比如在同一企业中工作环境恶劣、被强迫加班加点、工资过低甚至被拖欠等;另一方面是由于其在维护自身权利过程中逐渐意识到,依靠集体行动的力量更有助于达成自己的目标。农民工在维权过程中越来越意识到,仅将抗争停留在企业内部是难以对雇主造成压力的,必须把问题"外部化"、"严重化"和"社会化",只有得到社会的关注,特别是得到政府领导的重视,才有可能解决

---

① 方江山:《非制度政治参与——以转型期中国农民为对象分析》,人民出版社,2000年,第35、38页。

问题。所以"许多农民工选择集体上访、越级上访、上街游行等方式,甚至殴打绑架雇主,造成重大群体事件"。① 此外,一些农民工在上访过程中,某些政府部门推诿扯皮导致问题迟迟无法解决,因此不得不采取一些极端的手段,如非法游行、静坐示威等,这就隐现出农民工这个庞大阶层进行的非制度化参与如果在某种契机下造成爆发,其对社会秩序的冲击和危害将是极为严重的。

（三）政治参与意识薄弱与政治渴求并存

政治参与意识指人们对集体、国家乃至国际大事及其相应政治活动的自觉认识和积极投入的心理状态。农民工的政治参与意识指农民工对待政治活动的基本态度和思想倾向,如对政治事务的关心程度,对自我政治成长与发展是否有明确目标,对步入政界、登上政坛的愿望和抱负等。农民工政治参与意识根据其主体性不同,存在着3种参与意识状态:"非参与意识、无主体性参与意识和极端参与意识"。②

非参与意识是指认为政治与自己无关,对国家大政漠不关心、没有兴趣或根本不愿意介入政治,对政治参与采取冷漠的态度,认为国家政事自有官员处理。当农民工在城市中遇到困难时,只有极少数人会通过政治、法律等方式寻求解决办法,这些就是农民工无参与意识的表现。

无主体性意识主要是指有较强的从政欲求,认为自己应该参与政治,渴望成为执掌政治权力的人,对自己在政治中的地位和作用有一定的自觉,但对自己为何参与政治的问题,具有明显的盲从性;对参与制定政令法规采取消极态度,一味顺从各级政府的政令。农民工政治参与的盲从性特点比较明显,无法体现政治参与的主体性。

极端参与意识主要是指十分渴望实现自身权益,希望通过自己的政治参与获得利益,但对理性的、有序的、合法的政治参与极不信任,希望通过极端的方式迫使自己所在单位或所处地区作出有利于自己的改进。这种参与意识状态存在于一些农民工之中,就会导致如前所述的

① 王春光:《农民工:一个正在崛起的新工人阶层》,《学习与探索》,2005年第1期。
② 蔡华杰:《对农民工政治参与意识的透析》,《社科纵横》,2006年第4期。

非制度参与的扩张。以上 3 种政治参与意识状态是不正确的甚至是错误的、扭曲的，他们在农民工中的普遍存在正是农民工政治参与意识薄弱的表现。

同时，由于农民工在城市中处于弱势地位，在工作和生活中，农民工的经济及其他方面利益往往容易受到侵害，因此，大多数农民工在城市中有强烈的政治渴求，这种参与热忱主要表现为：迫切希望能参与城市政治以保障自身利益不受损伤。认为有必要并愿意参加城市选举和城市社区活动以及认为参加城市选举对其自身有好处的农民工均占相当大的比例，这充分体现出农民工对城市政治参与有着强烈的参与渴求和参与愿望。这种对政治参与渴求的扩张与对为何参与政治、如何参与政治和在何种情况下参与政治的意识的缺乏形成矛盾。

六、农民工政治参与问题的法律制度成因

农民工政治参与之所以存在以上问题，原因是多方面的，有社会体制、法律方面的深刻原因，也有政治文化、社会资源的影响和限制，同时也包括农民工本身条件的局限性，但最主要的则是社会体制和法律方面的原因。

（一）城乡二元社会结构是农民工政治参与的体制障碍

正如邓小平所指出的："制度是决定因素"，"制度好可以使坏人无法任意横行，制度不好可以使好人无法充分做好事，甚至会走向反面"。[①] 长期以来，我国存在的城乡壁垒，尤其是带有强烈身份划分色彩的二元户籍制度没有得到根本改变，国家通过一系列的法律、政策、规章制度、措施和组织体系，把我国人口分成两部分，即市民和农民，他们被赋予不同的地位、待遇、权利和义务。随着农民工的出现，在城市中又呈现出新的二元社会结构迹象，即在社区中，形成了本地人与外地人的群体隔离，在工作单位中，存在着正式工和农民工两大分离群体。

城乡二元社会结构导致农民工政治参与遭到社会排斥。根据英国政府"社会排斥办公室"所下的定义，所谓社会排斥是指："某些人们或

---

① 邓小平：《邓小平文选》第 2 卷，人民出版社，1994 年，第 308 页。

地区受到诸如失业、技能缺乏、收入低下、住房困难、罪案高发等问题的困扰现象"。① 在我国,农民工政治参与所受到的社会排斥主要是一种体制性排斥。改革开放以来,我国逐渐放松了对人口流动的限制,农村人口可以自由地进城从事打工、经商等活动。但现行的城市管理体系仍以户籍制度为基础,城乡二元社会结构虽在一定程度上被冲破,但依然在发挥基础性作用,外来务工人员无论在城市中居住、工作多长时间,无论从事何种职业,都依然被当做流动人口或暂住人口看待。这种体制性社会排斥体现在城市经济、政治和社会生活的各个方面,导致城市外来人口不仅在经济权益方面受到歧视和不公平待遇,而事实上被排斥在城市各类政治组织之外,无法有序、有效地进行政治参与。

城乡二元社会结构使农民工政治参与处于一种尴尬的边缘状态。《中华人民共和国选举法》第五章第二十七条规定:"居民、农民、个体工商户在户口所在地的居民委员会、村民委员会、村民小组登记。"也就是说,公民的选民资格是与其户籍紧密联系在一起的,是以依据户口进行选民登记为主要方式的,公民基本上只能在户口所在地进行选举等政治参与活动并行使自己的民主权利。尽管 1983 年通过的《全国人民代表大会常务委员会关于县级以下人民代表大会代表直接选举的若干规定》中有这样的内容:"选民在选举期间临时在外地劳动、工作或者居住,不能回原选区参加选举的,经原居住地的选举委员会认可,可以书面委托有选举权的家属或者其他选民在原选区代为投票。选民实际上已经迁居外地但是没有转出户口的,在取得原选区选民资格的证明后,可以在现居住地的选区参加选举。"②但在实际操作中,由于经济等方面的原因,几乎没有人愿意为了参加工作所在地选举而花费时间和金钱返回原籍办理选民资格证明;同时,由于大部分农民工对原籍的选举情况并不了解,即使委托他人投票,往往也很盲目。虽然在最近几年,一些城市已经开始逐步放松户籍管制,农民工有了取得城市户口的可

① 周林刚:《社会排斥理论与残疾人问题研究》,《青年研究》,2003 年第 5 期。
② 王维、朱强:《农民工政治参与边缘化成因浅析》,《江西农业大学学报(社会科学版)》,2007 年第 2 期。

能,但由种种条件限制,真正能拿到城市户口的仍只是极少数。于是,就出现了农民工既没有参加原籍选举,也没有参加居住地选举的被边缘化的现象。可见,户籍制度羁绊了农民工的政治参与的积极性,并使他们的政治参与权实际上处于一种被架空的状态,城乡二元社会结构成为妨碍农民工政治参与的一大体制性障碍。

(二)民主法制不健全使农民工政治参与缺乏法律保障

现阶段,我国民主和法制尚有许多不健全之处,影响了农民工政治参与的有序、有效进行。

民主制度不完善和"内输入型"政府决策体制使农民工政治参与受到阻碍。在现代民主国家,公民政治参与是靠一整套健全的民主制度实现的。在我国,建立了人民代表大会制度及基层群众自治制度并取得了显著的成绩,但这些制度在实施过程中仍存在一些偏差,有些具体制度还不够完善,如农民工代表长期缺位,直到 2004 年"两会"这种状况才得以改观,这就影响了农民工制度化政治参与的有序、有效进行。同时,"内输入型"政府决策体制也阻碍了农民工的政治参与。所谓"内输入型"政府决策体制是指:政府决策过程中的利益表达与综合"主要不是由社会互动过程来进行的,而是由政府内部的权力精英来确认的"。[1] 在我国,虽然日益强调公民通过人民代表大会等制度加强对政府决策的影响,但权力精英在政府决策过程中仍起决定性作用,使诸如农民工这样的城市外来人口很难顺利而充分地表达自己的利益诉求与意愿。农民工的利益要求能否在决策中得到反映取决于政府权力精英的关注与重视,而不取决于农民工自身的愿望和参与程度。虽然近年来保障农民工权益问题成为社会关注的热点,一些地方政府也对农民工权益保障与权利维护给予了高度重视,但从总体上说,当前城市政府权力精英仍受城乡分割的传统习惯思维影响,相较于农民工的利益与权利,他们更加重视和关心本地居民的利益状况。农民工的政治权益保护与利益需求表达很难得以真正实现,其对政府决策过程产生的影响则更加微乎其微。

---

① 胡伟:《政府过程》,浙江人民出版社,1998 年,第 172 页。

目前,我国的法律体系尚未健全,农民工的政治参与缺乏有效的政策法规保障。有些法律法规不但没能有效地保护农民工的正当权益,反而在某些程度上损害了农民工的权利,特别是一些地方政府在法律法规实施方面的地方保护主义和对外来人口歧视政策,对农民工政治参与权利的侵害十分突出。

用人单位经常钻空子违反《劳动法》规定,故意不与农民工签订劳动合同,造成用人单位借以逃避支付工资的义务,使农民工在解决劳资纠纷时,往往举证困难,其权利难以得到法律的保护。同时,由于我国《劳动法》中关于拖欠和克扣工资的法律责任规定不严密,没有行政手段,也缺乏承担行政责任的规定,造成许多用人单位长期恶意拖欠农民工工资,有的单位老板甚至逃之夭夭,使农民工工资落空。制度的安排造成农民工社会地位被边缘化,而这种边缘化又使得农民工不能享有与城市居民同样的"国民待遇",不能平等参与城市社会的政治活动,为维护自身的利益参与国家、社会的管理。因为缺乏利益实现的渠道,农民工的经济社会权益得不到保障。经济是政治的基础,经济的弱势地位又必然导致其政治上的弱势,形成恶性循环。

劳动者权利救济程序规定不合理。由于处于社会弱势地位,权利观念淡薄,在一般情况下,农民工遇到侵犯自己权益的事情时都是逆来顺受,除非到忍无可忍的地步。而这也进一步纵容了许多企业拖欠农民工工资、侵害农民工权益的做法,迫使农民工起来维护自己的权益。但是通常情况下农民工都无法承受法律解决所需要的漫长时间和金钱上的消耗,致使非制度性参与增多。2007 年 4 月 1 日新的《诉讼费用交纳办法》实施之前,诉讼成本过高是广大群众打官司的普遍感受。新的《诉讼费用交纳办法》颁布以后,诉讼费用大幅下调,如:一件劳动争议案件,如以调解、撤诉方式结案,法院只能收 5 元的诉讼费。

农民工群体被边缘化的同时,农民工个人的风险也在不断地累积,这进一步加剧了其弱势地位。当农民工不能根据自己的意愿、能力、条件制度化地参与政治活动,不能广泛参与社会政治生活,没有制度性的渠道保护自己的合法权益时,他们就会选择非制度化的参与方式来表达和维护自己的利益,就会影响到社会的公平、正义,影响社会的政治稳定。因此疏通农民工政治参与的制度化渠道就成为必须。

综上所述，户籍制度羁绊了农民工政治参与的积极性，就业与保障制度剥夺了农民工的平等待遇，政治参与权被架空，因此社会体制的缺陷成为农民工政治参与缺失的一个主要障碍。

第二节　农民工的选举权

从现行《宪法》、《选举法》、《村民委员会组织法》等规定来看，农民工的选举权主要指参加户籍所在地的村委会选举和县、乡两级人大代表的选举。本文所指的选举权应从广义上来理解，既包括公民的选举权，也包括被选举权，选举权和被选举权共同构成了公民选举权利不可分割的两个重要方面。

一、农民工的选举困境

在选举实践中，农民工的选举困境主要表现在以下几个方面：

（一）现行选举制度的缺陷和疏漏使农民工的选举权被虚置

随着我国市场经济体制的建立和完善，各地区的流动人口尤其是农民工大量增加。在实践中，流动在外的农民工在选举期间专程赶回原选区参加选举的难度很大。为此，1983 年《全国人大常委会关于县级以下人大代表直接选举若干规定》规定："选民在选举期间临时在外地劳动、工作或者居住，不能回原选区参加选举的，经原居住地的选举委员会认可，可以书面委托有选举权的亲属或者其他选民在原选区代为投票。选民实际上已经迁居外地但是没有转出户口的，在取得原选区选民资格证明后，可以在现居住地的选区参加选举。"然而，这只是提供了农民工在城市参加选举的一般模式或方向性指导，由于缺乏确切的程序支撑，农民工的选举权利在实践中往往很难落实。首先，由于经济、时间以及其他因素的制约，让农民工返回户籍地参加选举往往很难实现。其次，由于"书面委托"的繁琐，委托的交流沟通以及委托投票后的反馈监督等一系列问题的存在，实际上农民工委托投票的情况并不常见，即使有委托投票，也难以保证其真实性和有效性。多数省、市都在《县、乡两级人大代表选举实施细则》中对外来人口参加县、乡两级人大代表选举作了原则性的规定,即在户口所在地参加选举。有的在上述规定之外,又作了一些可以在现居住地参加选举的限定条件。比如《浙江省县、乡两级人民代表大会选举实施细则》第二十六条第五项就规定:"在本地劳动、工作或居住而户籍在外地的选民,在户籍所在地选区登记,在现居住地一年以上而户籍在外地的选民,在取得户籍所在地选区的选民资格证明后,也可在现居住地选区登记。"在选举实践中,选民资格证明由选民户口所在地的选举机构负责开具;户口所在地选举机构尚未成立或者已经撤销的,可以由选民户口所在地的县级人大常委会办事机构开具。由于流入地和流出地的选举工作机构之间缺乏相应的沟通机制,且流入地的选举机构没有主动出具选民资格证明的义务,即使农民工有在现居住地参加选举的意图,也必须先返回户籍地取得选民资格证明。理性地考虑之后,他们往往会放弃在现居住地行使选举权利。这样,无论是户口所在地还是现居住地,城市农民工都无法行使自己的选举权利,从而使其选举权利被"架空"。

(二)农民工利益表达机制的错位不利于其选举权利的实现

如果说代议过程是利益分配的过程,那么选举过程则是利益委托的过程,选民总是试图通过选举来实现自身的利益。正如拉斯韦尔所言:"各种政治生活的生命来自倾注在公众目的上的私人感情。这种利益与人们越贴近,人们对它的追求就越迫切,由它所引起的参与动机就越强烈,反之也是如此。"①城市农民工的"流动性"决定了其与家乡农村的利益联系日益淡薄。虽然户口还在农村,但在城市长期工作、生活的经历使得他们和农村的人际联系、利益关联程度逐渐下降,他们对家乡民主选举表现得较为冷漠,也是较为普遍的现象。相反,随着时间的推移,现居住地与他们的利益关系变得更为密切。受经济上的特殊性决定,城市农民工已逐步成为一个独立的利益实体,他们在大量参与本地的经济、社会活动之后,必将会提出一定的政治要求,他们更关心现居住地的公共事业的建设状况,更希望参加当地的选举。这样农民工

① [美]塞缪尔·亨廷顿、[美]琼·纳尔逊:《难以抉择——发展中国家的民主参与》,汪晓寿,等译,华夏出版社,1989年,第3页。

选民的利益表达机制就发生了错位：一方面，按照制度安排，他们应当在户籍地（农村）参与各种选举，但是他们的参选率和参选热情却比较低；另一方面，他们有在居住地和工作地的城市行使自己的选举权利的愿望，却往往很难实现。

（三）参加选举的高昂成本使农民工对选举权利的行使望而却步

选民参加选举是为了获得利益，但应当指出，选民从选举中获取的收益存在不确定性，这种收益是远期的、模糊的、难以量化的，而为投票所支付的成本，则是具体的、确定的，甚至是昂贵的。作为理性主体，即使存在参加选举的意愿，这时也会倾向于放弃行使选举权，或者采取委托投票或者邮寄选票等更为经济的方式。

在现存制度下，城市农民工要参与到选举过程中来有两种选择：一是参加原户籍所在地的选举活动；二是凭原籍地开具的选民资格证明参加居住地的选举活动。但无论哪一种选择，都需返回户籍所在地，而农民工返回户籍所在地，轻则请假被扣发工资，自己还要掏上往返路费，重则有丢掉"饭碗"的可能。为降低回乡投票的费用，提高参选率，一些地方采取了"函投"和"委托投票"的方式。但这种做法也存在问题：信函投票所需要的时间、费用以及对候选人情况的了解、投票人意愿的表达都是不足的；此外，目前委托投票在许多地方往往采用家人代投、电话委托的形式，这明显违背了《选举法》的要求。即使是采用了书面委托形式，但也由于对原居住地政治生活和候选人情况的不熟悉，选择权往往是交给了被委托人，委托人的初始投票意愿被扭曲在所难免，甚至会给少数人操纵选举造成可乘之机。因此，如何降低选举成本，保障城市农民工参加选举，是一个有待解决的问题。

（四）农民工代表的履职困境是影响代表选举工作不容忽视的现实难题

如前所述，农民工工作不稳定，职业和工作地流动比较频繁。这种流动性大的特点既符合市场规律，也给代表的"相对固定和稳定性"的要求提出了挑战，流动性大成为了农民工代表履职的最大难题。因此，有人疑虑，如果这样的情况反复发生，就是对代表名额的浪费。另外，人大代表是一种职务，履职需要代表本身具备一定的素质，包括政治素质、文化素质等基本资格条件。农民工代表的学历普遍不高,对党的方针、政策、法律、法规掌握不足,对与人大工作相关的一些必要知识也较为欠缺。再加上比较繁重的本职工作,往往没有足够的时间和精力履行代表职责。

针对城市农民工流动性大、代表履职能力较弱的实际,一些地方人大在代表选举中,开始走"稳定化"和"精英化"的道路。比如,有些市在选代表的时候以企业中层或经理、董事长等高层人员为主。选举这些人员为人大代表可以减少因流动性而造成的选举成本,也可以保证代表的履职能力。但是,这种"高层代表"的现象也引来了一些问题。外来人员中打工者是主体,但现在代表农民工进入人大代表行列的却多为高管人员,其中有一些还具有"老板"身份,本身就可能与底层农民工存在利益冲突,如何确保他们反映底层农民工的利益诉求?他们又怎能称得上是真正意义上的农民工代表呢?这种既要兼顾代表结构,考虑履职能力,同时还要避免流动性过大的要求,已经成为各地农民工代表选举中的一大难题。

二、农民工选举权难以保障的主要原因

中国农民工无论在户籍所在地,还是在工作地(居住地),其选举权都没有得到充分行使。而选举权是公民进行有序政治参与最重要、最直接的政治权利,关系到农民工的现实切身利益,选举权的丧失使农民工沦为"政治上的边缘人",也会使农民工沦为"经济上的边缘人"和"社会地位上的边缘人"。农民工选举权难以保障的主要原因在哪里?探寻这个问题可以从3个层面着手:一是制度层面,现行户籍制度和选举制度变革滞后;二是社会心理层面,传统文化影响下农民工政治参与意识不高;三是实践层面,农民工参与选举成本较高,缺乏足够的经费保障。

(一)选民登记方法落后

选民登记制度,也称选举人名册制度,是由法定机关或组织对有选举权的选民进行登记注册,按照在册名单发放选举资格证明,选民持该资格证明参加投票选举的一种制度,这是选举过程的第一道程序。选民登记实际上是国家对公民是否享有选举权和被选举权的确认,标志

着选举权从享有到行使的开始。因此,选民登记方法的完善就成为保障农民工选举权的前提条件。但现实中选民登记方法却存在诸多问题,致使农民工的选举权受到侵害。

1. 《选举法》"一次登记,长期有效"的选民登记原则不合理

《中华人民共和国全国人民代表大会和地方各级人民代表大会选举法》第二十六条规定:选民登记按选区进行,经登记确认的选民资格长期有效。这一原则简化了选民登记的程序,节约了选举成本,一定程度上促进了中国民主政治的发展。在农民依附于土地以土地为主要劳动对象的情况下,这一原则是合适的。但是在经济快速发展,人口流动日益频繁的情况下,选民登记仍然奉行"一次登记,长期有效"的原则,显然不尽合理。

2. 选民登记规定不完善导致漏登和重登

各地对"农民工"选民登记作出的规定可以归纳为两个原则:一是对本选区的外出农民工,用信函、电话或其他方式进行联络,在户籍所在地进行选民登记;二是持本地公安部门合法的暂住证(居住证)和原籍居住地乡级以上政府或公安部门出具的选民资格证明的外来农民工,可以在现工作单位或现居住地的选区进行选民登记。应该说这两条原则是多年实践经验的总结,有一定的合理性和可操作性,但仍极易出现漏登或重登的现象。在中国,农民工流动非常频繁。某公民可能一段时期内在甲地,另一段时期又在乙地,至于其是否具有选民资格,由于公民个人信息网络尚未建成,农民工所在地的选举委员会很难去求证。同时,中国各地选举日期不统一,农民工选民是否已经参加了户籍地的选举,选举委员会也很难核实。按照《选举法》的规定,每一选民在一次选举中只能有一次选民登记,一次投票权。但是该规定可能产生不同理解,"一次登记"是仅指某一地区的选举,还是全国性的"一次"选举?以县级人大代表的直接选举为例,由于各地选举的时间不一致加上农民工经常流动,如果不限定每一农民工在全国区、县人大代表的"一次"换届选举中只能进行"一次"选民登记的话,就可能造成农民工在不同地方参加选民登记,出现"二次登记"或"多次登记"的现象。因此,从法律规定上来讲,在面对大规模农民工流动的现实时,不仅要

限定选民包括农民工不能重复登记,亦要对"一次"登记,"一次"选举给出明确的定义,因为二次登记或多次登记的存在可能会直接危及选举的平等性原则。

3. 对选民登记工作的违规操作没有制定相应的制裁措施

我国《刑法》、《选举法》、《村民委员会组织法》、各地人大代表选举办法、选举实施细则等都针对选举过程中的贿选、暴力威胁等违规和破坏选举的行为明令禁止,但没有明确的制裁措施。对于选举委员会及其工作人员在选民登记过程中漏登、误登、不登或剥夺选民选举资格的违法行为目前还没有制定任何具体的制裁性措施,这不利于保证选民特别是农民工选民的选举资格。事实上,在选民登记环节,工作人员违规行为发生非常频繁。由于选民包括农民工的数量庞大,凭借"一次登记,长期有效"的原则,选举委员会工作人员一般只对上届选民名单进行些许修改,或补充,或去除。而补充、去除的工作并没有相应的考核机制,这样就导致部分农民工没有进行选民登记,进而领不到选票,丧失了投票权。

(二) 农民工权利意识淡薄

认为农民工选举权的丧失完全是由制度上的不合理所导致,那是片面的。事实上,很多农民工不重视通过行使选举权表达自身的利益诉求,农民工权利意识淡薄。主要有以下两方面的原因:

1. 传统政治文化的影响

文化是一种无形的力量,对人的行为有着巨大的影响作用。特定的文化能够在深层次上长期地、持久地影响社会结构和价值观念,能够影响长期生活在这种文化氛围之下的个体的思想和行为。林语堂认为,中华民族是一个个人主义的民族,他们心系家庭而不知有社会。[1]中国传统的政治文化类型是一种典型的特殊主义结构,这种结构建立在以家庭为中心的等差秩序的基础之上,缺乏西方式的普遍主义与博爱思想的价值标准。在这种差序结构的社会关系中,人们的行为表现出强烈的反差,对亲人、熟人,人们忠诚、热忱,有时甚至会不顾法与理,

[1]　林语堂:《吾国与吾民》,华夏出版社,1995 年,第 23 页。

而对陌生人事务或未祸及自身的不公不义则"事不关己,高高挂起"。中国人缺少现代化、市场化、民主化的一个重要的条件,即普遍主义的价值取向。这种价值取向首先要承认尊重公民的利益,包括充分尊重公民的个人权利,尊重公民与他人与社会的契约,尊重公民选择生活的自主性、主动性。孔子曰:"民可使由之,不可使知之","惟上智下愚不移",这种愚民之策,有意将政治神秘化,将民众排除在政治活动之外,有意抹杀或忽视引导农民用合法的方式自我表达。可以说,几千年来直至近代,中国人不知代议制为何物。

2. 农民工自身的原因

美国学者阿尔蒙德·维巴在对5个国家公民政治参与状况进行统计、分析后发现:"最积极的公民不成比例地来自富有者,而最不积极的则来自贫穷。"①农民工参与城市政治生活包括行使选举权表现出的消极与他们的社会经济、文化地位有一定的关系。农民工从事的大多是简单劳动,收入较低,他们更关注的是与自身利益直接相关的问题,对于参与城市政治生活能够带来的长远利益他们并不关心。另外,认识到参与政治活动的重要性,自觉行使选举权,需要较高的文化素质,而农民工享有的文化资源相对匮乏。较低的文化素质限制了他们的眼界,以至于在表达利益诉求时缺乏自觉性和主动性。此外,农民工普遍存在着外乡人心态,尤其是第一代、第二代农民工。他们从户籍所在地来到工作地,多是从投靠亲友或老乡开始的。由于文化、语言上的差异,他们的交际对象大多集中于外地人或老乡,很难融入当地文化,参加当地人活动较少,自然不会主动申请在居住地(工作地)的参选资格,行使选举权。

(三)农民工参选成本较高

在现行选举制度下,农民工参与选举活动有两种选择:一是回户籍所在地参加选举,二是在工作地(居住地)参加选举。但是这两种选择对农民工而言,其所付出的成本都远远高于非农民工所付出的成本,也

---

① [美]格林斯坦·波尔比斯:《政治学手册精选》下卷,竺乾威,等译,商务印书馆,1996年,第189页。

高于农民工预见的参与选举能获得的收益,从而降低了农民工参与选举、行使选举权的积极性和可能性。

1. 农民工回户籍地参加选举的成本

比较两种参与选举活动的途径,农民工在户籍地履行选举权的难度相对要小一些,可能性也更大一些,但即便如此,也存在很多困难。当村委会换届选举活动在农民工离开户籍所在地的时间里进行时,农民工如果要直接参与户籍地的选举活动,其成本就会大大增加,包括往返路费、误工费、被顶职的风险等。一次村委会换届选举从选民登记开始,历经提名候选人、确定正式候选人、投票(有可能的二次投票)等环节一般需要 1～2 个月的时间,期间选民直接参与选举活动需要 1～3 天。而随着农民工在外时间的增加,他们与户籍地的政治、经济利益联系越来越少。新一届村委会干得好并不能给他们带来多大的直接利益,干得不好,对他们也不会造成多大的损失。可以说,农民工在外时间长短与他们能从村庄获得的各种利益的总和成反比。因此,农民工回户籍地参加各种选举的成本很高而获得的收益很小并呈递减趋势,由此,农民工参与选举的积极性自然会大幅降低。

2. 农民工在工作地参加选举的成本

农民工参与工作地(居住地)选举的成本也远高于非农民工。近年来,不少城市开始从政策法律角度肯定农民工参与工作地(居住地)政治活动的权利,城市农民工的政治权利与政治义务得到了认可,但这些城市往往并未提供相应的经费保障。由于农民工参与城市选举的成本较高,在实际选举活动中,农民工参与城市选举活动的人数极少。1983年通过的《全国人大常委会关于县级以下人民代表直接选举的若干规定》第九条规定:选民实际上已经迁居外地但是没有转出户口的,在取得原选区选民资格的证明后,可以在现居住地的选区参加选举。依据该规定:首先,农民工要有选民资格证明。这需要农民工回户籍所在地开具,而户籍所在地的村民委员会或者派出所完全可以以各种理由拖延办理或者不予办理。其次,各地的选举实施细则一般会规定,农民工在工作地必须居住一定年限(一年或两年不等),并有暂住证或居住证、工作证等证件证明其身份和居住时间,才能够拿到选民证和选票。当然,除以上两项,农民工还必须承担当地选民参加选举所支付的成本。少数地方鼓励农民工参与工作地的选举活动,甚至专门为农民工提供代表名额,但是对于农民工参加选举面临的实际困难,包括支付额外的选举成本,并没有足够的重视,比如拨付专款用于农民工选举工作。农业部农村经济研究中心的调查报告显示:2008年外出就业劳动力的月平均工资为1 156元,比2007年增加96元。① 据国家统计局资料显示,2008年前三季度全国城镇单位在岗职工平均工资为19 731元,月平均工资为2 192元。②以上尚未扣除农民工的住宿费、返乡费等,农民工的收入几乎只有城镇职工收入的一半。农民工收入水平的相对低下,更凸显了农民工参与选举成本之高。此外,农民工参与选举的收益是不可预期的,或者说是间接的,其回报需要农民工较长时间的等待。

① 李鹏:《农民工资增幅回落》,http://www.caijing.com.cn/2009-01-12/110047245.html, 2009年1月12日。

② 国家统计局:《前三季度全国城镇单位在岗职工平均工资19731元》,http://www.stats. gov.cn/tjfx/jdfx/t20081029 402512862.htm,2008年10月29日。

第 五 章

农民工的文化权益

第一节　农民工文化权益概述

农民工权益的实现既需要雄厚的物质基础、可靠的政治保障,也需要有力的精神支撑和良好的文化条件。

一、文化权益的含义

《辞海》的定义为:"文化,从广义来说,指人类社会历史实践过程中所创造的物质财富和精神财富的总和。"[①]当代美国社会学家戴维·波普诺也认为:"文化是一个群体或社会所共同具有的价值观和意义体系,它包括这些价值和意义在物质形态上的具体化。文化由三个因素组成:符号、意义和价值观,规范,物质文化。"[②]它包含了人类创造的一切事物,即物质文化和精神文化的总和。

狭义的文化观认为,文化就是指社会的意识形态,或社会的观念形态。这种文化观最经典的表述者是毛泽东,他在《中国文化》创刊号上发表的《新民主主义论》中提出:"一定的文化是一定社会的政治和经济的反映,又给予伟大影响和作用于一定社会的政治和经济;而经济是基础,政治则是经济的集中表现。这是我们对于文化和政治、经济关系的

---

① 《辞海》(缩印本),上海辞书出版社,1979 年,第 1533 页。
② [美]戴维·波普诺:《社会学》,刘云德,等译,辽宁人民出版社,1987 年,第 137 页。

基本观点。"①它将文化的中心位置放置于人类思维层面,即知识、思想、价值、心理等文化形态之上,力图加深人类在理念及自我意识的认识。

联合国于 1966 年 12 月 16 日通过了《经济、社会、文化权利国际公约》,其文化方面的主要内容为:"人人有权参加文化生活,享受科学进步及其应用所产生的利益,对其本人的任何科学、文艺或艺术作品所产生的精神上和物质上的利益,享受被保护之利","公约缔约国为充分实现这一权利而采取的步骤应包括为保存、发展和传播科学和文化所必需的步骤",等等。中国政府于 1997 年正式签署了《经济、社会、文化权利国际公约》,并于 2001 年获得全国人大常委会的批准,这一重大决定表明了中国政府对公民权利国际标准的认定,表明党和政府不仅注重保障公民的生存权、发展权和政治权,而且开始把公民的文化权利列为保护的范畴。

据此,文化权益主要包括以下几个方面的内容:②

(一)享受公共文化服务权

政府兴办的图书馆、文化馆(站)、博物馆、纪念馆、体育馆等公共文化设施,公民可以享受其提供的各种文化艺术服务。这些公共场所不仅肩负着保护人类遗产、普及社会教育的责任,同时也是公民了解党和国家政策方针、法律法规的窗口。

(二)享受文化科技进步权

经济发展和社会进步的最为重要的衡量标准,往往是以人民群众的物质和精神生活中享用到现代文化科技含量和需求的满意程度为参照。电子信息、数字通信技术的快速发展,对文化权益产生了积极的影响。现代艺术产品,在给人视觉冲击和美的享受的同时还使人们能够轻松接触到世界文化遗产、各国艺术经典、各门类图书期刊,为人类创造终身教育的机会。

(三)参与文化生活权

政府部门、社会团体以及文化市场所提供的丰富多彩的文化服务,

---

① 毛泽东:《新民主主义》,《毛泽东选集》第 2 卷,人民出版社,1991 年,第 663－664 页。
② 嵇亚林:《公共文化权利与公共文化服务》,"文化发展论坛",2006 年 8 月 13 日。

给人民群众参加社会文化生活、欣赏艺术以及收益于智力发展的权利。这种参与完全遵照公民本身的意愿，符合自己的审美需求，能够抒发自己感情，是一种自由的人性化选择。

（四）接受教育和培训权

公民有更新自己的知识结构，提高劳动技能，以适应现代科技更新换代、不断发展的需要。这种把娱乐活动与接受教育、技能培训和锻炼结合起来的做法，不仅使自身受益匪浅，而且有力地促进了社会发展。这种权利有着更多的自由空间，既可以从国家提供的公共文化服务中获得，也可以从社会其他渠道中获得。

（五）文化创意权

文化创意权具体表现在两个方面：一是在继承发展传统文化艺术过程中，产生的新的创新和突变，并达到新的境界；二是随着社会的进步、科学的发展，公民自身激发出的新的精神和能力，以及物化出的新的文化产品创意。文化创意权能让公民的创新热情和潜能得到极大的发挥，充分体现公民文化主体意识，这是推动社会进步的强大推动力量。同时公民有保护自己文学、科学或艺术作品的精神和物质利益的权利。

公民享有充分的文化权益是现代社会文明的重要标志，是建设中国特色社会主义文化的重要目标和内容。而政府必须保障这种权利的充分实现，并要积极创造条件，提供优质、公平的文化服务。

二、当前农民工文化生活面临的突出问题

农民工远离家乡和亲人，兼具工人和农民双重身份，属于弱势群体，是文化上的孤独者和精神上的漂泊者。当前，农民工精神文化生活和文化权益保障等方面面临着诸多困境。这些困境的存在，使农民工文化权益保障问题日益凸显。农民工面临的文化生活方面的突出问题主要表现在以下几个方面：

（一）农民工文化权益意识淡薄

一些地方对保障农民工文化权益的重要性认识不够，加强公共文化服务体系建设的自觉性、主动性不强。近年来，党和政府越来越重视对农民工精神文化权益的保护，社会各界愈来愈关注农民工的文化权益。但仍有一些地方对农民工日益增长的文化需求认识不足。对保护农民工文化权益重视不够。一种观点认为,经济搞好了,农民工生活富裕了,农民工文化精神生活自然就会跟上来。显然,这种只重物质而轻视精神的观点是不全面的。另一种观点认为,繁荣和发展城市文化,应该以纯城市文化为主,由纯城市居民来设计。这是一个失之偏颇的文化引导误区,它忽略了农民工这一特殊群体的精神文化生活需求,致使农民工享受到的文化服务或文化参与不足,其文化权益得不到应有的实现。

同时,广大农民工自身文化权益观念也不强烈:一方面是由于农民上缺乏独立的个人意识和权益观念;另一方面,农民工的物质生活和政治需求还没有完全得到保障,致使农民上往往更加重视经济利益而忽视文化权益。

(二) 农民工精神文化生活整体匮乏、空虚

尽管农民工对文化生活有不同层次的要求,并且期望享受更多、更好的文化生活,但与城市居民相比,大部分农民工文化生活缺乏内涵、质量不高,他们所从事的基本属于消遣型或娱乐充实型精神文化活动。相关调查显示,大部分农民工工作之余的消遣方式依次为:打牌、聊天、看电视、睡觉、听收音机、上网等。可见,农民工文化生活种类比较单一、层次不高,他们的文化娱乐生活显得贫乏而单调,整体质量不高,农民工在文化需求上还处于比较贫乏的状态。农民工文化生活匮乏,使他们无法提升自我,融入城市。农民工拿着较低的工资,干着苦、脏、差的工作,普遍存在超强度劳动现象,休息权利缺乏保证,文化权益缺失。同时,农民工精神生活空虚,生活随意和放纵自我现象严重。

(三) 农民工群体文化消费意愿弱且文化生活呈现封闭性特点

一方面,从消费的视角看,农民工文化消费多以简朴型或无偿消费为主,农民工的文化生活仅限于花钱不多或根本不用花钱(无偿消费)的项目。农民工文化消费质量明显偏低。调查显示,农民工用于有偿娱乐消费文化的支出占其收入的比例较低,用于学习技能培训的自我发展型消费则更低。由此可见,农民工的文化消费结构不够合理,有偿消费支出所占比例较小,用于智力性消费或发展性消费的更少。这表明,农民工群体文化消费意愿偏弱,消费质量偏低。

另一方面,农民工被城市接纳的程度较低,他们的文化生活局限于狭窄的圈子。日常生活中,农民工的社交活动方式主要是一种地缘性关系,业缘性关系较弱,农民工与城市社区居民的情感、文化、生活方面的沟通和交流极少。农民工的社会交往圈基本上限定于老乡、同事、朋友、亲戚和同学等熟人关系之内。代表农民工权益的组织——农民工工会组织或协会组织较少,使得农民工的文化活动也局限在狭小的圈子之内,限制了他们的精神文化生活。

（四）文化活动缺乏参与性与创造性

农民工先天文化程度不高在一定程度造成了农民工对文化生活的障碍,导致他们对文化活动的参与度低。农民工群体以中、小学文化程度为主,突出表现为劳动技能低,只能从事加工制造、商业、餐饮等行业的简单体力劳动。文化素质低和劳动技能低使大部分农民工缺乏一技之长,面对纷繁复杂的城市生活,他们往往显得无所适从,主动参与文化活动的程度较低,在创造性的文化活动方面,农民工就更显得无能为力。另外,部分农民工文化生活内容存在的落后、虚无、颓废现象也亟待关注。

三、农民工文化权益缺失的成因

（一）影响农民工文化权益的经济因素

农民工进城的主要原因依然是经济利益。但大多数农民工就业于收入水平较低、工作环境恶劣、待遇差,福利低的岗位,这些无疑限制了其收入。对于农民工而言,闲暇消费能力在很大程度上受限于其低收入。"在目前的制度环境下,农民工的实际收入是临时性的,他们对持久收入的信心不足,农民工往往将大部分收入储蓄起来,收入的'暂时性'制约了农民工闲暇消费。"调查发现,绝大多数农民工生活方式最大的特点是节俭,奉行"能省则省"的原则,大部分农民工主要收入除用于必要的生活开销外,每月用于其他方面的消费(包括文化消费)较少,这是影响农民工精神文化生活权益实现的根本原因。

（二）影响农民工文化权益的自身因素

从文化教育程度的视角来看,文化程度的高低会影响到农民工精神文化生活方式的选择。无论是消遣式的文化生活方式,还是创造性的文化生活方式,都在一定程度上利用周围的信息,而教育在某种程度上赋予了人们文化生活的技能和所需的文化知识。与受过教育程度较高的城里人相比,农民工的弱势地位明显。阅读、上网、参加免费的文化展览,均需要以一定的文化知识为支撑,于是,那些内涵不高,几乎不需要什么技能的活动就成为他们的主要选择。农民工大都受教育程度偏低,受教育年限短,无疑降低了其文化活动的能力,形成一种内在的文化生活障碍。

(三)影响农民工文化权益的制度因素

农民工的精神文化生活除了直接受经济因素和自身因素影响外,还受以下社会因素的影响:

一是缺乏针对农民工的公共文化服务体系。当前在公共文化服务体系设计上,政府更多地考虑城市居民的需求,而缺乏对农民工这一特殊群体的考虑或考虑不足,这直接导致可供农民工消费的公共文化消费品短缺,农民工通常只能作为一个"旁观者"的角色,无法享受到城市提供的各种文化服务或不能参与到其中去。这是形成目前农民工文化权益难以落实的一个重要原因。

二是社会保障制度难以落实。受种种因素影响,相比较于城市居民的社会保障,农民工的社会保障(医疗保险、养老保险、失业保险等)难以落实已经成为一个不争的事实。农民工社会保障的缺失使得农民工未来的"不确定性"比其他任何群体都要大,他们有着强烈的后顾之忧,客观上形成了农民工储蓄先行、消费滞后的消费模式。在这种模式下,农民工精神文化生活消费也就相应减少,其文化权益的障碍形成也必然成为事实。

第二节　农民工的职业培训权

目前,我国农民工大多数仅有初中文化程度,较少接受过系统的职业技能培训,这与我国工业现代化、经济社会健康发展的要求相距甚远。农民工职业技能培训是一个迫在眉睫的系统工程。农民工职业技能培训是农民工人力资本投资和积累的重要途径,它对于提升农民工的劳动技能,增强农民工的职业适应性,改善农民工的就业部门和工种岗位,增加农民工收入和提高城市适应能力具有极其重要的意义。同时,开展农民工职业培训教育也是维护农民工合法权益的有效措施。农民工的权益经常受到侵害,除政策体制等原因外,农民工自身的知识和素质也是重要的因素。权益意识的觉醒是权益维护的重要保障和前提。开展农民工职业培训教育,可以让农民工明白自己的权利和义务,增强自我保护意识,维护自身的合法权益。因此,农民工的职业技能培训日益受到政府的重视。

一、职业培训的界定

农民工职业培训,是指对拟向非农产业和城镇转移的农村劳动力开展的转移就业前的引导性培训和就业技能培训,以及对已进入非农产业就业的农民工进行的岗位培训。其中引导性培训主要是开展基本权益保护、法律知识、城市生活常识等方面的培训。就业技能培训是指根据国家以及不同行业、不同工种、不同岗位对从业人员基本技能和技术操作规程的要求,安排培训内容,设置培训课程,并对具备相应条件并有创业意向的农民工开展创业培训,提供创业指导。

二、当前我国的农民工职业培训政策与成就

(一) 我国农民工职业培训政策

党和政府充分认识到开展农村劳动力转移就业培训,促进农村富余劳动力向非农产业和城镇转移的重要性。鉴于我国农民工的实际情况,对农民工职业培训给予了高度重视,在资金扶持、建立组织保障、搭建农民工职业教育与培训平台等方面做了许多工作。近年来,政府出台了一系列促进农村劳动力转移就业培训的政策,加大了对农村劳动力转移培训的投入,使农民工职业培训有章可循,也促进了全国农村劳动力转移培训的迅猛发展(如表5-1所示)。

表5-1 中央关于涉及农村劳动力转移培训的主要文件

时　　间	制定部门	名　　　称
2002 年	劳动和社会保障部	《国家高技能人才培训工程》
2003 年	农业部、劳动部等(国务院办公厅转发)	《2003—2010 年全国农民工培训规划》

时　　间	制定部门	名　　　称
2004 年	中共中央、国务院	《关于促进农民增收若干政策的意见》
2005 年	中共中央、国务院	《关于进一步加强农村工作,提高农业综合生产能力若干政策的意见》
2005 年	国务院	《关于大力开展职业教育的决定》
2006 年	中共中央、国务院	《关于推进社会主义新农村建设的若干意见》
2006 年	国务院	《关于解决农民工问题的若干意见》
2006 年	中共中央	《"十一五"规划发展纲要》
2007 年	中共中央、国务院	《关于积极发展现代农业,扎实推进社会主义新农村建设的若干意见》
2008 年	教育部办公厅	《关于中等职业学校面向返乡农民工开展职业教育培训工作的紧急通知》
2008 年	国务院	《关于切实做好当前农民工工作的通知》
2009 年	中共中央、国务院	《关于 2009 年促进农业稳定发展农民持续增效的若干意见》
2010 年	中共中央、国务院	《关于加大统筹城乡发展力度,进一步夯实农业农村发展基础的若干意见》

为了加强对农民工的职业培训,农业部、劳动与社会保障部、教育部、科技部、建设部、财政部五部委联合制订了《2003—2010 年全国农民工培训规划》(2003 年 9 月 9 日),该规划非常详细地解释了政策出台的背景、意义、目标任务和具体措施。

这些政策的制定和出台成为指导中国农民工职业培训的重要文件,为中国农民工职业培训的发展发挥了巨大的作用。从 2009 年 1 月底至 3 月底,共青团农村青年春季大培训行动开始。培训由团组织主导,借助各种力量共同开展,时间至少 3 天,大力促进农村青年就业创业,实现全国共青团农村工作会议提出的 2009 年全团培训百万农村青年的目标。

《国务院关于解决农民工问题的若干意见》(2006 年 3 月 27 日)明确规定了农民工职业培训的目标、措施以及责任承担等问题。该意见第十二条指出:"要加强农民工职业技能培训。各地要适应工业化、城镇化和农村劳动力转移就业的需要,大力开展农民工职业技能培训和引导性培训,提高农民转移就业能力和外出适应能力。扩大农村劳动力转移培训规模,提高培训质量。继续实施好农村劳动力转移培训'阳光工程'。完善农民工培训补贴办法,对参加培训的农民工给予适当培训费补贴。""劳动保障、农业、教育、科技、建设、财政、扶贫等部门要按照各自职能,切实做好农民工培训工作。强化用人单位对农民工的岗位培训责任,对不履行培训义务的用人单位,应按国家规定强制提取职工教育培训费,用于政府组织的培训。充分发挥各类教育、培训机构和工、青、妇组织的作用,多渠道、多层次、多形式开展农民工职业培训。建立由政府、用人单位和个人共同负担的农民工培训投入机制,中央和地方各级财政要加大支持力度。""我国的农民工职业培训实行政府、用人单位和个人共同负担的培训投入机制。"这种对农民工培训的投入方式,既体现了农民工培训由政府、企业和个人共同负担的原则,也有利于调动企业、农民工本人的培训积极性,提升培训质量和效果,提高培训补助资金的使用效益。

2008 年开始实施的《中华人民共和国就业促进法》第四十四条规定:"国家依法发展职业教育,鼓励开展职业培训,促进劳动者提高职业技能,增强就业能力和创业能力。"这可以看做是国家对农民工职业培训的基本规定,国家是支持和鼓励农民工职业培训工作的。

(二) 我国农民工职业培训的成就

"阳光工程"培训项目由农业部等六部委于 2004 年启动,是由政府财政支持的农村劳动力转移培训项目,资金补贴为人均 300 元;另有针对在岗或拟上岗农民工的劳动技能培训,由地方劳动部门主管,补贴资金为人均 600 元。此外,还有扶贫管理部门针对农村贫困人口的农民工培训项目。国家每年对各省市下达培训人数指标和项目,各级农业局负责审批职业培训学校,下拨培训指标并认定培训合格后的实际人数,培训学校据此向财政部门申请补贴。

"阳光工程"取得了很大成绩。在各级"阳光工程"办公室的监管下,各培训机构按照项目管理办法,根据合同要求,面向市场需求积极开展农村劳动力转移培训,使广大农村劳动力的文化水平、政策水平、法律知识水平都得到了提高,学到了自己感兴趣的一技之长,适应就业岗位的能力显著增强。培训后的农民工大部分能够在较短的时间内走上就业岗位,融入现代城市社会。

据统计,2008 年教育系统共开展农村劳动力转移培训 3 949.21 万人次,其中引导性培训 1 852 万人次,技能性培训 1 396.59 万人次,转移后(进城农民工)培训 700.61 万人次。转移培训总数比 2007 年增加 122.36 万人次,其中技能性培训数量增加 14.86 万人次。

三、我国农民工职业培训中存在的问题

农民工职业培训的本意是,通过让农民工掌握更多的工作技能以利于提高他们素质和从业能力。但实际上出现了农民工培训中多头培训、资源分散、培训内容与市场需求相脱节、农民工参与度不高甚至少数培训机构套取财政补助资金等现象,农民工职业培训的质量不高。

2009 年 6 月,国家统计局、人力资源和社会保障部联合开展了农民工就业和社会保障情况调查,调查显示:84% 的农民工认为参加技能培训对找工作有帮助,但是仍有 6 成左右的外出农民工没有参加职业技能培训,培训信息和培训费用是制约农民工参加技能培训的主因。由于当前实行的是政府下达培训任务,定点、定经费、定人数、定专业的计划指令模式,与农民工实际需要有一定距离,甚至于有的培训项目质量低下使农民工参与热情不高。而由于存在监管机制缺失等问题,致使农民工职业培训资金被挪用或侵占,造成资金流失。

(一)农民工职业培训资金不足

农民工职业培训的核心问题就是培训经费的投入问题。在实际生活中,农民工职业培训费用缺乏切实有效的筹集机制。多数企业没有增加对农民工进行职业培训的资金投入。一些企业出于控制成本的需要,还最大限度地压低用于农民工的各种支出,使得大部分农民工无法获得培训和提高的机会,而日复一日、年复一年地重复低水平劳动,在被透支体力和脑力之后,农民工出现了"40 岁现象",即由于文化不高、

体力不支等原因,一些农民工到了 40 岁左右便被企业遗弃,无奈地别城返乡,但已不会干农活了。而大部分农民工自身由于收入水平较低以及对职业培训的认识不到位等方面的原因,根本不愿意出钱参加职业培训。

目前政府对农民工的职业培训投入力度也十分薄弱。据调查,农民工要掌握一技之长,实现稳定就业,培训时间基本要达到 3 个月以上,经费一般在 800 元~1 200 元,2004 年的阳光工程按人均 100 元补助,这一补贴标准明显偏低,很多地方由于地方财政困难,很难安排相应的配套资金。虽然经过一再的呼吁农民工个人的收入有了一点点增加,但有时仍不能保障他们的基本生活所需,根本无力自己支付职业培训费用。政府在培训经费的补贴上,还存在着"僧多粥少"现象。据有关部门统计,近年来,一些县(市、区)培训专项资金常常面临总量不足、拨付滞后的局面。农民培训财政专项资金人均经费也明显偏低,只有150 元左右,这与将一个农民工培训成一个初级技工至少需要上千元的费用相比相距甚远。

(二)农民工职业培训效果较差

目前相当多的农民工职业培训内容与工作的实际需求相脱节。农民工职业教育培训基本应该包含农民工在城市生活的生活常识教育、提升职业技术技能的教育培训和思想道德、社会文明、政策法规等形势政策教育。但是,目前农民工教育培训还仅仅局限于农民进城后择业前的短时间技术技能培训,城市生活必备的生活常识教育和思想道德、社会文明、政策法规等形势政策教育严重滞后。① 此外,技术技能培训缺乏针对性,存在课程教学与岗位实际需求相脱节的现象;培训课程的职业分布局限在一些低层次的范围,具有一定技术含量的培训难以满足需要;适合需要的公益性服务和培训项目也不多,影响了教育培训的效果和质量。

教育培训形式设计缺乏灵活性和科学性,教育培训的效果不尽如人意。企业为了追求自身利润的最大化,尽可能地减少农民工培训的资金和时间投入,农民工教育培训质量得不到保证;教育培训内容设置

---

① 崔志民:《进一步加大农民工教育培训的力度》,《工人日报》,2009 年 4 月 21 日。

缺乏针对性,培训和企业用工需求相脱节,缺乏灵活性、实用性和吸引力;有的培训机构没有培训资质或者进行授课培训的教师业务水平偏低,教学质量不高;教育培训常常流于基础性知识的重复,而真正需要的实际操作训练环节弱化甚至缺失,使农民工教育培训失去了本来的初衷;部分教育机构没有根据实际情况,没有听取参加培训的农民工意见或需要实施分类培训,使得培训的针对性和实效性大打折扣。

教育培训配套公共服务不健全,影响农民工培训后的就业和发展。我国已经实施的职业证书制度,将成为中国劳动力市场准入制度改革的必然趋势。职业证书的取得与工作的获得以及收入的高低挂钩,有利于调动劳动者的积极性。目前农民工职业培训实施职业证书制度,有利于提高培训的效果,增强农民工进行培训的积极性。但是由于服务不到位,培训机构本身没有专门针对农民工就业的服务和管理,实际上证书的取得并没有明显改善农民工的工作状况和收入状况。目前的农民工培训多为一次性培训,一期培训结束后,培训机构很少对学员进行追踪调查和服务,农民工再培训机会很少,农民工知识与技能难以获得持续性提高。同时,农民工培训体系不健全,其职能未得到充分发挥,农民工培训质量不高,这又反过来影响了政府、社会及个人参与农民工培训的积极性。这样,农民工培训陷入了条件不良与效能低下的恶性循环,发展极为困难。

(三)农民工职业培训市场混乱

近年来,我国各地逐步加大了对农民工就业培训的资金投入,但这项民生工程在有的地方却变成了少数官员和不法之徒的敛财之源。他们有的利用职务之便,随意出卖农民工技能就业培训学校的资格;有的甚至以参股的形式,直接经营培训学校,套取农民工培训资金。随着就业培训任务的日益加大和资金投入的不断增长,如何妥善地运用好、管理好、监督好培训资金,成为一个重要课题。有关部门不能简单地以指标和任务来考核农民工培训成果,要使培训资金真正用在农民工身上,发挥作用,促进就业,还要加强培训资金的监管力度。

农民工职业培训政出多门,教育部、农业部、人力资源和社会保障部等部门各自作为。人力资源和社会保障部的培训机会一般都安排给自己的下属机构的技工学校、就业训练中心。教育部管理的培训则由教育部下属机构负责。以教育部门负责的培训为例，调查显示，农民工培训大部分让教育部门下属的职业技术学校来承担，但职业技术学校办学模式单一，绝大多数学校由普通高中改制而成，管理模式和教学模式基本上来自普通中学，长期以来教育模式以专业定向为主导，专业设置和培训内容很难符合农民工就业的实际需求，培训的课程也脱离经济社会发展的实际。教学内容与经济技术发展脱节，农民工根本不愿意学。劳动力流出地的培训也存在很大的问题。外出农民工培训一般由县、乡一级政府承担，这些培训往往缺乏针对性，实际效果较差。由于机制出了问题，为培训而培训，套取国家宝贵的培训经费，不少培训单位只管经济效益，拿政府的补贴、争取培训资格的时候很努力，教学阶段就不那么用心了。

四、我国农民工职业培训存在问题的原因

造成农民工培训存在突出问题的原因是多方面的，其中主要包括政府政策法规方面的原因和企业自身的原因。

（一）相关政策法规不完善

开展和推进农民工培训工作需要党和政府的政策支持与保障，需要合理配套的政策及良好的政策环境。农民工问题的研究是一个新课题，很多问题还缺乏全面的、深层次的研究。尽管近年来农民工培训的开展已经有了党和政府宏观与微观政策的支持和保障，例如，中央农村工作会议、农民工培训计划、农村劳动力转移培训阳光工程方案以及连续6年的中央一号文件都体现了对"三农"问题的高度重视，但保障其贯彻落实的相关法规和配套措施却跟不上，一些培训政策还没有细化，有的甚至很滞后。许多具体工作尚无政策支持，比如，前些年出台的农民工工资的5%用于技能培训的政策，至今未能取得预期的效果。要使农民工职业培训达到预期的效果，必须要创建良好的法制和政策环境，具体要做好以下几方面工作：

1. 贯彻执行新《劳动合同法》

2008年1月1日起开始施行的新《劳动合同法》第四条规定："用人单位在制定、修改或者决定有关劳动报酬、工作时间、休息休假、劳动

安全卫生、保险福利、职工培训、劳动纪律以及劳动定额管理等直接涉及劳动者切身利益的规章制度或者重大事项时,应当经职工代表大会或者全体职工讨论,提出方案和意见,与工会或者职工代表平等协商确定";第十七条规定:"用人单位与劳动者可以约定试用期、培训、保守秘密、补充保险和福利待遇等其他事项。"根据这些规定,企业需要承担对所有职工进行职业培训的责任。各级政府相关部门应充分利用新《劳动合同法》颁布的有利时机,一方面要做好宣传和教育工作,让每一位农民工都知晓自身合法的工作权利,特别是获得技能培训的权利;另一方面要履行好监督职责。一是督促每个用工单位执行好新《劳动合同法》的相关规定,特别是做好农民工职业培训工作,对于用人单位拒不开展农民工职业技能培训,或阳奉阴违、敷衍了事的,应责令其改正,并给予警告。特别是对因未开展农民工培训而造成农民工受到伤害的,应当要求其承担赔偿责任。二是积极倡导农民工与企业签订关于技能培训的专项集体合同,特别是鼓励建筑业、采矿业、餐饮服务业等行业农民工与企业代表订立行业性集体合同,从而建立这部分行业对农民工技能培训的最低标准,有效维护农民工接受技能培训的权利,从法律层面最大可能地保护农民工这一弱势群体获得职业技能培训的机会。并以此为基础,向农民工所在的其他行业推广。三是鉴于农民工外出打工一部分采用劳动派遣形式,抓好劳动派遣单位维护农民工合法权益工作同样重要。积极督促和引导劳动派遣单位与企业订立协议,并在协议中明确农民工技能培训等权益方面的内容,以类似于企业内部工会组织的角色来要求企业对在岗被派遣农民工进行工作岗位所必需的培训。

2. 严格推行农民工就业准入制度

政府要严格推行农民工就业准入制度,唯有如此,才能真正推动农民工职业技能培训工作,使之落到实处。一方面,明确要求用人单位必须从已取得职业资格证书和接受职业培训的人员中招收用工,即严格执行"先培训,后就业"的就业制度,用人单位招收农民工,属于政府规定、实行就业准入控制的职业(工种),应从取得相应职业资格证书的人员中录用。对用人单位因特殊需要招用技术性较强,但尚未参加培训的特殊职业(工种)的人员,可在报经劳动保障部门批准之后,先招收,后培训,取得相应职业资格后再上岗。另一方面,要求各劳动力市场和职业介绍部门只对已取得职业资格证书和经过职业培训的人员办理求职登记和职业介绍服务,以此来约束农民工必须在就业前参加职业培训。通过实行就业准入控制,促使劳动者主动提高自身的技术业务素质,从而获得上岗工作的机会。

严格执行农民工就业准入制度,实行持证上岗制度,可以保证农民工的培训时间。目前,农民工培训时间缺乏,一方面是由部分企业要求农民工超时工作引起的,另一方面则是由一些农民工主动要求加班加点所致。这些农民工的培训意识薄弱,认为有时间宁愿多工作多赚点钱,而不愿去参加培训。实行严格的就业准入制度,就可以杜绝这类情况。而从技能培训到最后取得资格证书,必须有一个严格的时间保证,否则很难真正掌握技能。

严格推行农民工就业准入制度,还可以确保农民工职业培训的质量。要获得各种岗位职业证书,必须通过严格的培训考核,这就需要农民工不仅要掌握理论知识,而且要有很强的操作能力,从而确保农民工培训质量。这里必须指出的是,农民工就业准入制度也使农民工清楚地认识到各种登记的岗位职业证书对其工作选择的重要性。唯有获得高等级岗位职业证书,才能获得从事高级工作岗位的机会,才能获得高收入,这样就形成了良性循环,农民工职业技能培训质量和层次也就不断提高。

3. 建立公平的市场竞争环境

保证农民工培训市场竞争环境的公平也是政府的职责。如制定严格的农民工培训机构准入条件,明确规定农民工培训机构应具备的师资水平以及相应的硬件设施配置情况等,防止不具备办学条件的机构"以次充好",破坏农民工职业技能培训的市场环境。确立农民工培训补贴机制,根据培养农民工数量及农民工获取各种岗位职业证书情况,对农民工培训机构进行分类补贴,以调动其举办农民工职业技能培训的积极性。

4. 借鉴国外政府的立法经验,建立农民工培训的法律保障

农民工培训工作的开展离不开良好的法律环境和政策环境。国家应通过立法支持农民工的行业教育,明确培训的地位及培训资金投入,规定各参与单位的责任和义务。对负责农民工培训的相关机构的建设、经费来源和运作方式等也作出法律规定。这方面可以借鉴国外先进的立法经验,建立农民工培训的法律保障。二次大战后,美国为了解决农业中过剩劳动力的转移问题,加强了政府干预:美国顺应经济结构变化的新形势,不断提高农村劳动力的素质,以使他们适应非农业岗位的要求,较为顺利地向非农业部门流动。① 从 20 世纪 50 年代中期,特别是 60 年代起,美国政府制定了多种加速农业人口转移的计划和立法,其中主要的计划和立法是 1962 年的《人力发展与训练法》和 1964 年的《就业机会法》。《人力发展与训练法》规定,家庭年收入少于 1 200 美元的农户,其家庭成员被认为属于失业者之列,有优先选择或被推荐接受训练的资格。《就业机会法》中包括为农村青年和妇女提供训练和受教育机会的计划,1964 年政府组织的 16 ~ 21 岁青年待业队,有一半人接受了非农业技术训练。日本是一个十分重视公民教育的国家,该国 20 世纪 80 年代就普及了高中教育,农村 40% 的适龄青年跨入了大学校园;同时日本政府还在农村推行了一套职业训练制度。1961 年日本颁布的《农业基本法》中明确规定,为"使农业从业者及其家庭得到适当的职业,必须采取措施充实教育、职业训练和职业介绍事业,振兴农村地方工业,扩充社会保障"。②

国外政府关于农民工培训政策的经验给予我们的最重要的启示就是,必须加强关于农民工培训的立法进程,使得我国的农民工培训工作有法可依。2003 年 9 月 18 日,国务院办公厅转发了由农业部、劳动和社会保障部、教育部、科技部、建设部和财政部联合制定的《2003—2010 年全国农民工培训规划》,该规划为我们明确了现阶段农民工培训的指导思想和基本原则,并且确定了培训的任务和所要达到的目标。该规

① 郑杭生、李路路:《当代中国城市社会结构:现状与趋势》,中国人民大学出版社,2004 年。
② 李少元:《国外农村劳动力转移教育培训的经验借鉴》,《比较教育研究》,2005 年第 7 期。

划制定后应尽快使其上升为法律、法规的高度,将实施规划的过程转变为行政执法的过程,每一届的领导人都应不遗余力地为实现规划所确定的目标而奋斗。

（二）企业方面的原因

第一,企业存在重使用、轻培训的思想。很多企业对农民工培训持冷漠的态度,认为只要其能够从事简单的操作,不会造成工作上的失误就可以了,培训也是浪费。正是由于存在这种短视的心理,使得企业对培训农民工态度不积极,恶性循环由此而生:企业没能培养出人才,现有技术人员跳槽频繁,企业面临"技工荒",有些农民工在企业工作多年农民工,却仍然只能从事最简单的体力劳动。

第二,在对培训成本与收益的权衡中,很多企业选择了不作为。对企业而言,对农民工进行职业培训需要资金、时间、人力、物力的投入。在市场经济环境下,企业的活动目标是实现最大经济效益。要使企业积极参与农民工培训,必须保证企业成本回收高于成本支出。

第三,投资收益外溢风险的存在降低了企业参与培训的意愿。培训是具有非排他性的"准公共产品",农民工培训具有"正外部性",企业一般不愿开展培训。因为培训后农民工如果离开企业,则企业不仅得不到培训收益,还将损失培训的直接成本和间接成本。对农民工培训后跳槽导致培训成本难以回收的担忧,使企业顾虑重重,不愿意参与培训。

第四,企业开展培训也面临着许多现实困难。比如,企业内理论教育人才缺乏。有些企业在技能培训方面具备一定的条件,但在理论培训方面则不一定能胜任,这是企业参与培训的一大障碍。再如,培训中往往存在"工学矛盾",农民工的劳动时间超长、劳动强度超大,使其培训时间和培训精力都受到影响,企业往往为保生产而弃培训。此外,培训经费有限也是个制约。企业特别是一些中小型企业本身资金有限,又没有得到政府相应的培训补助款,资金紧张也是其开展培训的积极性不高的重要原因。

第三节　农民工子女接受义务教育权

　　教育作为人类社会生活和生产的一种方式,其重要性日益为世界各国政府所认识,许多国家把义务教育作为基本国策。俗话说,"十年树木,百年树人","千秋大业,教育为本",这些说法足可以证明义务教育对国家和民族发展的重要性。接受义务教育的权利也应当是作为个体的人全面发展的重要保障和前提条件,是享有和实现其他权利的基础。随着我国社会主义市场经济的不断发展和依法治国方略的实施,在广大人民群众辛勤劳动、不断推进全面小康及和谐社会建设的过程中,人们对接受义务教育权的需求越来越大,对义务教育权利的保护意识也越来越强。要更好地保障和实现我们公民接受义务教育的权利,首先就要理解公民接受义务教育权利概念,站在理论的高度去理解和认识其本质,有助于引导我们在日常生活中通过合理、有效的法律实践来正确享有该项权利,同时也认真履行好该项义务。

一、公民受义务教育权利的内涵

(一) 公民受义务教育权利的概念

　　要认识义务教育权的含义,应当首先弄清楚教育权的内涵,因为前者是后者的一种特殊内容,义务教育权属于广义的教育权内容中的一部分,更准确地说,它属于广义的教育权概念中的受教育者的权利的一种。从通常意义上来说,受教育权是指受教育主体按照国家法律规定,公正、平等、普遍地享有各种类型和各种形式教育时所形成的有一定权利和义务内容的法律关系。在认识和理解公民受教育权利概念的基础上,本书认为公民的受教育权具有下列特征:第一,受教育权具有全民性,受教育权的主体是全体公民。第二,受教育权是一项保障公民能够在社会中得到学习的机会以养成参加社会生活的素质的基本人权。第三,受教育权与公民的人身密不可分,它专属于公民本人,它不可委托和转让。第四,受教育权具有权利和义务的统一性,它既是公民享有的法定基本权利,也是公民必须履行的基本义务。① 世界上很多国家把受教育权写入宪法,都从国家大法的形式对公民的受教育权予以保护。

国内大多数学者对公民受教育权的研究主要体现为两个方面的观点:一是作为人权的受教育权;二是作为宪法权利,即公民基本权利的受教育权是受宪法保障的。通过总结这两方面的观点,可以看出其中主要包含以下4种学说:

1. 公民权说

该学说认为各国在宪法上确认了人民主权原则,但人民要真正成为主权的享有者,必须要掌握基本的国家政治法律制度的原理,清楚法律制度的运作及政府行使权利的规则,具有一定的政治能力。这一切只有通过学习才能获得,因此受教育权是实现人民真正享有主权的必要条件。受教育权实质上是公民的一种政治权利。

2. 生存权说

该学说认为资本主义发展到垄断资本主义阶段所产生的各种社会弊端,使弱势阶层难以获得有尊严的生活。为化解此种弊端而设立了公民的受教育权,要求国家从经济的角度提供必要的文化教育条件和均等的教育计划,帮助公民增强谋生能力,以确保其生活质量的不断提高。

3. 学习权说

该学说认为,每一个公民为了自己的成长,成为立足于社会、国家的个人或市民,为了形成健全的人格,完成自我价值的实现,追求人生幸福等,受教育权应是与生俱来的权利。

4. 发展权说

该学说认为从人的全面发展的角度看,受教育权实质上是受教育者身心全面和谐发展的权利。发展权利是一项不可剥夺的人权,每个人都应享有这种权利,所有国家的人民均有权参与、促进经济、社会、文化和政治发展以及享受这种发展带来的成果,在这种发展中,所有人权和基本自

① 沈福俊:《从公民权利与政府责任看新〈义务教育法〉》,《上海教育》,2006 年第 10 期。

由才能获得充分实现。①

从上述各种理论和学说的内容我们可以看出,教育不仅被看做社会经济发展的手段,同时也是个人的一种不可剥夺的基本权利。"受教育权利的发展历程清楚表明,受教育已经从一种自然权利发展为法律权利:从一种不平等的特权发展成为普遍的平等权利,从一种义务性规范发展成为以权利为本位的、权利与义务统一的法律规范,从一种个人权利发展成为民族的、国家的乃至全人类的共同权利。"②在认识了公民受教育权的概念和相关理论后,我们可以对公民受义务教育权的内涵有一个宏观的认识。义务教育是一种法制性教育。它是依法律规定适龄儿童和青少年必须接受,国家、社会、家庭必须予以保证的国民教育,全体国民必须把达到国家规定的教育标准当做应尽的义务,父母有使其学龄子女就学的义务,同时也指国家有使国民享受教育的义务,社会有排除阻碍学龄儿童不能受教育因素的义务。由于国家、社会、家庭和学校都承担了这种教育的义务,所以这种教育被称作义务教育。义务教育与当兵、纳税一起并列为"国民三大义务"。公民接受义务教育权出现在各个国家相关的法律规范中,应该说是首先开始于西方资本主义国家。1919 年德国的《魏玛宪法》第一百四十五条规定:受国民小学教育为国民的普通义务。学习期限为至少 8 学年,完成时间至 18 岁为止,国民完成学校之授课及教育用品完全免费。此后,在《魏玛宪法》的影响下各国均把受教育权引入本国宪法。1946 年日本宪法第二十六条规定:按照法律规定,一切国民都享有按能力同等受教育的权利。一切国民,按照法律规定,都负有使其子女接受普通教育的义务。义务教育为免费教育。1946 年法国宪法序文中规定:国家保障儿童及成年男女获得一般教育与职业教育及文化均等机会,并应设立各级非宗教之义务机关。③

我国《宪法》第四十六条规定:"中华人民共和国公民有受教育的权

① 龚向和:《论受教育权的本质》,《长沙电力学院学报(社会科学版)》,2004 年第 19 期。
② 劳凯声:《教育法论》,江苏教育出版社,1993 年,第 105 页。
③ 王承绪,等:《中外教育比较史纲》近代卷,山东教育出版社,1997 年,第 204 页。

利和义务。国家培养青年、少年、儿童在品德、智力、体质等方面全面发展。"从上述法律规范的内容我们可以得到这样的认识,受教育权是一项受各国宪法保障的基础性权利,是享有和实现其他权利的基础。由于各种权利的实现都要受到国家根本制度和社会经济发展状况的制约,公民受教育权当然也不例外。同是受教育权,在资本主义国家就要服从资产阶级的利益和为资本服务,其基本的表现就是遵守资本主义自由市场的规律和法律秩序,本质上是为资本家的剥削提供大量合格的劳动力;在社会主义国家公有制占主体地位的政治经济制度中,教育的根本目的是提高我国公民当家做主的能力和为社会主义现代化建设培养合格的劳动者。这与资本主义国家的教育目的有着本质的区别。

（二）公民接受义务教育权的主体和客体

义务教育对于国家、社会以及每个公民而言都具有重要的意义。可以毫不夸张地说,在人类文明的发展史上,人类所取得的各种成就中,教育所起到的巨大作用是不言而喻的。在认识公民受义务教育权利概念和相关理论认识的基础上,这里将展开对公民受义务教育权主体和客体内容的分析。

公民接受义务教育权的主体理所当然是公民本人。我国《宪法》第十九条规定:"国家发展社会主义教育事业,提高全国人民的科学文化水平。""国家举办各种学校,普及初等义务教育,发展中等教育、职业教育和高等教育,并且发展学前教育。"《宪法》第四十六条规定:"中华人民共和国公民有受教育的权利和义务。国家培养青年、少年、儿童在品德、智力、体质等方面全面发展。"《中华人民共和国教育法》第九条规定:"中华人民共和国公民有受教育的权利和义务。公民不分民族、种族、性别、职业、财产状况、宗教信仰等,依法享有平等的受教育权利。"《中华人民共和国义务教育法》(以下简称《义务教育法》)第三条、第四条规定:"义务教育必须贯彻国家的教育方针,实施素质教育,提高教育质量,使适龄儿童、少年在品德、智力、体质等方面全面发展,为培养有理想、有道德、有文化、有纪律的社会主义建设者和接班人奠定基础。""凡具有中华人民共和国国籍的适龄儿童、少年,不分性别、民族、种族、家庭财产状况、宗教信仰等,依法享有平等接受义务教育的权利,并履行接受义务教育的义务。"该法第五条规定;"各级人民政府及其有关部门应当履行本法规定的各项职责,保障适龄儿童、少年接受义务教育的权利。适龄儿童、少年的父母或者其他法定监护人应当依法保证其按时入学接受并完成义务教育。依法实施义务教育的学校应当按照规定标准完成教育教学任务,保证教育教学质量。社会组织和个人应当为适龄儿童、少年接受义务教育创造良好的环境。"《义务教育法》第十一条规定:"凡年满6周岁的儿童,其父母或者其他法定监护人应当送其入学接受并完成义务教育。条件不具备地区的儿童,可以推迟到7周岁。适龄儿童、少年因身体状况需要延缓入学或者休学的,其父母或者其他法定监护人应当提出申请,由当地乡镇人民政府或者县级人民政府教育行政部门批准。"以上各种法律规范的内容充分证明,接受义务教育权这一法律权利的主体是公民,其权利的内容表现为每一个公民都享有接受义务教育权的普遍性和平等性。

接受义务教育权的客体是指,为了保障享有接受义务教育权的主体真正实现自己该项权利实现,其他相关的必须采取一定的方式或者必要的行为的政府机构和个人,包括政府教育部门和社会教育机构以及在接受义务教育阶段儿童的父母。《义务教育法》第五条规定:"各级人民政府及其有关部门应当履行本法规定的各项职责,保障适龄儿童、少年接受义务教育的权利。适龄儿童、少年的父母或者其他法定监护人应当依法保证其按时入学接受并完成义务教育。依法实施义务教育的学校应当按照规定标准完成教育教学任务,保证教育教学质量。社会组织和个人应当为适龄儿童、少年接受义务教育创造良好的环境。"该法第十九条规定:"县级以上地方人民政府根据需要设置相应的实施特殊教育的学校(班),对视力残疾、听力语言残疾和智力残疾的适龄儿童、少年实施义务教育。特殊教育学校(班)应当具备适应残疾儿童、少年学习、康复、生活特点的场所和设施。普通学校应当接收具有接受普通教育能力的残疾适龄儿童、少年随班就读,并为其学习、康复提供帮助。"《义务教育法》也包含了以下相关内容的规定:"父母或者其他监护人必须使适龄的子女或者被监护人按时入学,接受规定年限的义务教育。""适龄儿童、少年因疾病或者特殊情况,需要延缓入学或者免予入学的,由儿童、少年的父母或者其他监护人提出申请,并经当地人民政府批准。""禁止任何组织或者个人招用应该接受义务教育的适龄儿童、少年就业"等等。综合上述各法律规范,可以归纳出接受义务教育权的客体内涵为:政府相关职能部门应该提供各种条件,以满足每一个适龄儿童接受义务教育的需要,政府不得以任何借口,让任何一个适龄儿童无法接受义务教育;父母和其他监护人必须使适龄儿童按时接受义务教育,适龄儿童必须接受义务教育,不得以任何借口不接受义务教育;其他社会机构和组织以及个人不得以任何方式阻止或妨碍适龄儿童接受义务教育。

（三）公民接受义务教育权的内容

由于权利的社会经济制约性,受教育权的内容在很大程度上受本国经济发展水平和教育发展状况的影响。在我国,根据《宪法》对公民受教育权的规定和《义务教育法》第九条和第四十二条的规定,受教育权应当包括受教育机会权、受教育条件权和公正评价权。受义务教育权属于教育权的范畴,当然也具有这3个方面的特征。

1. 受教育机会权

受教育机会权是一种重要的社会资源,是受教育权存在与发展的前提和基础条件。世界各国对受教育机会的具体获得都有一套制度化、法制化的运行机制。从总体上讲,平等是受教育机会获得的主要原则。"受教育机会权首先表现为受教育者入学、升学机会权,在义务教育阶段受教育者享有平等的入学、升学机会。但在非义务教育阶段,受教育者所享有入学、升学机会权只是向受教育者提供平等的竞争机会,只是保证这种竞争机会的平等。其次,受教育机会权体现为受教育的选择权。由于受教育者具体情况千差万别,为了使受教育者获得最充分的自我发展机会以达到最佳的教育效果,国家有义务为受教育者提供多样化的教育。最后,受教育机会权还体现为学生身份权。只有获得了学生身份权,才能进一步享有受教育的条件权和公正评价权。因此,学生身份权就是受教育者的学生权不受任意剥夺和侵害,对于学生身份权的剥夺,法律应赋予受教育者以各种救济手段直至司法诉讼。"①在义务教育阶段,主要是指适龄儿童、少年进入小学,以及小学毕业后可升入初级中学学习的权利。受教育机会权还体现为受教育选择权,即对接受教育的种类、学校、教师等自由选择的权利。为了使受教育者获得最充分的自我发展的可能性,以达到最佳的教育效果,根据自身条件选择最适合自己能力发展的教育的基本目的。由于受教育者年龄和智力的限制,未成年人的受教育选择权通常由其监护人代为行使。

2. 受教育条件权

受教育条件是指受教育者有权请求国家提供受教育条件并保证其平等利用这些条件,在其利用这些条件确有困难时,有权请求政府给予资助和帮助。受教育条件权有3种表现形式:受教育条件建设请求权、受教育条件利用权、获得教育资助权。受教育权在很大程度上依赖于国家,没有国家相应教育条件的配备,受教育权就不可能完全实现。在义务教育阶段,国家不能因为教育设施不足而拒绝儿童、少年入学,而应该及时创设相应的教育设施。对于在校学生来说,他们享有无偿利用学校教育设施的权利。当公民因为经济原因无法交付教育费用时,国家有义务给予经济资助。对于义务教育阶段家庭经济困难的少年、儿童,应当适当减免学杂费。

3. 受教育公正评价权

受教育者的公正评价权主要是指公民在学业成绩和品德上获得公正评价,完成规定的学业后有获得相应的学业证书和学位证书的权利。依照该项权利,在义务教育阶段,学校有义务建立科学、客观的评价标准和评价体制,对学生的学习成绩和品德给予公正的评价,在学生经过学习达到国家或学校规定的毕业条件时,学校有义务为学生颁发相应的毕业证书,从而证明公民本人完整地接受过义务教育,从而使公民离开学校以后,可以得到社会对其受教育程度的公正评价。

---

① 劳凯声:《中国教育法制评论》第 1 辑,教育科学出版社,2002 年,第 387 页。

二、农民工子女接受义务教育的现状

（一）目前我国义务教育存在的问题

义务教育是一种法制性教育。它是依法律规定适龄儿童和青少年必须接受，国家、社会、家庭必须予以保证的国民教育，也称为强迫教育、免费教育或普及义务教育。这里的"义务"，首先是指全体国民必须把达到国家规定的教育标准当做应尽的义务，父母有使其学龄子女就学的义务。同时也指国家有使国民享受教育的义务，社会有排除阻碍学龄儿童不能受教育因素的义务。由于国家、社会、家庭和学校都承担了这种教育的义务，所以称作义务教育。① 我国《义务教育法》第三条规定："义务教育必须贯彻国家的教育方针，努力提高教育质量，使儿童、少年在品德、智力、体质等方面全面发展，为提高全民族的素质，培养有理想、有道德、有文化、有纪律的社会主义建设人才奠定基础。"我国适龄儿童能够全面、完整地接受 9 年制义务教育是关系到国家未来兴衰和全民素质提高的一项重大的国策。对于我国人口众多、地域广阔、经济文化发展不平衡的社会现实，现阶段我国在普及 9 年义务教育的过程中仍然存在着诸多问题，主要体现在以下 3 个方面：

1. 义务教育发展城乡失衡问题

我国是农业大国，农村人口占总人口的大多数，义务教育的主要任务在农村。自实施 9 年制义务教育以来，经过近 20 年的努力，取得了可喜的成绩，但义务教育城乡差别依然存在。正如媒体报道描述的那样：城市学校的教室宽敞明亮，装有空调；农村的学校，尤其是山区的学校，教室的地面坑坑洼洼，有的班里甚至用木板当桌椅，冬天寒冷，学生从家里带烤火盆到教室去生火，教室里经常能看到学生吹火、生火的场面。由于优质的教育资源大多集中在城市里，因此有能力承担学费的学生也争着往城市里跑。从教学手段来看，城里的教育资源较充分，一般能达到用计算机和课件进行教学；但在很多农村，学生根本没有见过计算机，更不要说利用计算机来学习了。从教学设施来讲，城里的学校音、体、美设施及活动场地都比较完善；但农村的学校，很多并没有活动

① 　阎立钦：《从义务教育性质出发思考问题》，《教育研究》，1996 年第 10 期。

场地,有的学校甚至没有围墙。从教学来看,城里的环境,包括自然环境和周边的社会环境都比农村强,可以更好地利用社会教育资源,比如城里学生利用休息时间培养业余爱好,可以学习钢琴、绘画等,农村学生就根本不可能做到。

2. 义务教育投入低导致教育乱收费问题

无论是沿海发达地区还是西部相对落后地区,都普遍存在义务教育乱收费现象。这使许多家长望校兴叹,令许多本可以平安生活的家庭不堪重负,举步维艰。教育乱收费主要包括 3 种情况:第一种是为了维持学校生存而进行的乱收费。这主要发生在贫困地区的农村中小学和城市的薄弱学校,一些违规收费就属于这种情况。第二种是为了推动学校发展而进行的乱收费。这里面有几种情况:一种情况是学校发展到一定程度以后,受到经费等方面的制约,采取了不正当的方法,在没有正当的被批准权限的情况下收取了学生的费用。第二种情况是个别学校在发展过程中,没有坚持科学发展观,追求超过实际可能的高标准。第三种情况是学校唯利是图进行的乱收费,也就是在教育的公益性和市场的公立性发生冲突的时候,有些地方政府默许一些学校的不规范收费行为用于补贴教师的工资收入。这种乱收费的做法,把收费的结果跟教师的福利待遇和切身利益联系在一起是很危险的,很容易导致腐败。国家有关部门虽然三令五申强调教育领域不得乱收费,但收效很小,其根本原因就在于有些地方政府的教育投入过低。我国《义务教育法》第五十四条规定:"国家财政性教育经费支出占国民生产总值的比例应当随着国民经济的发展和财政收入的增长逐步提高","全国各级财政支出总额中教育经费所占比例应当随着国民经济的发展逐步提高"。该法第七十一条规定:"违反国家有关规定,不按照预算核拨教育经费的,由同级人民政府限期核拨;情节严重的,对直接负责的主管人员和其他直接责任人员,依法给予行政处分。"但是,类似的行政责任、法律责任很少被真正落实到相关政府官员身上。

3. 办学体制问题

从世界范围来看,各国义务教育一般都是以国立或公立学校为主体实施的,私立学校一般只起弥补公立学校不足的作用,对收费标准有严格的限制,不允许以赢利为目的。但我国公立学校却大量存在着所谓的"校中校"、"校内班",对进入其中学习的学生收取高额学费,这种做法明显违背了世界各国实施的义务教育潮流。改革开放以后,我国先富起来的一部分人要求自己的子女去读好的学校,农村的要求去城镇,城镇的要求到大城市,在这一趋势下,有的家庭甚至宁愿拿几万元的择校费让孩子上重点学校读书,也不愿意让孩子在乡下或县城接受免费教育。对普通家庭而言,动辄上万元的费用无疑是非常沉重的负担;而对那些下岗职工家庭、农村贫困家庭、农民工家庭来说,择校费则是根本无法想象也无力承担的天文数字。那么,这些交不出择校费的家庭的孩子该怎么办呢? 结果常常是本可以读重点中学的孩子却只能选普通中学。从短期来看,这使得部分优秀的学生因此丧失了更好的受教育机会;从长期来看,国家可能因此损失许多本该更优秀的栋梁之才。更不能忽视的是,一些家庭特别贫困或经济条件不好的农民工家庭的子女还可能因此丧失学习的机会,被剥夺受教育的权利。贫富差距使得有钱人的孩子可以读好学校,而广大的工薪阶层和农民群众的孩子只能望校兴叹。上述情况不仅违背了我国《义务教育法》的有关规定,而且也不符合世界各国实施义务教育的客观规律,是一种很不正常的现象。

2006 年 6 月 29 日闭幕的十届全国人大常委会第二十二次会议表决通过了新的《义务教育法》,并于 2006 年 9 月 1 日起正式实施,这是《义务教育法》自 1986 年颁布以来的一次重大修改,从新的《义务教育法》中我们可以看到解决在普及 9 年制义务教育过程中存在的各种现实问题的希望所在。我国义务教育的根本目的就是要使城市和乡村的适龄儿童都能读得起书,都能平等地享受国家为他们提供的接受义务教育的机会。

(二) 农民工子女接受义务教育的现状

随着我国改革开放和市场经济的发展,越来越多的农村剩余劳动力涌入城市和经济发达地区寻找就业机会。在我国城乡之间,每天流动着上亿农民工,在这些农民工的身后,有着数千万未成年的农民工子女。农村劳动力不断向城市流动带来了许多社会问题,尤其是农民工子女接受义务教育的问题日趋突出。农民工子女接受义务教育的问题,是我国整个国民教育体系所面临的新情况和新问题。农民工子女接受义务教育的现状包括两部分:一是留在家乡的农民工子女在农村接受义务教育的状况,二是跟随父母进城的农民工子女在城市接受义务教育的状况。本书主要讨论跟随父母进城的农民工子女在城市接受义务教育的状况。

1. 农民工子女在城市接受义务教育规模由小到大

20 世纪 80 年代中期,有关流动人口的问题已初现端倪,但农民的流动基本上还是以个体为主,且往往还受到国家的严格约束和控制。因此,农民工子女在城市接受义务教育的数量非常有限。

直至 2009 年,据统计资料显示,我国进城农民工数量已经超出 2 亿人。在这 2 亿人的背后,有 7 000 多万的农民工子女,其中包括留守儿童 5 800 多万,农民工子女在城市的数量在 1 200 万以上,在城市小学、初中就读的农民工进城子女有 765 万人。①

2. 农民工子女在城市接受义务教育政策法规由"限制"到"支持"

对于农民工子女在城市中就学问题国家的态度具体表现在近年来出台的一系列政策法规中。总体来说,可以分为两个阶段:限制阶段和支持阶段。

(1)限制阶段:颁布管理性条例进行严格控制。

1995 年,解决流动人口子女教育问题被教育部列入当年的议事日程,开始调查、研究流动人口子女入学问题。自此以后,流动人口子女的基础教育问题,逐渐成为政府关注的政策重心之一。但是这一时期,国家的政策倾向仍是对流动儿童进城就学采取诸多严格的限制性措施,比如:1998 年 3 月国家出台了《流动儿童少年就学暂行办法》。

该政策出台以后,各地方媒体纷纷报道了农民工子女在城市中就学难的状况,引起了国家的高度重视,于是,国家对流动儿童进城上学

① 何宇:《农民工随迁子女义务教育》,新华网,http://www.edu.cn/ji jiao news 279/20091222/t20091222 432727.shtml。

的态度逐渐从"限制"转到了"支持"。

（2）支持阶段:制定针对性政策对农民工子女进城就学给予保障和重视。

2001 年,国家主要出台了两部政策性文件来支持农民工子女的义务教育工作:《中国儿童发展纲要(2001—2010)》和《关于基础教育改革与发展的决定》。这两个文件的基本思想是:在城镇化过程之中,要做好教育规划,完善城市农民工子女就学制度,并以流入地政府的管理为主,就学的基本途径为公办中、小学,同时结合其他多种形式和途径,保障城市农民工子女基本能接受 9 年制义务教育。很显然,这一阶段的政策已突破管理本位的思路,开始出台一系列保障性的措施。

2003 年 9 月,国务院办公厅发布了《关于进一步做好进城务工就业农民子女义务教育工作的意见》(以下简称《意见》)。《意见》把占流动人口子女的绝大多数的"进城务工农民子女"从"流动人口子女"群体中提出加以强调,首次将政策的焦点直击城市农民工随迁子女,形成了"两为主"的原则:主要由流入地政府负责城市农民工随迁子女的义务教育工作,并以全日制公办中小学为主,尽可能多接收这些城市农民工随迁子女。

同时,《意见》还提出了具体的工作目标,即:要求各政府切实加强和重视城市农民工随迁子女的教育工作,改善他们的受教育环境,提高其受教育的质量,援助经济上困难的农民工子女,努力使所有适龄儿童都享受到具有当地水平的义务教育。

2006 年 3 月,国务院颁发了《关于解决农民工问题的若干意见》,政策逐渐明朗化,提出城市政府要将农民工随迁子女义务教育纳入当地教育发展规划,并将对农民子女的服务和管理经费纳入正常的财政预算。此外,再次强调"两为主"原则,努力解决城市农民工子女入学难等问题。

2009 年,中央财政部下拨奖金 20 亿元,专项用于接受农民工随迁子女的城市义务教育阶段学校,以补充公用经费和改善办学条件。财政部要求,各地政府在安排中央财政奖金时,要向接受农民工随迁子女较多、条件薄弱的城市公办学校倾斜,并切实加强监督检查,确保专款专用,提高资金使用效益。

2010 年,温家宝总理在《政府工作报告》中强调,要进一步推进教育改革,坚持育人为本,促进教育公平,有计划、有步骤地实现农民工子女在就学方面与城镇居民享有同等待遇,并探索适应不同类型教育和人才成长的学校管理体制和办学模式,提高办学和人才培养水平,同时鼓励社会力量兴办教育,满足教育需求。

以上政策综合反映出国家对解决城市农民工子女义务教育问题的态度:从"户籍所在地"到"流入地",从"差别对待"到"一视同仁",从"借读"的就学方式到"接收"的就学方式,从收取"借读费"到"统一标准的学杂费"等。可以说,让城市农民工子女接受"平等教育"的理念已成为政策的核心内容。但同时我们不得不正视:政策理念的进步是必要条件,但它并没有完全解决问题,城市农民工子女的入学难、心理边缘化、就学条件差等问题在现实社会中仍大量存在。

三、农民工子女难以在城市正常接受义务教育的原因

目前,我国在户籍制度、义务教育制度、义务教育财政制度、城市农民工子女义务教育工作制度等方面都存在问题。

(一)二元户籍制度的阻碍

在我国,二元户籍制度作为计划经济体制的产物,其理念落后于社会的进步,手段过于僵硬,缺乏灵活性,造成公民身份的不平等,这已成为我国现代化和城市化进程的最大阻碍。今天虽然大批农民工能够自由进入城市找工作,为城市的建设的发展作出一份贡献,但户籍制度的存在还是给农民工生活的许多方面带来不便,如:身份、就业、教育、医疗保障、社会保障等。而跟随他们进城的子女也是在城市的夹缝中生存,难以找到自信和安全感,他们无法和城市孩子一样享受平等的免费义务教育。

近年来,城市农民工子女的义务教育问题成了构建和谐社会和确保可持续发展的制约因素,所以中央要求各地政府要高度重视这一问题,号召以公办学校和当地接纳为主,以流入地管理为主。然而,享受义务教育的主要依据是户籍,各地政府主要为本地区户籍人口中的学龄儿童提供服务,教育规模的规划、校点的布设都是以本地教育需求进

行统计和安排的。对于城市农民工子女,各地政府制定了本地的就学接纳标准,以各种理由拒绝他们进入公办学校。比如:①公立学校一般先安排户籍生,等留有空余名额时,才能有条件地考虑和选择农民工适龄子女入班就读。②有些流入地政府不完全拒绝城市农民工子女在当地公办学校入学,但也不支持,通常以要出具劳务证、暂住证、原就读学校的学籍证明以及户籍地政府开具的同意外出借读的各种证明等为条件,使城市农民工子女知难而退。这些入学条件合法,但却有着现实不合理性。农民工出外打工,面对陌生的城市,只有在稳定了生活、居住和工作问题后才能考虑子女的教育问题。在这过程中,他们需要一段时间来了解当地教育政策并选择一所合适的学校,之后他们又要在有限的时间内为取得以上证明而四处奔波,很容易由于各种原因造成证件不齐全而错过开学日期,从而使其子女不能在流入地就学。③部分地方政府为了自身利益,继续向农民工子女收取高额的入学费用。

说到底,离开户籍所在地的城市农民工子女失去了与城市儿童享受同等的义务教育的权利,户籍制度引发的问题成了农民工子女在城市中免费享受义务教育权利的"瓶颈"。

（二）义务教育制度存在缺陷

在我国,《义务教育法》中规定义务教育是由国务院统一领导,并实行地方负责和分级管理。在此情形下,各地政府为保证本地适龄儿童能得到应有的教育服务和教育资源,对城市农民工子女的义务教育责任则能推就推,致使城市农民工子女就学难,处于基础教育管理制度下的"真空地带"。随着农民工的大量进城,城市中学龄儿童的总数逐渐增多,而城市义务教育管理制度仍然沿袭了以前的做法。在这种传统管理模式的制约下,跟随家长进入城市的子女,既脱离了原户籍所在地的教育系统,又不能被流入地教育系统无条件地接纳。

很明显,我国公民的户籍权、居住权和义务教育权在制度上存在无法衔接之处。义务教育权和户籍权紧紧地联系在一起。义务教育还是以地方政府负责为主,中央政府给予每个适龄儿童的义务教育费用往往被拨到他们的户籍所在地,不是随他们的流动而流动。但是体制上的转轨可以让农民工不再受户籍的制约而进行合理流动,他们的随迁子女就自动把户籍地的免费义务教育权放弃了。但他们到了流入地之后，由于中央政府没有把该属于他们的那一份教育费用从流出地转入流入地，流入地政府负担不起或者不愿负担这部分城市农民工子女的教育费用，出现了当地政府排斥他们进入公办学校的现象，导致这群孩子只好进入学费昂贵的民办私立学校就学，或者到环境低劣的农民工子弟学校就读，无法享受到公平的受教育权。

总体来说，不论这些孩子是在家乡出生被父母带到城市，还是在城市出生且一直生活在城市，他们在所居城市都很难得到与城市儿童同等的受教育机会，他们的受教育权被排斥在城市和乡村的教育体制之外，而被迫以自发的市场化方式来解决。当市场化的教育在提供有效需求或支付能力方面都处于严重匮乏的状态时，城市农民工子女便丧失了享受平等义务教育的权利。

（三）义务教育财政制度不完善

概括而言，我国的义务教育财政制度有许多不完善之处在于：政府对整个国家义务教育的总体财政投入强度不大，与国外政府的财政投入更是相差甚远；另外，经费的投资结构有许多不合理之处，对此国家未给予足够的重视并着力改善。在解决城市农民工随迁子女义务教育的过程之中，财政制度的缺陷无疑成了"绊脚石"。

1. 我国的义务教育财政投入总量严重不足

我国义务教育财政制度面临的诸多问题中最突出的是教育经费的总量不足。由于教育经费这个巨大缺口，许多地方政府只能顾及本地孩子的义务教育情况，而无暇考虑城市农民工子女的义务教育问题。

因此，农民工子女的数量增加和教育经费的低投入使得农民工子女呈现出了一种"二低一高"的现象：入学率低、毕业率低以及辍学率高，他们失去了平等享受义务教育的权利。

2. 义务教育经费投资结构不合理

义务教育投资结构不合理会引起资源分配的不公平，阻碍教育的整体发展。总的来看，我国义务教育财政制度是属于一种分散管理为主的投资配置模式，和义务教育制度一样，它奉行的原则也是分级管理、地方政府负责。具体是由中央政府主要负责拨款于中央部门兴办的教育机构,而地方政府承担各地政府举办的教育机构的经费投资。这一做法使义务教育投入的主要责任落在了地方政府身上,地方政府成了筹集经费的主体,带有强烈的区域性特征。地方政府主要负担义务教育经费的财政制度,使得各地方教育资源封闭、不外流,这阻碍了城市政府解决进城务工农民子女教育问题的积极性,在客观上也给进城务工农民子女享受同等教育待遇增加了难度。尤其是随着进城务工农民及其子女向郊区转移速度的加快,郊区政府承受的投入压力越来越大,严重影响了城市农民工子女在流入地顺利接受义务教育。

对于城市农民工子女而言,"以流入地政府投入为主"的教育经费投入制度无法保障义务教育需求。从制度上来看,它并非最优的保障机制,却是中央政府为下卸农民工子女义务教育责任而实施的制度安排。自 2002 年教育部要求流入地政府安排一部分教育费附加以解决农民工子女的义务教育问题以来,各地便对城市农民工随迁子女义务教育职责从管理扩展到经费投入。中央政府把他们的义务教育保障责任完全交给了流入地政府,且没有注入专项资金,而流入地政府利用政策执行的自由裁量权对这些城市农民工子女进行消极对待。

(四) 缺乏有效的城市农民工子女义务教育工作制度

城市农民工子女义务教育工作的制度缺失在一定程度上不利于有效解决相关问题,主要表现在以下两方面:

第一,监督约束制度的缺乏。在宏观上,中央政府确实出台了不少的相关政策文件,为解决城市农民工子女义务教育问题指明了方向,但实践证明各个地方政府的执行力度不够,这与缺乏相关监督约束制度有很大的关系。对于政府部门而言,流出地政府的逃避责任、流入地政府消极作为的态度、各职能部门工作的怠慢,中央政府都没有作出明确的惩罚规定,更无人来监督和约束。对于农民工子弟学校而言,政府也没有对其教学管理和教学质量进行常规性的监督、检查,教育条件和资源更缺乏直接、有效干预和监控。

第二,激励制度的缺乏。城市在追求以经济建设为中心的目标时,义务教育对政府部门而言往往是一个无法创造眼前财富的"消费品",城市农民工子女义务教育被置于边缘地位,更不在政府的绩效评估范畴之内,即城市农民工子女义务教育的质量并不会牵涉到政府部门的政绩和形象,这直接影响到城市农民工子女义务教育工作的进行:首先,政府只关注当地儿童的教育,并没有真正把城市农民工子女的教育经费纳入到整个财政预算中,教育投入明显缺乏激励。其次,政府没有对各类学校和非政府组织制定一套完整的激励制度。对于学校的各种考核评估,政府未考虑城市农民工子女的升学率、合格率以及辍学率等,使学校在城市农民工子女的教育工作中得不到政府任何形式的关注和鼓励,无法激发学校在这方面的工作热情。与此同时,目前也没有激励制度来激励和补偿非政府组织为城市农民工子女义务教育作出的努力和贡献,致使非政府组织此方面的积极性也不高。

四、城市农民工子女义务教育的政府责任问题

我国政府作为基础教育的主要提供者,对城市农民工子女的义务教育始终负有责任,然而政府在这问题的认识上存在严重不足,在责任的承担上有明显的分歧和失误,在政策的制定上也有不少漏洞。中央政府只注重制定文件、发表声明以及出台实施意见,却没有以立法的形式提供配套的保障制度,这使得流入地和流出地政府有机可乘,出于浓厚的本位意识,各自推卸责任,没有把解决城市农民工子女义务教育的相关政策措施落到实处。政府这一责任的疏忽将很有可能会造成未来的贫富差距更加悬殊,这有悖于我国建设和谐、可持续发展的目标。

（一）相关的政策、法规不健全

有法可依方能依法行事,教育领域也是如此。若没有相关的正确政策和法规作为依据,政府对于教育事业的主导势必软弱无力。因此,对我国当前相关教育政策进行剖析也是解决城市农民工子女义务教育问题的重要前提之一。

1. 政府没有出台专门的法律来维护农民工子女的受教育权

法制化是实现当事人权利的保障。公民的政治权利、教育权利和社会权利,都要依靠公权力来推动,而公权力的根据只能是法律。应对社会弱势群体进行利益协调,将他们的利益差别和分化限制在一个合理的范围内,依靠法律制度防止公权力对公民的不法侵害,并合理设计权利救济路径。减少或解决矛盾与冲突的制度,实现利益的合理分配,化解不公和纠纷,这正是法制化的作用,它从根本上保障了社会的公平和公正。

近年来,我国中央政府颁布了许多有关城市农民工子女维权的政策文件,尤其是"两为主"方针更是国家针对城市农民工子女义务教育提出的特殊解决对策,这确实在一定程度上摆脱了因受居住地限制而导致适龄儿童就学困难的问题。但是到目前为止,还只是在通告或意见中出现过"两为主"方针,在具体的法律中并没有明确提出,因此,尚不具备普遍的约束力和强制力,更不需要承担违规的法律责任,这为现实的实施留了一道"缝隙",流入地政府和流出地政府都不重视或者不积极解决城市农民工子女受教育问题。所以保护城市农民工子女受教育权的专门法律的缺失使得他们的权益无法真正得到保障。

2. 已发布的部分政策法规之间存在相互冲突和矛盾

温家宝总理曾在政府工作报告中提出"两免一补"政策,即:在全国农村,对于处在义务教育阶段的全部孩子,要免除学杂费用和书本费用;对于贫困家庭的孩子,要继续逐步补助寄宿生生活费。这一政策的提出和实施使得农村孩子获益良多,但是依据该政策的相关细节规定,在城市就学的农民工子女由于离开农村而自动放弃了这些费用,无法享受到该优惠补助政策。这显然存在矛盾。在国务院颁布的《关于农民工随迁子女义务教育困境管理机制的决定》中明确指出,"要重视解决流动人口子女接受义务教育问题,以流入地政府管理为主,以全日制公办中小学为主,采取多种形式,依法保障流动人口子女接受义务教育的权利",这一决定要求流入地政府对城市农民工子女的义务教育负责,经费自然由流入地政府支付,而与户籍所在地政府无关。而我国《义务教育法》又要求"分级办学、分级管理",并规定适龄儿童应该在户籍所在地入学,这充分说明适龄儿童义务教育阶段的经费应由其户籍所在地政府负责。从某种程度上来说,这些政策法规存在不一致的地方,从而直接影响到地方政府职责不明,不积极作为,致使城市农民工子女应有的教育权得不到保障。

(二) 政府管理出现问题

在解决城市农民工子女义务教育问题上,政府的内部管理也存在问题,归纳而言,主要表现为管理的不作为和管理的难作为。

1. 政府管理的不作为

首先,地方政府之间缺乏合作。流出地政府的立场是:农民工子女跟随父母离开户籍地,这是他们自己的选择,因此很少过问他们在流入地的情况,更不会顾及他们是否享受到义务教育的权利。他们认为这已经不是自己所管辖的事了,几乎放弃了对这部分人的管理,采取"放任政策"。而流入地政府则始终认为城市农民工子女的义务教育问题应由流出地政府所管理和负责。只有当流出地政府在解决过程中遇到困难或无法解决时,流入地政府才提供辅助和支持。他们认为地方政府只是某一地区的代言人,只对户籍在该地区的群体负责。一个地区的教育产品按照"谁受益、谁付费"的原则,只服务于该地区的公民,因此城市农民工子女无从分享由该地区财政支持的义务教育产品。流入地政府往往表态:地方政府在财政预算中的教育投资是主要针对和保证本地户籍人口的义务教育。要使地方政府完全解决外来流动人口子女的教育问题既不现实、不合理,也没有能力。此外,教育资源有限,必须要进行地方保护。有些流入地政府特别是基层地方政府缺乏整体观念,认为在宏观上保障城市农民工子女义务教育对国家十分有利,但由于他们的流动性比较大,与本地区的发展建设没有关联。同时地方政府还担心会出现"盆地效应",即一旦改善当地农民工子女就学问题,便会招致更多农民工子女进城就读,这无疑会大量侵占该地的教育资源,加重本地政府的财政负担。于是,出于地方保护之需要,即使流入地政府出台了某些暂时有利于进城务工农民子女教育问题解决的公共政策,也会很快通过采取对政策实施细则附加额外条件等方式提高政策的执行门槛,以限制政策的适用范围。

显然,把义务教育定位于地方事业,而且主要由地方政府承担义务教育经费,势必会造成义务教育"各地为政,条块分割"的局面。流入地政府和流出地政府在对待这一问题上的认识偏差和只顾各自利益的"短视行为",使他们在城市农民工子女的义务教育问题的解决上缺乏合作,缺少管理,几乎没有作为。

其次,流入地教育部门之间缺乏协调性。我国的《流动儿童、少年就学暂行办法》中虽已提到流入地教育行政部门承担流动儿童接受义务教育的管理职责,但是,在没有明确规定到底由教育部门中的哪个科室具体负责,归口管理的责任不明直接导致科室之间缺乏协调,忽视对城市农民工子女的义务教育问题。基础教育处主要负责:宏观管理和指导基础教育工作;制定和协调基础教育发展规划、评估标准以及重大问题;指导基础教育教学管理工作;制定基础教育入学、升学、考试、学籍管理等有关政策,统筹协调中小学生的社区教育工作。在政策的实际执行时,基础教育处把城市农民工子女的教育问题归类为和流动人口一样是社会问题,认为应由成教处负责。而成教处主要负责:宏观管理和指导推进学习型社会建设工作;制定推进学习型社会建设规划和有关政策,协调解决推进学习型社会建设中的重大问题;指导扫盲工作,宏观管理和指导企业教育、农村成人教育、老年教育、社区教育等工作。成教处认为农民工适龄儿童的教育首先牵涉到义务教育的管理问题,理应归基础教育处承担责任。从这两个部门的责任分工来看,客观上两个部门之间即缺乏协调。

2. 政府管理的难作为

城市农民工子女义务教育问题不是一个孤立的教育问题,它是一个复杂的社会问题,牵涉面十分广泛。有效执行国家为城市农民工子女教育出台的各项政策,离不开各级地方政府各个部门的大力积极协助和支持。由于参与的部门多,并且各部门的职责是条块分割的,对于统一管理非常困难。比如流入地政府和流出地政府都有资格审批农民工子弟学校,很容易造成审批权的不统一和混乱;流入地和流出地公安部门没有建立流动人口的信息资源库和信息传递渠道,无法准确地提供他们的有关情况;部分流入地的教育行政部门没有把农民工子女列入本地普及义务教育工作的范围,甚至忽略他们的存在;流入地发展改革部门对于流动学生问题和辍学问题束手无策,并将其排斥在城市社会事业发展的计划之外等。

正是由于目前对农民工的宏观管理不完善、执行力度不够,各职能部门没有很好地完成各自的任务,从而使农民工的管理工作不协调,教育部门很难对农民工子女的情况有所了解,无法进行准确统计和有效监督。因此，农民工子女要在教育问题上摆脱"真空"地位，不再受城市各方面的歧视，必须在流入地政府的全权负责下，教育、计划、公安、财政、劳动保障、物价等各相关部门齐抓共管。但对于政府管理来说，要形成这样的局面将是一个不小的挑战。

第一节 农民工社会保障权概述

国家运用强制手段对社会风险进行管理是社会保障制度的重要内容,一个规范、完善的社会保障体系,是一个国家的"稳定器"、经济发展的"减震器"和实现社会公平的"调节器"。社会保障制度是伴随着生产的工业化与社会化而形成和发展起来的,也是社会政治、经济制度发展和变迁的结果。在国外,社会保障制度的建立和发展已有 100 多年的历史,我国社会主义市场经济下的社会保障制度正在逐步完善过程之中。

一、社会保障相关理论研究

（一）社会保障制度的产生和发展

1. 社会保障制度的历史渊源

社会保障在以制度化、法制化形式确立以前,是以社会救助的形式出现的。1883 年 5 月 31 日,德国宰相俾斯麦主持颁布了世界上第一部《疾病社会保险法》,标志着社会保障制度的建立;1884 年的《工伤事故保险法》和 1889 年的《老年和残障保险法》的颁布,标志着社会保障的权利和义务有了法律保证。20 世纪初,社会保障制度已经在欧洲大陆确立。1935 年,美国历史上第一部《社会保障法》通过。20 世纪三四十年代,社会保障制度在世界各国普遍建立起来。1952 年,日内瓦国际劳动会议通过了《社会保障最低标准公约》,标志着国际性社会保障文件的诞生,具有里程碑的意义。20 世纪 70 年代,社会保障制度在获得充分发展的同时,也暴露出种种弊端,如"瑞典病"和"英国病"。即便如此,世界各国的社会保障制度改革也始终以不同的方式开展着。

总之,社会保障制度是伴随着生产工业化和社会化而形成与发展起来的,是人类根据特定社会需要的制度选择,是社会经济、政治制度发展和变迁的结果。

2. 我国社会保障制度的历史沿革

我国在封建时代就有赈灾等形式的社会保障,但与经济体制相适应的社会保障制度是在新中国成立后才逐渐形成的。在 20 世纪 50 年代初,建立了与当时的生产力水平和经济体制相适应的社会保障制度。20 世纪 80 年代以来,适应改革开放和商品经济发展的要求,社会保障制度改革不断推进,但发展是缓慢的。直到 1992 年党的"十四大"才第一次明确把深化社会保障制度改革作为经济体制改革的 4 个重要环节之一。党的十四届二中全会进一步明确了建立新型社会保障制度的目标、原则,提出了养老保险社会统筹与个人账户相结合的改革方案。1997 年后分别明确了养老、医疗、失业保险的具体问题。1998 年作出重大政治决策,即实行"两个确保"(确保下岗职工基本生活、确保企业退休人员养老金按时足额发放)和建立"三条社会保障线"(国有企业下岗职工基本生活保障制度,失业保险制度,城市居民最低生活保障制度)。1998 年 3 月建立起统一的社会保障行政机构——劳动和社会保障部。1999 年实行《城市居民最低生活保障条例》;2000 年,又作出了加快完善社会保障体系的决定,目标是建立独立于企业之外的资金来源多渠道、管理服务社会化的有中国特色的社会保障系。2003 年国家重新启动新型农村合作医疗制度。2004 年 3 月 14 日通过的《宪法修正案》和党的"十六大"报告都明确提出:"国家建立健全同经济水平相适应的社会保障体系。"2006 年 3 月 5 日,国务院总理温家宝在十届人大四次会议政府工作报告中指出,要抓紧解决广大群众最关心、最直接、最现实的利益问题,尤其要做好就业、社保、医疗、安全生产等工作。目前,在城镇,包括养老、医疗、失业、工伤和生育保险在内的社会保障体系的框架已基本形成,全面建立了城市居民最低生活保障制度。根据党的"十七大"和十七届三中全会精神,国务院决定,从 2009 年起在农村开展新型农村社会养老保险试点和新型的合作医疗改革。社会保障制度改革的不断深化为和谐社会发展奠定了坚实的基础。

(二)社会保障的内涵和特点

由于世界各国经济发展状况和对社会保障认识的不同,社会保障的概念在世界各国的政策、文献中表述也不尽相同。英国的《简明不列颠百科全书》将社会保障定义为:"一种公共福利计划,旨在保护个人及其家庭免除因事业、年老、疾病或死亡而在收入上所受的损失,并通过公益服务以提高其福利。"国际劳工组织对社会保障的定义是:"社会通过一系列的公共设施向其成员提供的用以抵御因疾病、生育、工伤、失业、伤残、年老和死亡而丧失收入或收入锐减的经济和社会灾难的保护,医疗保险的提供以及有子女家庭补贴的提供。"德国将社会保障定义为:"社会保障是为因生产、伤残、年老等原因而丧失劳动力或遭受意外而不能参与市场竞争者及其家人提供的生活保障,其目的在于通过保障使之重新获得参与竞争的机会。"

尽管各国对社会保障概念的表述和强调的内容不同,但都包括以下共同的内涵:一是社会保障制度的责任主体是国家或政府。二是社会保障制度的目标是满足社会成员的基本生活需求。这一目标是基于人的生存权而建立的,公平为主,兼顾效率。社会保障中的社会福利是保障全体社会成员在享受基本生存权利的基础上,随着经济和社会的不断发展而逐步提高生活水平,增加劳动报酬和基本生活保障之外的给付和服务的一种社会保障制度。三是社会立法是社会保障制度得以实施的保证和依据。四是社会保障具有公共物品属性。五是社会保障具有强制性、经济性、储备性和补偿性等特点。

综上所述,社会保障的内涵可概括为:以国家或政府为主体,依据法律政策规定,通过国民收入分配,对公民在年老、疾病、伤残、失业、死亡、遭遇灾害、面临生活困难时提供福利或给予物质帮助,旨在保障公民个人和家庭的基本生活需要并提高生活水平,实现社会公平和社会进步的制度。

（三）不同社会保障模式的比较

按照政府、雇主和雇员在社会保障制度中承担的不同责任,按照权利与义务的对等关系,按照社会保障给付水平的高低,按照财务制度的形式等标准,可以将当今世界的社会保障模式简单划分为四大类:社会保险型社会保障制度、福利国家型社会保障制度、国家保障型社会保障模式和强制储蓄型(储蓄积累型)社会保障制度,如表6-1所示。

表6-1　世界一些国家社会保障模式比较表①

	社会保险型 社会保障模式	福利国家型 社会保障模式	国家保障型 社会保障模式	储蓄积累型 社会保障模式
典型国家	日本、美国、德国	瑞典、英国	澳大利亚、新西兰	新加坡、智利
资金筹集方式	雇员和雇主缴纳社会保险税为主（各缴1/2）,财政适当支持	雇主缴费,雇员不缴费或低缴费	雇主和雇员都不缴费。国家举办社会保障事业	雇主、雇员共同缴费或只由雇员缴费,缴费记入雇员个人账户
权利与义务	享受社会保险的权利与履行社会保险费的义务相联系	全体社会成员享受社会保障,权益的享受者未必是社会保险税的纳税者	权利和义务不对称。国家通过举办社会保障事业,给予暂时和永久丧失劳动能力的社会成员提供社会保障	雇员享受的权益与履行的缴费义务高度相关
国家财政负担	财政转移支付资金较少	财政转移支付资金多	财政转移支付资金较多	财政转移支付资金较少
社会保障资金的运用	社会保障资金在缴税者之间调剂使用	社会保障资金调剂能力强,有利于国民收入再分配	社会保障资金调剂能力强	社会保险基金存在国家运营和私人运营两种模式

---

① 刘均:《社会保障理论与实务》,清华大学出版社,2005年,第35页。

	社会保险型社会保障模式	福利国家型社会保障模式	国家保障型社会保障模式	储蓄积累型社会保障模式
评述	国家财政资金支付压力小,充分体现互济互助、风险共担原则,社会保障具有鲜明选择性,强调对社会弱势群体的基本生活保障,相对于福利大锅饭方面具有显著成效。社会保障水平不高	保障范围广,社会保障水平高,从摇篮到坟墓是依靠高税收、高财政赤字来维持的,对国家经济发展影响大	社会保障水平较高,职工自我保障意识不高,国家负担重,国家举办社会保障事业是以国家拥有丰富资源或较强资金调动能力为前提的,社会保障管理工作比较简单,管理成本不高	社会保障水平高低取决于社会保险基金的实际投资收益率,这种社会保障不具有互助互济、分摊风险的功能,也不具有收入再分配的功能,强调实行自我保障

每一种社会保障模式的内涵各不相同,其制度重点也不相同:社会保险型模式强调保险的机制,福利国家型模式强调国家的义务,国家保障型模式强调国家开展社会保障事业,储蓄积累型模式强调个人的责任。由于受不同的理论基础、经济发展程度、历史文化传统以及社会政治制度的影响,不同国家的社会保障模式具有很大的差异。表现为既有实行不同社会保障模式的不同国家之间的社会保障制度的差别,又有实行同一社会保障模式的不同国家之间的社会保障制度的差别。其中,国别特色既与各国社会经济和历史文化传统密切相关,也与各国社会保障制度自身的发展和演变直接相关。

（四）社会保障体系

1. 社会保障体系的内容

社会保障体系是指社会保障管理职责、机制、内容的设置与划分,是国家通过立法对社会成员给予物质帮助所采取的各种相互独立而又相互联系的各种社会保障子系统的总和。社会保障制度与社会保障体系是同一问题在不同视角下的反映,一方面社会保障制度的确立在许多方面已经对社会保障体系的构建作出了安排,另一方面在进行社会保障体系建设中也伴随着相关社会保障法规政策的制定和改革。国际劳工组织将构成社会保障体系的组成部分划分为：社会保险、社会救助、国家财政收入资助的福利补贴、家庭补贴、储蓄基金以及雇主规定的补充条款和围绕社会保障而发展的各种补充方案。历史、政治、社会、人口和经济等多方面的不同，决定了社会保障体系中各个部分构成比例的不同，也决定了社会保障体系世界各个国家和地区各个部分在具体制度设计上的不同，从而体现出不同的社会保障特色。

2. 我国社会保障体系的架构

社会保障目标的实现首先依赖于从宏观上构建完善的社会保障体系。广义的社会保障体系由三大支柱构成：国家保障体系、企业保障体系和商业人身保险。见图 6-1。

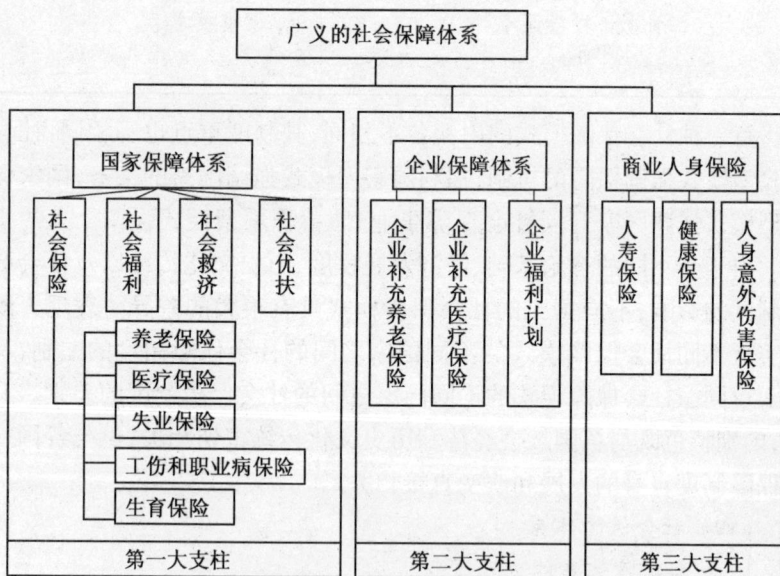

图 6-1　我国广义的社会保障体系架构图

第一大支柱主要是满足公民较低层次的、基本的生活需求；第二大支柱主要是在政府的倡导下，企业或个人自愿或被强制参加企业补充保险，以改善职工离（退）休以后的生活；第三大支柱主要是指个人自愿地购买商业保险，主要包括健康保险、人寿保险和人身意外伤害保险等。其中第一大支柱是社会保障体系的主体部分,狭义的社会保障和习惯上所称谓的社会保障即指第一大支柱。随着我国多层次社会保障体系的建立,我国社会保障体系也在向这三大支柱方向发展。

社会保险是社会保障体系的核心部分,保障对象主要面向以工资为主要收入的劳动者。社会保险制度是保障风险最多、运用资金最多、影响最大的一项社会保障制度。包括:保障退休者生活的养老保险;保障失业者生活的失业保险;保障患病职工能得到治疗的医疗保险;保障劳动者因意外伤害、职业病或其遗属基本生活的工伤保险;保障女职工生育期间生活的生育保险。

社会福利是较高层次的社会保障,保障的水平较高。面向全体社会成员的公益性事业包括:公共卫生设施、居民住房补贴、财政补贴、生活补助和津贴、集体福利设施等。

社会救济是国家通过国民收入的再分配,对贫困者给予救助的制度。是社会保障体系中最低层次的保障。主要包括:对无依无靠的绝对生活贫困者的生活保障;对因天灾人祸生活暂时难以维持生计的家庭和个人的生活保障;对生活水平低于国家最低标准的家庭和个人的生活保障。

社会优抚是一种特殊的保障制度,主要面向军人及军烈属等,具有褒扬和优待、抚恤的性质,主要包括:退伍军人就业安置、现役军人及其家庭优待、烈属抚恤、残疾人抚恤、退休军人生活保障等。

二、我国农民工社会保障现状

庞大的农民工群体为城市建设、经济繁荣和社会发展作出了巨大贡献,然而,农民工群体的经济、政治、生活等方面的状况却不容乐观,他们处于社会底层,各项权益得不到保障甚至还受到不同程度的侵害。究其原因,正是农民工社会保障制度的缺失导致农民工的生存状况日趋恶化。

社会保障制度是由国家依据一定的法律法规,为保证社会成员的基本生活权利而提供救助和补贴的一种制度。它主要包括社会保险、社会救济、社会福利、社会优抚4个方面。其中,社会保险又包括失业保险、养老保险、工伤保险、医疗保险、生育保险5个方面。

结合社会保障制度的含义和内容,由于社会优抚的对象主要是军烈属、转业军人、伤残军人,因此,农民工社会保障在这一方面不予以考虑。本书对农民工社会保障的研究主要包括失业保险、养老保险、工伤保险、医疗保险、生育保险以及社会福利6个方面。

（一）城市居民与农民工社会保障制度现状比较

新中国成立以后,我国开始建立面向城市企业劳动者的社会保障制度,而在农村形成家庭与集体相结合、以家庭赡养为主的农村社会保障制度,在二元社会结构下,我国社会保障制度也呈现出二元特征。随着经济的发展,社会保障制度也在不断完善,到目前为止,城市已经初步建立了比较完整的社会保障体系,养老保险金已经基本上实现了社会统筹,建立了国家、企业和个人共同负担的基本模式,医疗保险、失业保险、工伤保险都有了进一步的完善,老年人、儿童、残疾人等社会福利制度,低保、灾害救助、流动乞讨人员救助等社会救济制度,住房公积金、经济适用房、廉租房等住房保障制度以及优抚安置等,基本涵盖了社会保障的所有项目。

我国社会保障制度基本上是建立在我国二元社会结构模式下的,制度的设计明显倾向于城市居民。长期以来,城镇居民以单位为保障,只要有了单位,就有了"铁饭碗"。1991年,国务院发布《关于企业职工养老保险制度改革的决定》;1997年7月,国务院发布《关于建立统一的企业职工基本养老保险制度的决定》;1998年12月,国务院发布《关于建立城镇职工基本医疗保险制度的决定》。与此同时,城镇职工工伤保险、生育保险制度也在试点过程中不断发展。针对下岗职工迅速增长的现象,中共中央、国务院于1998年6月发出《关于切实做好国有企业下岗职工基本生活保障和再就业工作的通知》;1999年1月22日,国务院颁布《失业保险条例》;1999年9月,国务院正式发布《城市居民最低生活保障条例》;2000年12月25日,国务院发出《关于印发完善城镇社会保障体系试点方案的通知》。这些法规、规定的出台标志着中国城镇社会保障制度不断完善和发展。然而,对于农民工社会保障方面的规定却寥寥无几,农民工进城务工,却不能享受与城镇职工相同的待遇,尽管社会保障制度也在不断地完善和发展中,但能够参加城镇社会保障的农民工却微乎其微,在群体总数中只占较小的比例。农民工一旦遇到失业、疾病、工伤等问题,因社会保障的缺失无法得到应有的保护,更无法享受同城镇职工一样的待遇。

(二)农民工社会保障权实现中存在的问题

1. 农民工社会保障权的立法保护体系不完备

第一,没有统一的社会保障基本法。

目前,我国《宪法》虽然以制度保障的方式宣告了公民的社会保障权,却没有全国人民代表大会制定的基本法与之相配套,而针对农民工的既能得到确认又能得到有效救济的社会保障权的法律则更少。首先,农民工主体地位不明确。根据《宪法》规定,农民工作为公民应该享有与城镇职工同等的社会保障权利。然而,这些规范性文件在适用主体上大多数是城镇居民,而将农民工这一特殊群体排除在适用范围之外。虽然很多法规也都规定各类企业职工都要参加社会保障,如《非法用工单位伤亡人员一次性赔偿办法》、《关于非全日制用工若干问题的意见》,但这些规定语言模糊,实践中农民工由于没有城镇户口,参加社会保障受到很大限制。只有少数法律文件如《工伤保险条例》,比较明确地将农民工包括在其适用范围之内。其次,现行的与社会保障相关的法律大多集中于军人优抚安置和城镇社会保险领域,并且与其他内容混在一起,作为社会保障法核心的《社会保险法》虽然已经出台,但其只是原则性的规定,缺乏可操作性。而全民性的社会救济、社会福利等对此重视还不够。最后,在社会保险系统内部比例严重失调,偏重于养老保险,而失业、生育、医疗等其他保险内容却仍受到不同程度的忽视,这说明我国社会保障制度的法律建设还远远没有形成整体、完善的体系。社会保障是涉及亿万国民切身利益的社会公共事业,社会保障制度安排也涉及政府、企业与个人之间的责任分担和不同社会群体或利益集团的利益调整,没有立法的规范和约束,便不可能得到有效的推进,没有社会保障基本法,便意味着农民工社会保障制度还缺乏法律的认可,这样人们无法准确把握国家在这种制度中所承担的责任和个人可以期望的安全值,政府与民间也无从合理分工并充分发挥出各自的积极性。

第二,现有的相关立法层次低。

新中国成立后,我国先后制定了一系列社会保障方面的法律、法规,确保公民社会保障权的实现。由这些相关的社会保障法律、法规的名称可见,国务院及其部委颁布的行政法规大多以"规定"、"决定"、"意见"、"通知"、"试行"、"暂行"等形式出现,它们是解决社会保障工作所面临问题的主要依据,这些国务院的行政立法,不是由全国人民代表大会通过的基本法律,立法层次较低。近年来,国家陆续颁发了一些关于农民工社会保障规定的文件。比如:2001 年颁布了《关于完善城镇职工基本养老保险政策有关问题的通知》,对农民工养老保险关系的转移和一次性支付作出了相关规定;2004 年发布了《关于农民工参加工伤保险有关问题的通知》,规定农民工可以参加工伤保险;同年还出台了《关于推进混合所有制企业和非公有制经济组织从业人员参加医疗保险的意见》,明确要求将农民工纳入医疗保险范围;2006 年国务院发布的《国务院关于解决农民工问题的若干意见》,专门规定了农民工社会保障问题。但这些规章使用的大都是口号式或号召性的语言,均为原则性的规定,至于社会救济和社会福利等方面的规定也大多数是通过各种行政性文件或部门规章发布的,立法层次低。

第三,地方立法差异性大。

首先,适用主体差别对待,险种内容规定不一。以上海为例,上海市将社会保障主体分为本市城镇职工、外来从业人员和失地农民 3 类,不同主体适用不同的法律规范,农民工适用《上海市外来从业人员综合保险暂行办法》。依照该办法规定履行缴费义务的,按下列规定享受综合保险待遇:用人单位使用的外来从业人员,享受工伤、住院医疗和老年补贴 3 项待遇;无单位的外来从业人员,享受意外伤害、住院医疗和老年补贴 3 项待遇;外地施工企业的外来从业人员,享受工伤、住院医疗两项待遇。相比较而言,本地城镇居民交纳社会保险费比外来从业人员要高,享受待遇也比他们要高;同时,本地城镇居民社会保障覆盖比较全面,涵盖了养老、失业、医疗、生育、工伤等社会保障的各个方面。

由于其方便易行,全国许多城市如成都、大连等都纷纷仿效。① 不少地方性社会保障立法所规定的农民工社会保障内容也不完整,有些险种没有包括在内,如许多地方就没有农民工医疗保险、生育保险的相关规定。以大病医疗保险为例,2006 年,国务院发布并实施《关于解决农民工问题的若干意见》,正式提出抓紧解决农民工大病医疗保障问题,有些地区在执行该项政策时,完全将农民工排斥在基本医疗保险之外,有些地区则把选择权交给企业,由企业自行决定,如北京、珠海、深圳、成都、泸州等。

其次,各地缴费基数规定不统一。从 20 世纪 90 年代起,各地政府就将农民工参加社会保险作为构建城镇社会保障体系的一个重要方面来抓,并在具体参保问题上出台了一系列政策措施。由于地方"各自为政"的政策规定,在缴费基数、缴费年限等方面存在较大差异。这种现状的弊端在于:一是导致企业负担不平等,部分企业参加了社会保险的一项或多项,部分企业根本没有参加社会保险,直接诱使企业不参加社会保险,或者拖欠社会保险费,从而强化了农民工社会保障制度推进的阻力;二是导致地区负担不平等,缴费率低的地区与缴费率高的地区对制度发展的期望不同,低费率地区不愿意分担高费率地区的负担,直接损害着地区之间的公平竞争,进而阻碍农民工社会保险制度的统一,这也是 2010 年颁布的《社会保险法》在具体实施中面临的尴尬问题。

第四,某些法律法规可操作性不强。

首先,责任划分模糊。到目前为止,农民工的社会保障还未达到制度定型、权利与义务明确的程度,在许多方面还存在着模糊性。例如,养老保险的历史责任与现实责任迄今仍未明确,出现了农民工养老保险省级统筹困难、社会保险费率差别悬殊等问题。政府责任与民间责任仍未明确,无法准确定位政府的负担,更直接影响着民间作用特别是第二部门力量的发挥。即使在政府系统内,中央政府与地方政府的社会保障责任亦处于模糊状态。

其次,缺乏责任规范和制裁措施,强制力低。我国极少设置有效的

---

① 胡务:《农民工大病医疗险与城镇居民医疗险的衔接》,《经济管理》,2007 年第 9 期。

民事、行政和刑事立法来保证社会保险费的征收,对侵犯农民工的违法失职行为缺乏相应的法律制裁措施。修订后的《刑法》对严重危害社会保险制度的各类违法行为也没有予以明确的规定,而只是将其混同于普通刑事犯罪行为中。在少数的行政法规或行政规章中,规定也比较原则性,缺乏法律权威和制度刚性,容易造成有令不行,制裁力度比较弱。比如,对于企业欠缴、拖延缴纳保险费等行为,社会保险基金的征收、发放、管理和运营中出现的基金截留、侵占、挪用等现象没有给予应有的法律制裁。对拒绝监督检查、不提供有关资料或不如实反映问题的机构,仅规定"应建议有关部门视情节轻重,对有关领导和直接责任人给予党纪、政纪处分"等等。

最后,地方法规带有试点性质。各地的地方性法规和地方政府规章对农民工社会保险问题的规定较为详尽,但大多带有试点性质,具有相当程度的触变性。当相应的社会矛盾比较激化的时候地方政府就进行某些立法改革,而当相应社会矛盾趋于缓和后这些改革又形同虚设,从而表现出比较明显的触变性。地方立法的试点性质,地方立法参差不齐,"各自为政"的局面,容易造成法规、规章的不稳定性,使农民工的社会保障陷入无法可依的困境。

2. 农民工社会保障的实施力度弱

第一,政府执行社会保障制度的效果差。

首先,社会保险参保率低,退保现象严重。人力资源和社会保障部一份调研显示,目前我国农民工参保率普遍低,在"五大社会保险"中,除工伤保险已有相当数量的农民工参加外,养老保险的总体参保率仅为15%,医疗保险的平均参保率为10%左右,失业保险、生育保险,目前仍与绝大多数农民工无缘。[①] 在我国农民工整体参保率十分低下的情况下,退保率却在逐年攀升。

其次,社会保障统筹不一,制度衔接困难。我国各地的保障模式进展不平衡,在参保率、参保方式等具体政策上都不相同,农民工跨省、跨县、跨市流动就业的社会保障转移操作性很差,因而社会保障制度衔接

---

① 刘声:《社保高门槛让农民工望而却步》,《中国青年报》,2005 年 8 月 9 日。

就出现困难。以养老保险为例,实行社会统筹和个人账户相结合的办法,各统筹单位之间政策不统一,难以互联互通,养老保险关系无法转移接续。不少地方在实施中改为"全部由个人缴纳",他们在农民工参加养老保险方面采取"一刀切"的办法,强制农民工参保,保费全部由农民工个人支付,或直接从工资中扣除,引起农民工的反感,甚至带来一些社会问题。再来看工伤保险,目前工伤保险普遍以县级为单位进行保险费用统筹,一方面由于产业分布不均衡,采矿、化工等行业集中的县级区域工伤保险费率过高,另一方面由于缺乏更大范围的资金调剂,各地为了保存基金实力,不得不限制基金的支出范围,不同区域之间基金不能调剂,基金的抗风险能力较弱。

最后,对农民工的社会福利和社会救助匮乏。农民工社会福利缺失主要表现在:与城市职工在住房条件或补贴、在职培训或进修、各种劳动保护及保健、探亲补助、子女入学和入托等方面存在明显差别。政府对农民工的社会救助匮乏表现为:在现有的社会救助措施下,农民工并不能成为法定的救助对象,农民工不享有与城市居民同等的"最低生活保障"制度,为谋求生存和发展,农民工进入城市务工,面对恶劣的工作条件和生活环境,他们只能选择面对现实。

第二,社会保障部门管理效率低。

首先,行政主管部门执法效率低。我国虽然规定人力资源和社会保障部是社会保障的主管机构,但现行的农民工社会保障管理体制仍是多部门交叉分管、条块分割,多头管理、各自为政的局面,既缺乏宏观调控,又缺乏综合平衡,造成了政府部门职能交叉,效率低下。这种条与条之间、块与块之间以及条与块之间复杂、烦琐的关系影响了劳动执法效率,特别是缺乏处理突发事件的快速反应能力,不利于及时保障农民工权益。近年来国家审计发现,我国一些地方和部门的养老保险、失业保险、医疗保险等社会保障资金收缴困难,有的企业欠缴、少缴、漏缴保险费,或者骗取、冒领养老保险、失业保险、医疗保险等社会保障资金;同时,行政机关在具体执行中时常出现执法不公、执法不严甚至行政不作为现象,农民工不享有失业保险、医疗保险、工伤保险等现象屡禁不止。

其次,社会保障经办机构难以有所作为。社会保障经办机构是隶属于国家机关的事业单位,其地位决定了它难以承担使社会保障基金保值、增值的任务。这类机构由政府直接兴办,或由政府出资兴办,行政色彩十分浓厚,与政府部门存在着千丝万缕的联系。他们大多直接附属于行政机关,同时也接受行政机关的领导,组织体制具有准行政性的特点,因而在管理中出现了类似的官僚主义弊端,管理成本居高不下,组织无效率,随意动用和支配社会保障基金现象时有发生,致使社会保障基金变成呆账、死账,更谈不上保值、增值了。事实上还存在许多地方和主管部门运用社会保险基金搞生产投资、基本建设或财政挪用并逾期不归等现象。

最后,非政府组织发展不充分。我国的非政府组织数量不多,并且通常是作为行政机关的附属机构发展起来的,在很多时候,有着同政府部门相似的管理无效率、权力行使无边界、责任主体严重缺位等弊端,而且内部管理水平低,社会监督少,享受优待多而承担义务少。近年来,在这类组织或机构中发生的挪用甚至侵占社会保障基金的事件不断见诸媒体,集中暴露了问题的严重性和广泛性。

第三,社会保障监督机制弱。

我国已形成了行政主管部门为主、行政专项监督为辅的社会保障行政监督体系。在社会保障基金监管制度中过分偏重于行政监督,从而导致行政监督的效率低、无效率甚至负效率。社会保障行政监督机制弱造成部分地区存在差额缴拨、协议缴费、随意减免等问题,征收中基金收入流失和支付中虚报冒领现象时有发生,社会保障基金管理部门侵占、挪用、截留社会保障资金的现象仍然存在。专门监督机制欠缺,社会监督系统的权责安排过于笼统,在各项零星的相关规定中,都没有具体指出相关监督主体所应享有的监督权利和义务。从总体上看,在中央和地方的各个层次上,还没有普遍建立起社会保障的社会监督机构,已有的社会监督机构所能发挥的监督功能十分薄弱,形同虚设。中国的工会组织和社会舆论单位并不能独立地决定自己的立场,在很多情况下其监督意见都被内部化了,难以起到实际效果。

三、农民工社会保障现状的成因分析

导致农民工社会保障权益屡受侵害的原因是多方面的,既有资金

方面的直接原因,也有现行体制方面的原因,更有深层次的原因。要解决农民工社会保障问题,必须从多方面入手进行全面分析。

（一）农民工社会保障现状的直接成因

资金问题是农民工社会保障问题迟迟没能解决的直接原因。

社会保障作为国民收入再分配的一种重要形式,它的建立和发展很大程度上取决于本国的经济发展水平。任何一项社会保障制度的实施,都需要国家财政的大力支持,而且保障的范围越广、规模越大,财政支出也就越大。所以,任何国家社会保障制度的建立和实施,都必须与本国的经济发展水平相适应,既不能超前,也不能落后。

从国家来看,我国人口众多,是发展中国家,国家财政面临很多困难,要解决的问题还很多。近年来,国家集中财力与精力加强城镇社会保障的改革与建设,以保障经济体制改革的顺利进行。但是由于国有企业改革造成了城市下岗职工增多,城镇职工的养老保险、失业保险都负担沉重,用于社会保障的支出呈明显的上升趋势。如果再将规模庞大的农民工群体纳入制度范围内,势必会造成更加严重的资金短缺。我国还处于社会主义初级阶段,国家有限的财政收入更多地用于关系民生的基础设施建设和教育等方面,单靠国家的财力很难为社会提供更多的充足性保障。

从企业来看,城镇企业多为科技含量高的国有企业,或者是资金实力雄厚的股份制企业,这些科技密集型或资金密集型企业一般都具有完善的管理制度,能够为企业员工提供全方位的社会保障,城镇的职工生活在“福利城堡”之中。而招用农民工的企业大多是处于工业产业链条的初端,如农产品加工、基础设施建设、纺织、服装等行业企业,这些企业一般规模较小,管理体制不够完善,本身资金实力并不雄厚,产品技术含量也不高,属于劳动密集型企业,主要依靠雇佣廉价的劳动力来降低生产成本,在市场竞争中赢得一席之地。如果再为农民工投保,把部分资金用于提高员工福利,就失去了劳动密集型企业人力成本低的优势,难以立足于市场。有些企业干脆根本不为农民工投保,而把沉重的负担推给国家和农民工本人。

从农民工自身来看,农民工的收入较低,而且收入不稳定。虽然与进城之前相比,收入有了大幅提高,但是与城镇职工的消费水平相比,农民工的收入仍然是捉襟见肘。除去生活方面的必须花费,并没有多少余钱,他们不得不将辛辛苦苦赚来的钱用于更急需的地方——养家糊口、盖房子、结婚、子女上学等,而参与社会保障对他们来讲暂时只是一种奢望。

（二）农民工社会保障现状的体制成因

1. 户籍制度缺陷

1958 年《中华人民共和国户口登记条例》的颁布实施,将新中国成立以来日渐形成的城乡有别的户口制度和迁移管理制度以法律的形式固定下来,该条例与以后颁布的相关法律法规一起构成了中国的二元户籍制度体系。该条例规定,公民由农村迁往城市,必须持有劳动部门的录用证明、学校的录取证书或者城市户口登记机关的准予迁入证明,这样才能向常住地户口登记机关申请办理迁出手续。这些规定实际上阻止了农村人口向城市的流动。在城乡"二元"的社会结构基础上,社会保障体系的建立与此相适应,也是"二元"的。50 多年来,城镇居民一直在享受着国家提供的社会保障待遇,不仅基本生活能够保障,社会福利和最低生活保障制度也在不断完善之中,保障的水平也随着社会经济的发展不断提高。相比之下,农村居民只有建立在家庭和集体基础上的保障,保障的标准和水平与城镇居民的社会保障相比也相差甚远。1999 年以来,我国全面推行社会保障制度改革,但迄今为止,各种社会保障制度改革的思路基本上还是以户籍制度为基础的,重心还是明显偏向于城镇。

在市场经济条件下市场在劳动力资源配置方面应当起着基础作用,一个人具有什么样的知识、能力和素质时就应当处于相应的社会位置,这也是社会不断进步的需要。人为地对人口正常流动加以控制或阻止,就会阻碍劳动力资源的合理配置,这既不符合市场经济的发展要求,违背城市化发展的规律,也有碍社会公平。

2. 城镇社会保障制度缺乏灵活性

2008 年初,在"珠三角"地区回家过年的农民工辞工退保现象成"潮"。农民工"退保潮"的出现,并不意味着农民工不渴望保险,他们终年在外奔波,对保险有着更加强烈的需求。他们之所以退保,原因就在于城镇社会保障存在制度性缺陷,不适用于农民工。现行的城镇社会保障制度缺乏灵活性,不适应农民工流动性强的现状。

首先,现阶段我国城镇的社会保险基金实行区域统筹,这与农民工经常跨省区的流动相矛盾。目前,我国的养老和医疗等主要社会保险基金被分割在 2 000 多个统筹单位,并且多在县、市级统筹运行,地域分散,又由于各地经济发展水平存在着一定差距,各统筹单位之间的政策不统一,互联互通困难。我国现行的养老保险制度规定,职工必须连续缴纳养老保险金 15 年以上,才有权利享受养老保险待遇,有的地方还规定职工退休前 5 年必须到该地参保。这是一种纯期限性设定,而不能等同普通保险,可采取趸缴、5 年缴等多种缴费方式,这让打工者觉得太"遥远"。农民工进城就业,普遍存在着就业年限短的特点,绝大多数人在城市打工的时间不会达到 15 年。农民工最显著的特点是流动性大,不仅频繁地往返流动于城乡之间,而且会在不同地区、不同单位从事着不同的工作。① 而农民工解除劳动合同后,却只能转移养老保险的个人账户,不能转移社会统筹资金。在这种情况下,农民工在转移工作地时只能选择"退保"。另外,由于退保时农民工只能得到本人交纳的个人账户中的费用,参保得不到任何实惠,一些地方还将农民工的强制性社会保险变成了城市社保基金的"提款机"。农民工社会保险的社会统筹基金就只能留在参保地,充实到当地城市社会基金中。这种做法不仅损害了农民工的社会保障权益,而且手续繁杂,还不如农民工自己把钱存起来,那样还会有利息可得,最终导致农民工不愿意参保。社会发展需要赋予公民更大的就业自由,然而社会保险制度却不是针对特定的人群做到"钱随人走"。2008 年,新《劳动合同法》实施,劳动者和用人单位更加自由,劳动者在择业方面更加灵活,这一按期设定的操作局限也就变得愈加突出。

其次,城镇社会保障制度门槛过高。一方面,目前缴费标准的制定没有考虑到农民工工资水平普遍偏低的实际,超出了农民工的承受能

---

①　冯秀乾:《2.5 亿农民工养老保险应立法》,《南方周末》,2005 年 2 月 24 日。

力。就养老保险制度而言,依现行政策,养老保险缴费是以当地职工年人均工资为基数的。因此,对多数农民工来说,维持在城市的生活已捉襟见肘,各项保险缴费更难以承担。对于企业来说,企业缴纳的基本养老、医疗和失业 3 项保险费平均为工资总额的 28%,个人缴费为 11%,无论是企业还是农民工都普遍感到负担太重。由于社会保障制度门槛过高,也导致了农民工的投保率低。

另一方面,保险金地域利益太明显。目前各地对农民工的退保政策并不宽松,农民工退保所缴保险费的"个人账户"(个人缴纳部分)可以由农民工一次性领回,"社会统筹"(单位缴纳的统筹部分)则不能取回,充入了地方社保基金,未能实现退补。这没有体现社保基金的无条件的公益性和广泛性原则,使农民工应当享受的社会福利被蚕食,导致各地方社保机构因利益驱动,为"创收"扩大参保面和办理退保时心照不宣。按照相关规定,农民工在解除劳动合同时,可以保留保险关系,即停保,重新就业时再接续;也可将其个人缴费部分一次性支付给本人,同时终止保险关系,即退保。但是一些地方却更愿意让农民工退保,甚至规定"解除劳动合同必须退保"。可见,尽管农民工参加了养老保险,在没有得到任何实惠时就不得不退保,而且只领回了投保资金的一部分,大部分资金都贡献给了城市社保。当地城市没能以博大的胸怀接纳农民工这一弱势群体,给他们以特殊的关怀和照顾,反而从他们身上"谋利"。这表现了某些地方社会保障措施强烈的地域利益性。

最后,至于商业保险,目前保险公司还没有开展农民工商业保险。从主观上看,我国的商业保险发展历史较短,缺乏相应的经验,还没有建立包括广大农村在内的社会信用体系,导致保险公司开发农民工商业保险的难度加大,即使开发出来,后期进行营销、管理的成本和风险也是商业保险公司所不愿承担的。

3. 法制不完善

社会主义市场经济的快速、健康发展,市场经济体制的完善,都离不开法律的支持和保护。农民工社会保障问题迟迟得不到有效解决,原因还在于缺乏法律法规的保护。我国《宪法》规定:中华人民共和国公民在年老、疾病或者丧失劳动能力的情况下,有从国家和社会获得物资帮助的权利。国家也在不断发展为公民享有这些权利所需要的社会保险、社会救济和医疗卫生事业。目前,我国有关社会保障的立法主要针对城镇职工,有关农民或农民工的立法几乎空白,这是造成农民工社会保障缺失的法律原因。改革开放以来,相关部门先后出台了一些有关城镇职工工伤保险、医疗保险、养老保险、最低生活保障等方面的法规,其中有些法规对有关农民工社会保障问题作了相应规定,但还都是一些原则性的规定,语言十分模糊,没有明确规定必须将农民工包括在内。由于我国是一个缺乏法治传统的国家,"官本位"以及家长式管理方式等传统力量的影响还很大,加上关于农民工社会保障的立法短缺,使农民工的社会保障工作缺少法律依据,难以强制实行,从而造成侵害农民工社会保障权益现象屡屡发生。不仅如此,现行的法律法规还存在着歧视农民工的条款。法律不但没有给予农民工应有的保护,反而对他们从业进行越来越多的限制。从某种意义上说,这不但没有维持公平,反而造成新的"不公平",不但没有维护公民的合法权益,反而侵害了农民工的合法权益。

（三）造成农民工社会保障现状的深层次原因

农民工社会保障问题之所以难以解决,最根本的原因在于两个方面:其一是我国的城市化进程落后于工业化的发展;其二是对农民工社会保障的认识不到位。

1. 城市化进程落后于工业化发展

农民工是我国由计划经济体制向市场经济体制、由农业社会向工业社会转变过程中出现的特殊群体。一般说来,工业化可以使得农民脱离农村,进入城市从事非农产业,成为城市居民,从而推动农村人口向城市集中,促进城市化发展。而城市化的加快又会进一步推动工业化的发展。工业化和城市化应该是相互促进、共同发展的。但是我国的城市化却滞后于工业化。

20 世纪 50 年代初期,我国在进行"三改一化"时,一方面是城市里大规模的基础设施建设和城市化建设,另一方面是农民进城务工,成为城市居民,当时的城市化每年都能提高一个多百分点。但是,由于当时我国的工业化水平还不高,城市可以提供的就业岗位相当有限,大量农村人口涌入城市,给城市的就业、食品供应、住房、交通、入学、就医等方面都带来了很大的压力。在农村,由于农业的劳动生产力还很低,停留在依靠人力和畜力的阶段,农村人口的过度流失造成了农业劳动力严重短缺。为了缓解城乡劳动力供求的矛盾,国家限制了农民的流动。1958 年,国家颁布了《中华人民共和国户口登记条例》,采取了严格控制农村人口向城市迁移的政策,形成了城乡分割的二元体制,城市化就此停止了,但是工业化却仍然向前发展。据统计,1957 年我国城镇人口的比重是 15.39%,而到 1978 年,我国城镇人口的比重只有17.92%,这20 多年中,作为城市化重要参考指标的城镇人口比重仅仅增加了 2.5个百分点。[1] 也是在这个时期,形成了在二元户籍管理制度方面、立法方面的一系列不公平政策,这些障碍至今仍未清除。

随着改革开放的深入,社会主义市场经济体制不断完善,农村的劳动生产率也不断提高,国家对农村劳动力的限制也逐渐松动。特别是1992 年邓小平"南巡"讲话发表以后,中国经济进入了新一轮增长期,同时农民外出务工也出现了新的高潮,大量的农民工进入城市,开始了新的城市化进程。但是此时的城市化已经与工业化的发展严重脱节,其发展远远落后于工业化的发展。这就是产生诸多农民工问题的根源所在。在此基础上,延伸出农民工的社会保障问题、权益保护问题、就业问题、歧视问题、农民工子女的上学问题、住房问题等一系列问题。如果我国的城市化与工业化始终保持齐头并进,或许现在就不会有这么多的农民工问题出现。

2. 农民工对社会保障认识不足

首先,农民工普遍具有浓厚的乡土情结。中国两千多年的封建社会中,农业文明赋予了土地一种崇高的价值。土地是农民的命根子,是农民抵御生活风险的防护墙。农民对土地有一种深厚的感情。离开了倾注了无数心血和汗水的土地,农民就有一种失落感和不安全感。由于失地农民过分依恋土地,使他们对城市生活信心不足,内心深处有种莫名的惧怕感。他们面对繁杂而陌生的城市生活,常常产生茫然,感到

① 杨云善、时明德:《中国农民工问题分析》,中国经济出版社,2005 年,第2页。

不知所措的烦躁,甚至影响着他们的正常生活。农民世代生活在生之养之的土地上,与土地休戚相关,这种关系反映在农民工的心理、价值观和生活方式上,就形成了浓郁的乡土情结。当农民工在外打工难以维持生活时,首先想到的就是土地和家园,而不是向社会保障寻求帮助解决。农民工社会保障问题的解决直接关系到农民工的切身利益,但是农民工自身对此缺乏相应的积极性。这在一定程度上不利于农民工社会保障制度的探索和发展。

其次,部分农民工风险意识较差,对风险估计不足,存在侥幸心理。农民工大多属于非正规就业,从事的大多是高危险的职业,本身存在着较大的风险,而农民工又常常对自身的安全问题采取消极的态度。例如建筑工人不佩戴安全帽,没有安全带,即使在建筑工地的显著位置都挂有醒目的警示标志,有的农民工还是熟视无睹。据统计,近几年发生的生产安全伤亡事故,90%以上是由个人的违规行为造成的,80%以上发生在农民工比较集中的小企业。每年的职业伤害、职业病新发病例和死亡人员中,半数以上是农民工。因此,加强农民工安全生产培训,已经成为当前解决农民工问题、保护农民工根本利益和促进安全生产形势稳定的一项紧迫任务。

再次,部分城市居民也存在着认识上的偏见。部分城市居民认为大量的农民工涌入城市,给城市的就业、住房、交通、公共设施等方面都带来了负担。特别是随着国企改革的深入,城市下岗职工人数增多,再就业困难,而大量的农民工进城,在一定程度上抢了他们的饭碗。因此,城市居民对农民工存在排斥心理。一部分人认为,如果再给广大农民工提供社会保障,就会有越来越多的农民定居城市,势必会加剧城市下岗职工再就业困难。

最后,一些政策的制定者对农民工的社会保障问题存在认识上的误区。其中具有代表性的观点认为:随着经济体制改革的深入,城市的下岗职工增多,城市的社会保障已面临很大的压力,因此暂时无力解决农民工的社会保障问题;农民工尚有土地作为最后的保障,且农民工的流动性强,存在社会保障制度建设困难等问题。

第二节 农民工养老保险

目前我国正处于人口快速老龄化阶段。据全国老龄办《中国人口老龄化发展趋势预测研究报告》显示,到 2020 年老年人口将达到 2.48 亿,老龄化水平将达到 17.17%,其中,80 岁及以上的老年人口将占到老年人口总数的 12.37%。随着人口老龄化趋势的不断加剧,完善养老保障制度问题显得尤为突出,其中,农民工的养老保障更显艰巨,如何解决好这个世纪难题,将关系到构建和谐社会的进程以及社会公平的实现。

一、农民工参加养老保险的必要性分析

（一）农村土地保障功能下降,依靠土地养老困难

随着农业生产成本的不断提高,农民很难实现增收,所以很多农民宁可将荒弃土地出外打工。随着国际农产品对我国市场冲击力的增大,农民个体的收入将更加不稳定。土地提供生活保障的可靠性已今非昔比。事实表明,纯粹来自土地的收入已经越来越难以维持生计。

（二）农民工务工收入有限

国家统计局农民工统计监测调查显示,2009 年,外出农民工月平均收入为 1 417 元,比上年增加了 77 元,增长了 5.7%;外出农民工月均收入在 600 元以下的占 2.1%;600～800 元的占 5.2%;800～1 200 元的占 31.5%;1 200～1 600 元的占 33.9%;1 600～2 400 元的占 19.9%;2 400 元以上的仅占 7.6%。从劳动状况看,农民工劳动保护条件极差,工作环境恶劣,超时疲劳工作现象十分严重。他们经常加班加点,每天工作10～14 个小时(占 50.5%),几乎没有休息日(占 47.2%),劳动时间严重超过法定标准。造成农民工劳动时间过长的原因主要是:私营、个体业主追求高产量、高效益,而工人也为了多挣钱,主动延长工作时间,但工资增长较低。农民工的低收入却和高劳动强度以及一再延长的工作时间形成强烈反差。农民工的收入,除去家庭成员必要的衣食花费以外常常所剩无几。

（三）农民工的开销大

首先,农民工在城市生活要租住房子。为了节省开支,农民工大多

集中在城乡接合的地方,租住廉价的房子,费用大约为每月 150 元,形成"城中村"现象。其次,农民工的劳动所得要抚养子女和赡养父母。由于城市教育费用较高,多数农民工将孩子留在农村读书,而在初中毕业后就外出和父母一起打工,或者去一些技校学习。由于农民工子女缺乏必要的疏导和管理,极易发生打架、寻衅滋事等不良事件,这对提升农民工子女的素质极为不利,而且容易形成恶性循环,不利于和谐社会的构建。此外,生活消费的剩余还要用于发展需求、治疗疾病以及意外花销。这些都导致农民工少有积蓄,有些农民工甚至入不敷出,即使较富裕者其养老储蓄也不充足,农民工依靠自身的工资养老极为困难。

（四）农民工依靠子女养老困难

社会的变迁使得我国传统的家庭养老模式走向了衰落。在计划生育政策要求下,农民工家庭结构发生变化。在目前的情况下,每对夫妻一般只有一个孩子,不久的将来,年轻的夫妻要承担 4 位老人的养老、医疗等问题,这对收入本身就很低的农民工子女来说,将是一个极大的负担。在市场经济及其价值观念的作用下,农民工家庭横向结构也同城市家庭一样日趋小型化、核心化。农民工的子女可能大部分实现城市化,那么,家庭成员城乡异地将使其家庭关系更加疏远,退休农民工在经济生活和感情生活方面都将十分被动。即使退休农民工与子女同住在城市或农村,其老年生活也难以得到保障。由于多数农民工子女受教育水平不高,又要面临城市生活就业压力大、生活成本高等一系列问题,农民工子女赡养老人的责任感和能力将会有所减弱。加之老人的生活状况存在很大的差异,社会不公现象必然存在。将农民工纳入社会养老保障体系对解决农民工养老问题极为必要。我国现行的社会养老保障方式主要是社会养老保险。

二、农民工养老保险的立法现状

我国的农民工养老保险立法探索包括地方立法探索和国家立法探索两个层面。实践上,以地方为先导,以中央为统帅,试图探索建立一个统筹城乡、统筹全国的养老保险制度体系。但是无论地方探索还是中央探索都存在不成熟、不完善的方面。

（一）农民工养老保险的地方立法探索及评析

农民工养老保险地方立法探索以《中华人民共和国劳动法》（以下简称《劳动法》）为基础，以《国务院关于解决农民工问题的若干意见》（以下简称《意见》）为指导，各地经过多年的探索，因地制宜，建立基本适合本地区特点的农民工养老保险法律制度。其中比较有代表性的地方立法有北京市发布的《北京市农民工养老保险暂行办法》（以下简称《北京暂行办法》）、上海市发布的《上海市外来从业人员综合保险暂行办法》（以下简称《上海综合保险办法》）、深圳特区发布的《深圳经济特区企业员工社会养老保险条例》（以下简称《深圳特区条例》）以及重庆市发布的《重庆市农民工养老保险试行办法》（以下简称《重庆试行办法》）。

1.《北京暂行办法》的简要说明与评析

为进一步完善社会保险体系，保障农民工合法权益，北京市于2001年发布了《北京暂行办法》。《北京暂行办法》切实考虑农民工群体的特点，针对农民工养老保险问题作了相关的法律规定。

《北京暂行办法》有以下优点：第一，适用范围广。《北京暂行办法》第二条明确规定，凡北京市行政区域内的各类用人单位和与之形成劳动关系的农民工都在本《北京暂行办法》的调整范围之内。第二，缴费金额低。《北京暂行办法》第五条对用人单位和农民工的缴费基数作了详细的规定，用人单位与农民工都以"上一年本市职工月最低工资"为计算缴费金额的标准。这一相对较低的缴费标准大大提高了农民工及用人单位的缴费积极性。第三，《北京暂行办法》还明确规定了在统筹区域范围内以及跨统筹区域农民工养老保险关系的转移、接续问题，除此之外，规定了北京市籍农民工养老保险关系与农村养老保险（以下简称"农保"）的衔接问题。该规定考虑了农民工"亦工亦农"的身份特点以及流动性大的工作特点，保证了农民工在转变身份、转移工作地点以后，养老保险关系的顺利接续。

但是，《北京暂行办法》的规定也存在不科学、不完善之处：第一，"一次性养老待遇处理"的规定不合理。养老保险是劳动者在年老、丧失劳动能力以后的基本生活保障。养老金应当按月发放，以实现对农民工群体长期性的养老保障。第二,上述规定歧视了外地户籍农民工。《北京暂行办法》仅规定北京市户籍农民工养老保险与"农保"的转移接续问题而对于非北京市户籍的农民工跨统筹地区就业以及回农村后,社会统筹部分不能带走。第三,《北京暂行办法》规定不利于未来制度间的对接。《北京暂行办法》对城市职工和农民工的缴费基数规定不同,不利于在未来统一制度下安排农民工与城镇户籍职工两者间的基本养老保险问题。

2.《上海综合保险办法》的简要说明与评析

上海市为切实保障外来务工人员的利益,于 2002 年实施《上海综合保险办法》,规定凡是符合条件的单位和个人必须办理综合保险。《上海综合保险办法》具有一个保险三项待遇的特点:通过参加外来从业人员综合保险,农民工可以同时享受工伤、住院医疗和老年补贴三项待遇,但是外地施工企业的外来从业人员可以同时享受工伤和住院医疗两项待遇,而不享受老年补贴。另外,《上海综合保险办法》还规定了商业保险公司参与管理的相关事项。

《上海综合保险办法》有以下优点:第一,《上海综合保险办法》制度设计独特而务实。《上海综合保险办法》根据农民工的工作性质,将农民工群体最为关心和迫切需要解决的三项保险——工伤保险、医疗保险和养老保险合三为一,形成一种新的综合保险,让农民工参加一个保险享受三重保障。第二,《上海综合保险办法》有良好的激励机制,扩大了制度的覆盖面。《上海综合保险办法》第九条第二款规定:"用人单位和无单位的外来从业人员按照缴费基数 12.5% 的比例,缴纳综合保险费。"这个缴费数额降低了用人单位的用工成本,减小了用人单位的缴费压力,这一规定容易为用人单位所接受。有用人单位的从业人员不需缴纳综合保险费,这一规定容易为农民工所接受。第三,商业保险参与管理。借助商业保险机构,有利于养老基金的保值、增值,解决了保险关系转移问题。第四,《上海综合保险办法》对从业人员进行分类管理。《上海综合保险办法》将从业人员分为:用人单位聘用的外来从业人员、无单位的外来从业人员和外地施工企业的外来从业人员,并对不同类型的从业人员规定不同的保险待遇。

《上海综合保险办法》也存在不少的问题,其主要问题如下:第一,《上海综合保险办法》与其他制度无法衔接。《上海综合保险办法》在制度设计上具有鲜明的个性特征,但同时也导致其与"城保"和"农保"制度等无法衔接,不能适应农民工流动性大的特点。第二,《上海综合保险办法》不为农民工设立个人账户,仅提供养老补贴。这一规定与现行社会保险"统账结合"的模式不符,而且较低的养老补贴金难以防范农民工的老年风险。第三,对农民工实行差别待遇。上海市对于从业人员的养老补贴的"年补贴额只相当于城镇职工个人账户积累额的52%",可见该制度对农民工群体存在严重歧视。第四,"一次性兑现"老年补贴。同《北京暂行办法》一样,《上海综合保险办法》亦规定了老年补贴的"一次性兑现"问题。

3.《深圳特区条例》的简要说明与评析

早在21世纪初,深圳市就颁布了《深圳特区条例》,并在2006年对《深圳特区条例》进行了修订。《深圳特区条例》的特点是对农民工群体的养老保险没有设立专门的制度,而是将其纳入到现行的城镇职工基本社会保险制度中来。

《深圳特区条例》的积极意义表现在以下几方面:第一,《深圳特区条例》的颁布实现了对农民工群体在法律制度上的公平对待。农民工与城镇职工在养老保险的缴费比例、缴费年限以及养老金的领取方面享受同等待遇。第二,《深圳特区条例》的颁布有利于养老保险城乡一体化目标的实现。由于我国的养老保险长期处于"条块分割"状态,各地区之间、城乡之间养老保险法律制度规定不统一,这一现状极大地阻碍了养老保险城乡一体化进程,不利于全国范围内统一的养老保险法的形成。《深圳特区条例》的颁布为突破这一制度障碍作了一次有力的尝试。第三,《深圳特区条例》的设计考虑了农民工的特殊需要。《深圳特区条例》在制度设计中将农民工纳入到城镇职工基本社会保险体系中,在险种的选择上还考虑了农民工的风险情况和保障需要,既体现了社会保障的公平性,又考虑了农民工的实际情况。

《深圳特区条例》的不足之处有以下几点:第一,《深圳特区条例》给农民工设立"高门槛"。《深圳特区条例》在对农民工和城镇职工给予同等待遇时,忽略了农民工群体收入偏低且不稳定的特点,超过了农民工的实际支付能力范围。第二,连续缴费时间长。《深圳特区条例》第十六条规定:"外来从业人员必须在法定退休年龄前实际缴费年限累计满15年才能享受退休后的基本养老保险待遇。"否则,只能领取个人账户的累计额。这一规定没有考虑农民工流动性大、工作地点跨区域的特点。第三,《深圳特区条例》缺乏激励机制。农民工连续缴费不满15年,其养老保险社会统筹部分要留在当地,不能带走。这一规定严重影响农民工的参保积极性。低参保率并不意味着农民工没有养老保障的需求,而是表明针对农民工养老保障的制度设计存在问题。出现农民工退保现象,是由于现行制度没有设计到足以让农民工信任的程度。

4.《重庆试行办法》的简要说明与评析

重庆市于2007年颁布了《重庆试行办法》,《重庆试行办法》采取单独为农民工建立养老保险制度的模式,养老保险基金实行全市统筹、分级管理、单独立户、专款专用的处理方式;《重庆试行办法》的另一特点是规定农民工在达到退休年龄前不能退保。

《重庆试行办法》的积极方面如下:第一,《重庆试行办法》第五条明确规定:重庆市农民工养老保险实行全市统筹。我国农民工养老保险的统筹层次普遍较低,而《重庆试行办法》的颁布使重庆市成为目前"全国唯一的省级统筹城乡综合配套改革试验区"。"农民工养老保险全市统筹"这一规定顺应养老保险全国统筹的发展趋势。第二,单独设立"个人账户"。《重庆试行办法》第十条明确规定"建立农民工养老保险个人账户"。这一规定相对于以上其他几个地方的立法探索来看是一次创举,对未来农民工养老保险法的完善具有深远的意义:首先,个人账户的建立使农民工个人缴费的全部以及用工单位缴费的大部都划入到农民工的个人账户中,成为农民工的养老保障。其次,个人账户的建立消除了农民工无法转移养老保险的顾虑,提高了农民工参保的积极性。第三,《重庆试行办法》给农民工群体以极大优惠。规定农民工个人账户规模9%为用人单位划入,用人单位仅将农民工缴费基数的1%划入共济基金(社会统筹账户)。《重庆试行办法》在给农民工以极大优惠的同时必将扩大农民工养老保险覆盖面,为最终形成低费率、广覆盖、可转移并能够与现行的养老保险制度衔接的农民工养老保险体系打下坚实的基石。第四,《重庆试行办法》明文规定禁止农民工退保。这一规定在某种意义上是对农民工单位缴费部分的保护,农民工退保将直接导致用人单位缴费部分被当地无偿占用,无法带走,这对农民工群体是较大的损失。《重庆试行办法》通过强制规定的方式维护了农民工的基本权益。第五,养老金的领取更加方便。《重庆试行办法》实施意见针对农民工养老金给付问题规定:"农民工按月领取的养老金由参保地社会保险经办机构委托银行、邮局等机构实行社会化发放。"这一规定使领取养老金的程序简单易行,大大方便了农民工群体。

《重庆试行办法》的不完善之处有以下几点:第一,《重庆试行办法》加大了企业的用工成本。与其他省市的农民工养老保险政策相比,《重庆试行办法》对企业缴纳的比例要求明显偏高,虽然在一定程度上刺激了农民工群体参加养老保险的积极性,但却抑制了用工单位缴费的积极性。第二,《重庆试行办法》缺乏强制性保障措施。《重庆试行办法》的实施意见规定:"用人单位不按规定与招用的农民工订立劳动合同、不按规定为农民工办理参加养老保险手续或不按规定按时足额缴纳养老保险费的,农民工可以向当地劳动保障部门投诉。"但是并没有具体规定相应的解决措施以及对用工单位的惩罚等强制措施,由于强制性缺乏,其实施效果不能保障。第三,"不能退保"的规定限制了农民工的自主选择权。《重庆试行办法》在保证了用人单位缴费部分不被当地无偿占用的同时也限制了农民工的自主选择权,违背了《民法》的自愿原则,这在一定程度上会影响农民工的参保积极性。

（二）农民工养老保险的国家立法探索及评析

1. 国家立法探索概述

《劳动法》第七十条规定:"国家发展社会保险事业,建立社会保障制度,设立社会保险基金,使劳动者在年老、患病、工伤、生育等情况下获得帮助和补偿。"该法条在法律层面上将农民工纳入到社会养老保险体系中来。

2001 年,劳动和社会保障部发布的《关于完善城镇职工基本养老保险政策有关问题的通知》第四条对农民合同制职工与企业终止或解除劳动关系后养老保险关系的转移接续、终止以及养老金领取问题作了具体规定。

2006年,中央下发的《国务院关于解决农民工问题的若干意见》中明确规定,在"因地制宜,分类指导"的原则下,考虑农民工流动性大的特点和收入偏低的实际情况,"探索适合农民工特点的养老保险办法"。

从2010年1月1日起,国务院出台的《农民工参加基本养老保险办法》(以下简称《办法》)开始生效,经过多年对理论与实践的总结以及对地方立法成果的修正与借鉴,关于农民工养老保险问题终于有了在国家立法层面上的依据。

《社会保险法》已经在2010年10月28日由第十一届全国人民代表大会常务委员会第十七次会议通过,该法自2011年7月1日起施行。其第二条规定:"国家建立基本养老保险、基本医疗保险、工伤保险、失业保险、生育保险等社会保险制度,保障公民在年老、疾病、工伤、失业、生育等情况下依法从国家和社会获得物质帮助的权利。"这使农民工养老保险问题有了最高法律依据。

自2010年1月1日《办法》颁布实施以来,农民工养老保险问题一直受到广泛的关注,社会上对《办法》的作用褒贬不一。值得肯定的是,《办法》的颁布实施在制度层面上向前迈进了一大步。《办法》适应劳动者,尤其是广大流动性大的农民工,他们能够带着养老保险关系进行流动,不会由于人的流动而失去保险关系,使养老保险关系能够得以维护和延续。但是法律具有其自身的局限性,《办法》也不例外,它还不能够解决有关农民工养老保险的所有问题,并且在制度设计上还存在着不完善的地方。

2.《办法》的积极作用

(1)《办法》针对性强。充分考虑农民工特点,提出有针对性的政策和措施。这方面的表现具体有以下几点:第一,针对农民工收入普遍偏低的特点,《办法》规定:"用人单位缴费比例为工资总额的12%,农民工个人缴费比例为4% ~ 8%,可以根据本人的收入情况合理选择和确定。过去已经参加城保的农民工及用人单位,可以按照本办法的规定调整缴费比例。"对于用人单位的缴费比例的规定比目前规定的平均缴费比例低8%,这一规定在很大程度上降低了用人单位的经济负担,提高了其缴费积极性。对于农民工的缴费比例则采取弹性缴费制,农民工可以根据自己的缴费能力自主选择缴费比例,这一灵活性规定在很大程度上刺激了农民工的缴费积极性,有利于农民工养老保险的广泛覆盖。第二,针对农民工就业流动性强的特点,《办法》一方面明确规定了农民工在跨统筹地区就业和停止参加养老保险时,其养老保险关系转移和接续的相关手续,以及其养老保险权益累计的相关规定,保证农民工在身份变换、工作地点变换的过程中维持养老保险关系;另一方面,《办法》和《城镇企业职工基本养老保险转移暂行办法》都规定了各级社会保险经办机构的工作流程,加强各地社会保险经办机构协作,减少农民工养老保险关系转移接续过程中的制度障碍,使跨地区转移养老保险关系更方便。

(2)《办法》注重公平的原则。农民工的自我权益维护意识越来越强,尤其是"新生代农民工",他们强烈要求与城镇职工在待遇上平等。只要履行了同样的参保缴费义务,就享有同等的养老保险权益。到达领取养老保险待遇年龄的农民工,按照与城镇参保职工一视同仁的原则计发相关待遇。缴费满15年以上的,按月领取基本养老金,包括基础养老金和个人账户养老金;缴费不满15年且参加了新型农村社会养老保险的,由社保机构将其养老保险关系及资金转入其家乡的新农保制度,按规定享受新农保待遇;没有参加新型农村社会保险的,比照城镇同类人员,一次性支付其个人账户养老金。目前,国家正在组织开展新型农村社会养老保险试点,农民工在城镇参保与参加农村社会保险之间的具体衔接转移办法,将按照切实保障农民工合法权益的原则另行制订。

(3)《办法》体现便利性。这种便利性主要体现在以下几个方面:第一,《办法》规定,参保人员就业地社会保险经办机构负责参保登记、缴费核定、权益记录和保存等工作,在参保人员离开就业地时,社会保险经办机构开具参保缴费凭证。参保人员在其他地区就业并继续参保,只要提出接续申请并出示参保缴费凭证或信息,就能够由转出和转入地社会保险经办机构办理养老保险关系转移接续手续,不必由参人员本人在转出地和转入地之间来回奔波办理,以减少个人的责任和负担。第二,《办法》对行政部门办理农民工养老保险手续的期限作出了明确的规定,从而提高了行政部门的工作效率,缩短了农民工办理手续的时间。《办法》第八条第一款第二至四项规定:"新参保地社保经办机构在15个工作日内,审核转移、接续申请,对符合本办法规定条件的,向参保人员原基本养老保险关系所在地的社保经办机构发出同意接收函,并提供相关信息;对不符合转移接续条件的,向申请单位或参保人员作出书面说明。原基本养老保险关系所在地社保经办机构在接到同意接收函的15个工作日内,办理好转移接续的各项手续。新参保地社保经办机构在收到参保人员原基本养老保险关系所在地社保经办机构转移的基本养老保险关系和资金后,应在15个工作日内办结有关手续,并将确认情况及时通知用人单位或参保人员。"在当前社会建立服务型政府的过程中,这些法律条文的规定,在法律层面上对行政人员的工作效率作出了约束,方便了广大群众,尤其是农民工。第三,两个办法完善了"金保工程",方便参保人员查询信息和办理相关手续。《城镇职工基本养老保险关系转移接续暂行办法》第十条明确规定建立全国县级以上社保经办机构联系方式信息库,并向社会公布,方便参保人员查询。从技术操作方面保障农民工社会统筹账户养老金的"既得受益权",同时实现养老金给付的信息化和便捷化。

(4)《办法》可操作性强。《办法》对养老保险缴费比例、账户转移及权益累计年限的规定,实际上是对近年来"农民工养老保险"参保率低、退保率高、跨区域转移难等现实问题的制度回应。针对城保养老制度中与农民工不"兼容"的三大制度障碍,现行《办法》大大降低了用工单位和个人缴纳的比例,同时,规定了个人账户"权益累计"和跨区域转移时账户金额不减少的办法。这意味着,无论农民工在哪里工作,其个人账户的资金都会累计起来,然后按照其累计工作年限计算支付,不管其是否满15年,都可以按照相应的办法领取自己账户的资金,这在制度设计上打消了农民工担心资金流失的顾虑。

3.《办法》的缺陷及完善方向

(1)农民工离开就业地时原则上不退保。在规定转移接续办法的基础上提出农民工离开就业地时,原则上不"退保"。《办法》中的此条规定与《重庆试行办法》相同。该规定意在维护农民工经济方面的权益,但同时却损害了农民工群体更为重要的对养老保险制度的自愿退出权。因此,本书认为,此规定不合理,应该尊重农民工的退保权利。一方面,转移接续办法实际执行效果如何,尚待进一步观察,如果不能有效地增强制度的便携性,农民工选择退保还将是其合乎理性的选择;另一方面,农民工退保实际上行使的是对养老保险制度的自愿退出权,这也是一种有效的制约机制,能够激励养老保险制度的管理者完善制度设计,增强制度的吸引力。

（2）《办法》适用对象的局限及完善方向。《办法》虽对于法律制度的适用与保障范围都做了规定,但保障范围还有很大的扩展空间,《办法》主要适用于在城镇就业的农民工。由于农民工养老保险金的缴纳主体为农民工及用工单位,因此,没有与用人单位签订劳动合同的非正规就业的农民工则不能参加养老保险。《办法》没有将非正规就业农民工这一群体纳入到其保障之中。"农民工构成了农民权益保障中的一个特殊群体,因此有必要对农民工的权益进行专门的规范。法律不应当只规范进城务工的农民工,而应该将农民工作为一个整体进行规范。"本书认为,凡是能够利用现行法律制度获得权益保障的,都可以而且应当纳入法律调整的对象范围之内。

（3）《办法》在实施过程中需要配套法规的辅助实施。《办法》在实施过程中,必然会存在制度上的缺口,并由此带来就业机会减少、老年贫困和养老收入分配中的性别不平等问题。如何更好地解决相关的问题还需要中央政府制定与《办法》相匹配的政策。首先,动用财政资源建立公共养老基金,设置与价格指数挂钩的最低养老保障线,保证低收入者领取的养老金不低于贫困线。其次,颁布将迁移工人纳入生育保险的规定,同时要求城市地方政府,资助面向低收入群体的幼儿照料服务设施。再次,当前,退出正规劳动力市场的迁移劳动者和非正规就业者的养老问题,只能更多地依赖社会援助而非社会保险来解决。未来农村居民和城市居民社会养老保险制度的建立,将有助于排除这一群体参加养老保险的障碍。最后,对于为迁移工人缴纳养老保险的中小企业,应给予降低税率等政策性优惠。

三、完善农民工养老保险立法的建议

通过对以上地方和国家的农民工养老保险立法探索成果的利弊分析及法律实施情况的总结,对于农民工养老保险立法完善问题,提出以下几点建议:

（一）制度设计应具有针对性

养老保险制度设计应当符合农民工群体的特点,一项制度可行与否关键在于其是否符合其实施对象的特点。农民工是一个特殊的群体,针对农民工养老保险问题设计法律制度要切实考虑这一群体的特点,并依据其特点建立法律制度。农民工群体主要有以下几个特点:

1. 农民工是低收入群体

农民工主要在城市二、三产业的低端劳动力市场就业,因此工资水平普遍较低、增长缓慢且具有不稳定性,并且存在大量的拖欠农民工工资问题。大部分农民工的参保能力十分有限。因此,建立农民工社会养老保险制度应当从农民工的实际情况出发,兼顾农民工的风险情况和保障需要,以"低费率、广覆盖"为原则,在农民工收入水平允许的范围内设定养老保险金额的标准。

2. 农民工是流动的群体

农民工流动是我国新的历史时期人口流动的主要形式和集中体现。人口的大规模、有规律迁移是伴随工业化开始的。他们在比较利益的驱动下从欠发达地区来到发达地区就业,抑或辗转十几个发达地区之间就业,部分农民工在农忙时还要回乡务农。"流动性"是农民工群体与生俱来的本质,因此,"流动性"特点要求农民工的养老保险制度要具备可转移、可携带的特点。

（二）制度设计要有长远性

1. 制度设计要有利于城乡一体化目标的实现

建立统一的一元化社会保障制度是我国社会保障制度改革的长期目标。2006年国务院就提出要抓紧研究低费率、广覆盖、可转移,能够与现行的养老保险制度衔接的农民工养老保险办法,这是解决农民工参保并实现养老保险关系跨地区顺畅转移问题应遵循的基本原则。基

于这一精神,我国未来的农民工养老保险法律制度一定要利于城乡一体化目标的实现。实现农民工养老保险城乡一体化的具体要求包括两方面:

第一,养老保险覆盖城乡。要求建立覆盖城乡的全体农民工的养老保险体系。在统一的基本制度框架内制定适应农民工特点的制度,目标是使广大农民工都能实际进入养老保险制度覆盖范围。

第二,养老保险可转移接续。农民工在农民与工人身份间不断变换的过程中,养老保险关系不间断,农民工在地区间不断流动过程中,养老保险关系可接续,即农民工在跨地区就业以及返乡务农时的养老保险权益能够通过接续和累计得到切实的保障。

这两个问题虽然在新出台的《社会保险法》中有原则性规定,但仅仅属于授权条款,不具可操作性。同时加大了执法的难度和不确定性,降低了实施中的可操作性和法律效力,提高了寻租费用和执行成本。所以国务院有关部门要抓紧制定相关配套措施,使之具体化,具有可操作性,弥补法律缺陷。

2. 制度的设计要利于实现农民工养老保险的全国统筹

"互济性"是社会保险的基本特点。养老保险基金实行社会统筹,将基金集中使用,使劳动者在年老时能够通过互济共助获得物质帮助。而要实现最大限度上的"共济"就要求提高养老保险的统筹层次——实现养老保险的全国范围内统筹。我国的统筹层次较低,以县(市)层次统筹的地区居多。因为统筹层次较低,导致统筹基金不能调剂使用,形成赤字与结余并存,赤字由地方财政负责弥补的局面。实行全国范围内统筹、调剂各方资金,既能平衡地区间社会统筹基金盈亏以减轻政府支付压力,又利于更好地发挥养老保险社会统筹的作用。另外,实现农民工养老保险全国统筹后,不会再出现农民工在达到领取养老金年龄前退保,单位缴纳部分被充入地方社会保险基金的现象。

(三) 明确规定违法行为及其制裁措施

法律具有国家强制性,由国家的强制力保障其实施。法律的国家强制性,既表现为国家对违法行为的否定和制裁,也表现为国家对合法行为的肯定和保护。明确规定违法行为,主体的行为合法与否一目了然,其合法行为应当受到法律的保护,而其违法行为则应当受到法律的制裁。明确规定制裁措施是从另一个侧面保证和维护主体的权利。2010年初国务院颁布的《农民工参加基本养老保险办法》缺乏对违法行为的惩治性措施,这不利于对农民工群体基本权利的保护,需要对其进行完善。

第三节　农民工医疗保险

一、农民工参加医疗保险的必要性分析

农民工的文化程度普遍较低,卫生意识薄弱,而所从事工作的劳动强度大,居住条件和饮食卫生条件差,缺少预防和医疗服务,看病难、看不起病等已经成为当前社会发展的焦点问题。作为生活在城市的农民工,其健康风险问题更加严峻,基本没有健康保障权。农民工的工作环境较差,劳动强度较大,饮食不卫生,居住条件恶劣等一系列不利因素,导致其生病的几率更大。大多数农民工一心想多挣钱,加上看病所需费用较大,即使生病也不愿到医院治疗,给农民工的健康埋下隐患。健康保障是整个社会保障中最基础的保障之一,没有最为基础的健康保障,和谐社会发展就会受到制约。农民工作为社会弱势群体之一,人口基数大,影响广泛,其健康状况应该引起社会的高度重视,尤其要采取综合措施,改善农民工的健康状况,保障城市建设和发展,保障为经济可持续发展提供主要劳动力。关注农民工健康是保证我国经济长期发展、社会公平性、社会和谐稳定的一个重要课题。

总体来看,农民工可以获得的医疗保障主要来自以下3个方面:一是流入地政府建立的医疗保险制度;二是流出地政府建立的新型农村合作医疗保险制度,即农民工与其他家庭成员一同加入新型农村合作医疗保险制度;三是农民工所在单位提供的基本医疗保健服务和劳动安全卫生设施。这些保障方式在发挥作用的同时,也存在很多需要解决的问题。

二、我国农民工医疗保险政策的探索

近年来,党中央、国务院针对农民工医疗保险问题也相继出台了一

系列相关政策。

2003年1月,国务院办公厅发布了《关于做好农民工进城务工就业管理和服务工作的通知》(国办发〔2003〕1号),要求各级政府在有条件的地方,探索农民工参加医疗保险的具体办法。

2004年6月,劳动与社会保障部颁布《关于推进混合所有制企业和非公有制经济组织从业人员参加医疗保险的意见》(劳社厅发〔2004〕5号),要求把进城农民工列为医保扩大覆盖的重点人群,结合农民工的特点完善医疗保险体制,适当提高农民工大病医疗保障待遇,解决农民工的疾病风险,建立农民工大病或住院保险,着重保障当期住院医疗。

2006年3月,国务院出台《国务院关于解决农民工问题的若干意见》(国发〔2006〕5号),明确指出要"抓紧解决农民工大病医疗保障问题","争取在2008年底将与城镇用人单位建立劳动合同的农民工基本纳入医疗保险"。5月16日,劳动和社会保障部发布《关于贯彻落实国务院关于解决农民工问题的若干意见的实施意见》(劳社部发〔2006〕15号),要求各地要"重点解决农民工进城务工期间的住院医疗保障问题"。同日,劳动和社会保障部办公厅颁发《关于开展农民工参加医疗保险专项扩面行动的通知》(劳社厅发〔2006〕11号),确定了农民工大病医疗"低费率、保大病、保当期、以用人单位缴费为主"的原则,并将2006年全年的参保指标下发到各省、自治区和直辖市,再由各省、自治区和直辖市分解到基层社保部门。

2007年4月,劳动和社会保障部向国务院农民工工作联席会议各成员单位印发了《国务院农民工工作联席会议2007年工作要点》,明确指出"以农民工集中的大城市、非公有制经济组织、制造业、建筑业等为重点,继续实施医疗保险专项扩面行动",进一步"研究制订农民工流动时的医疗保险待遇、就医、结算等方面的管理和衔接办法,保障农民工享受相应的待遇"。

2009年4月6日和7日,《中共中央国务院关于深化医药卫生体制改革的意见》和《医药卫生体制改革近期重点实施方案(2009—2011年)》相继公布,新一轮医改针对农民工医疗保障问题,提出要"做好城镇职工基本医疗保险制度、城镇居民基本医疗保险制度、新型农村合作医疗制度和城乡医疗救助制度之间的衔接,妥善解决农民工基本医疗保险问题。签订劳动合同并与企业建立稳定劳动关系的农民工,要按照国家规定明确用人单位缴费责任,将其纳入城镇职工基本医疗保险制度;其他农民工根据实际情况,参加户籍所在地新型农村合作医疗或务工所在地城镇居民基本医疗保险。积极做好农民工医保关系接续、异地就医和费用结算服务等政策衔接"。

以上这些政策在一定程度上改善了农民工的医疗保障状况,为解决农民工医疗保险问题指明了方向。

三、我国农民工医疗保险存在的问题

各地的经济发展水平、社会发展状况不同,针对农民工特点采取相应的医疗保险模式,如在缴费责任、费率、待遇水平等方面都因地制宜作出不同规定,这种状态在今后相当长的一段时间内依然会保持。

（一）农民工医保政策的适用范围问题

建立和完善农民工医疗保险政策,首先要解决其保障人群的范围问题。然而,目前农民工医疗保险的参保对象差异较大,没有统一的划分标准。

（二）农民工医保政策的可及性问题

2006 年初发布的《国务院关于解决农民工问题的若干意见》强调要抓紧解决农民工大病医疗保障问题。这种制度设计避免了农民工因病致贫和因病返贫现象的发生。农民工大多处于青壮年期,这种年龄结构,意味着农民工的医疗保障需求主要集中在日常疾病方面（即门诊需求）,主要患病集中在胃肠疾病、感冒、咽喉炎症等消化道和呼吸道的一些常见病,重病发病率极低。纯粹保大病的医疗保障制度存在着供给与需求的偏差,不能让农民工切实感受医保的实惠,从而影响他们的参保积极性。

另外,当前农民工医疗保险只保当期,农民工退休后没有相应的老年医疗保障。然而,农民工长年从事苦、脏、累、险工作,慢性病或其他高危重病较城镇职工更为严重,退休后因为没有收入和步入晚年,他们更需要医疗保险分担风险。

（三）农民工医保筹资机制问题

第一,资金筹集渠道单一。从缴费主体看,各地农民工医疗保险实

行用人单位缴费为主，个人不缴费或少缴费，如北京、上海农民工不缴费。资金筹集渠道过于单一，虽然农民工个人不缴费可以减轻农民工的负担，但费用仅仅由用人单位来负担，不仅会增加企业负担，还导致农民工廉价的劳动力成本优势削弱，造成其就业困难，从而间接地损害农民工的权益。

第二，缴费门槛过高。目前，我国的社保缴费基数和比例相对农民工收入而言显得过高。企业普遍反映负担过重。

（四）农民工医保关系接续问题

农民工医保的可持续性差。一旦农民工因为工作变动离开目前参保的城市，其医保个人账户就无法和新的工作城市的医保体系或者农村的医保体系相衔接，这种制度设计上的缺陷使得农民工医保退保率高。

而且，现有制度规定，农民工离开城镇时，其医疗保险个人账户储存额随同转移到户口所在地社会保险机构，但是真正用于分散风险的统筹基金却无法退回，既没有退还企业，又未赋予个人。而有的城市因为不设个人账户，农民工没有个人积累的基金可转移，医保关系转移则更为困难。

四、我国农民工医疗保险存在问题的制度分析

我国现行医疗保障体系的基本框架为：在城市实行城镇职工基本医疗保险，在农村实行新型农村合作医疗制度，城镇居民基本医疗保险尚未全面铺开，医疗救助也只覆盖了极少数的居民。由于城镇职工基本医疗保险的门槛较高，农民工经济水平普遍较低，并且往往无固定职业，因此无法参保。新型农村合作医疗虽然起点较低，农民工能够承担参保的费用，但因农民工一般长年在城市生活，根据目前新的农村合作医疗政策，农民在户籍地缴纳保费后必须在当地就医和报销，农民工实际上很难享受到参加农村合作医疗的益处，因此新型农村合作医疗制度对农民工的吸引力并不大。

目前，一些地方政府虽然自行制定了有关农民工医疗保险的政策，但由于缺乏强有力的措施，且各地执行的标准又有区别，使农民工参保难以落实。从现行的农民工医保制度设计与政策实施看，存在的问题

主要有两方面：

一是农民工的高度流动性与社会医疗保险的条块分割存在矛盾。农民工具有跨地区、跨模式的高度流动性，而农民工医疗保险采取属地化管理，由于社会医疗保险信息系统受地方性保险模式限制，无法实现区域之间的互联管理，城市与农村之间、不同的统筹地区之间无法实现有效的对接。农民工频繁流动，异地费用结算和保险关系转接存在困难。

二是医保设计不完善，执行力度欠缺。主要表现为：

第一，"只保当期，不计参保年限"的政策，忽略了农民工身份转换以及未来统筹城乡医保的大趋势；保障项目不够完善，待遇较低。

第二，农民工大病医保只保住院和门诊大病，不建个人账户，门诊大病仅限定为恶性肿瘤放化疗、重症尿毒症的血液透析（含腹膜透析）治疗、肾移植手术后的抗排斥治疗等。然而绝大多数农民工是青壮年，患大病的几率很小，他们很难获得参保的好处，经常性的小伤小病因不设个人账户，也难以得到报销。

第三，农民工医疗保险统筹层次低。目前实行的医疗保险县市统筹已明显不能满足现实的需要。统筹层次过低，产生了一系列的问题：各统筹单位之间政策不统一，各地基数、费率不同，建账比例不同，标准各异。农民工医保关系很难进行对接转移，导致大量农民工退保。医保基金不能调剂使用，削弱了基金抵御大范围风险和突发事件的能力，更容易出现支付危机。

第四，农民工医保权益难维护。目前多数地区出台的农民工医保政策，也明确规定用人单位必须为其办理参保，若未按期办理并未足额缴费，农民工可举报，还可向劳动争议仲裁委员会申请仲裁等。然而现实是一些企业为了降低成本，不愿为其缴纳医保费，而农民工为了获得工作也不会进行举报和申诉，一旦农民工或其家人突患大病、重病，就会陷入灾难性危机。

第四节　农民工失业保险

一、农民工参加失业保险的必要性分析

由于农民工自身的文化水平不高,所从事的职业缺乏技术含量等一系列因素的限制,导致其失业率极高,所以对农民工来讲,缴纳失业保险显得尤为必要。

（一）农民工在城市面临着很高的失业风险

目前劳动力市场供大于求,加之农民工文化水平较低,所从事的工作技术含量较低,缺乏就业信息以及所就职的多是小企业,经常陷入经营困难、缺乏稳定性等一系列不利因素,导致农民工成为城市中失业比率最高和失业最频繁的群体。

（二）农民工在城市里却没有社会保障可以依靠

由于农民工的收入水平较低,扣除必要的生活开销后,往往所剩无几,一旦失业,就会使收入来源中断,在举目无亲的城市中,如果没有必要的社会保障,比如保险等措施等,就会凸显出社会不公平与社会矛盾,从而阻碍和谐社会的构建。

（三）失业保险覆盖农民工对保障其合理流动具有积极意义

由于农民工中很大一部分在非正规部门就业,非正规部门劳动关系的不确定性和收入水平的不确定性,使得非正规就业的农民工更需要完善的社会保障制度。因此,扩大失业保险制度的覆盖面和实施范围,将农民工纳入到社会保障制度中,不仅是实现企业公平竞争的需要,而且也是消除农民工到私营、集体所有制企业以及"三资"企业就业的后顾之忧的需要,有利于和谐社会社会公平目标的实现。

二、我国农民工失业保险的相关立法

我国失业保险制度起步较晚,改革开放以后,随着经济体制改革的不断深化,隐性失业逐步显露出来,迫切要求建立失业保险制度。我国的失业保险制度是在 1986 年正式建立的,其建立经历了一个由失业救济、待业保险到失业保险的发展和演变过程。概括而言,我国失业保险制度的建立和发展主要经历了 3 个阶段:第一阶段,1986 年至 1993 年,

确立失业保险制度基本框架的阶段,国务院发布了《国有企业职工待业暂行规定》;第二阶段,1993 年至 1999 年,失业保险制度的运行和发展阶段,国务院制定了《全民所有制工业企业转换经营机制条例》和《国有企业职工待业保险规定》;第三阶段,1999 年至今,失业保险制度的完善阶段,国务院于 1999 年颁布了《失业保险条例》。该条例吸取了我国失业保险制度建立和发展的实践经验,借鉴了国外有益的做法和经验,在若干重要方面对原制度框架作了重大调整,标志着我国的失业保险制度开始真正向法制化、规范化方向发展,是探索建立适合我国国情的失业保险法律制度进程中迈出的重要一步。随后,各省、自治区、直辖市也纷纷发布了各地的失业保险条例或实施办法。

我国《失业保险条例》第一次从形式上将农民工纳入其中,作出了区别于城市职工的失业保险规定。其第二十一条规定:"单位招用的农民合同制工人连续工作满一年,本单位并已缴纳失业保险费,劳动合同期满未签订或者提前解除劳动合同的,由社会保险经办机构根据其工作时间长短,对其支付一次性生活补助金。"该规定实质上是一种消极的失业预防措施,且辅有多项限制性条件,其在实践中已经暴露出种种不能满足现实需求的问题,从长远看远远达不到广大农民工的需要,同时也在一定程度上使得农民工失业保险推行的进度相对于其养老保险、医疗保险等其他社会保险项目来看严重滞后。

首先,该条规定有一个限制性前提条件,即"本单位并已缴纳失业保险费"。而现实中多数单位并不为农民工缴纳失业保险费,前提的缺失使该项规定在实践操作中失去意义,成为一纸空文。其次,依该规定农民工享有失业保险还要求与单位签订劳动合同,且连续工作满一年,这样就根本没有涉及那些从事短期劳务的农民工,如大量临时工。再次,一次性支付生活补助金的方法不利于长期保障农民工生活。城镇职工失业后,他们可以按月领取失业保险金,在失业保险期间生病和死亡还可领取医疗补助金或丧葬补助金和抚恤金,还可以接受职业培训、职业介绍,同时享受补贴。而农民工只能享受到少量的一次性补助金,根本谈不上失业期间的医疗、死亡,更不用说职业培训与介绍就业了。这样在失业以后,农民工与城镇职工相比就存在显著的不平等待遇。

最后从实际实行效果来看,《失业保险条例》所规定的一次性生活补助金也根本就是杯水车薪,不能起到实质性作用。

当然,《失业保险条例》当时作出如此规定也有其原因:农民工流动性大,将其全部纳入失业保障范围包袱过重且不利于管理,而且根据该条例第六条规定,城镇企事业单位招用的农民合同工本人是不需要缴纳失业保险费的。既然未缴费,从统筹中得到此待遇似乎也是理所当然。可是从失业保障的现实需要和长远制度设计上来看,系统、全面地构建我国全新的农民工失业保险制度,对现有的不合理、不具有可操作性的措施予以重新规定,是十分必要的。另外,目前国内关于我国农民工失业保险法律问题的理论研究成果也几乎处于空白状态,其实践运行进度更是严重滞后,面对国内严峻的失业形势和压力,现行的失业保险制度如何改革、农民工失业保险法律问题如何进一步解决都将是理论界和实务界研究的重大课题。

三、我国农民工失业保险制度缺失的原因分析

（一）法律法规不健全——农民工失业保险制度缺失的法制因素

迄今为止,我国尚无一部综合性社会保障法律,目前有关社会保障的立法主要是行政法规,立法层次低,缺乏权威性和稳定性。而且从现有的各种社会保障法律法规的适用范围来看,社会保障的覆盖面主要为城市企事业单位的职工,占我国总人口 80% 的农民（包括农民工）并不在社会保障的覆盖范围内,例如:《社会保险费征缴暂行条例》就规定养老、失业保险费征缴范围为国有企业、城镇集体企业、外商投资企业、城镇私营企业和其他城镇企业及其职工,并没有明确将农民工的社会保障费用征缴规定在内。对仍为农村户口的农民工的社会保障,法律存在许多空白,即使近几年我国政府及部分地区出台的一些关于城镇居民养老、工伤、医疗保险、最低生活保障等方面的法规中,开始有少量涉及农民工的规定,也多是一些原则性规定,难以起到保障的作用,其科学性、合理性、可操作性等仍有待改进。农民工失业保险亦如此。总之,缺少切实可行的法律制度的保障和支持,是导致目前农民工权益缺失的重要因素之一。

（二）政府缺位——农民工失业保险制度缺失的主体因素

一些城市政府和管理部门在保护农民工权益的执法过程中,存在城市主位的倾向,没有把农民工看做平等的社会主体成员,而仅仅是作为廉价劳动力,采取"接纳贡献性"与"排斥参与性"的管理态度。这就容易造成政府在保障农民工权益中政府角色(职能)缺位,没有从主导思想上保护弱势群体、维护农民工权益。

（三）财力紧缺——农民工失业保险制度缺失的客观因素

资金问题是农民工失业保险迟迟没有提上日程的重要客观原因之一。近几年,国家和政府集中精力与财力加强城镇社会保障改革与建设,以确保经济体制改革的顺利进行。解决城镇职工的社会保障尚且不易,若再将庞大的农民工群体纳入失业保险保障范围之内,必然要面临更为严重的资金困难。

（四）认识错误——农民工失业保险制度缺失的主观因素

对于农民工失业保险制度是否有建立的必要,存在着许多错误观念。其中一个代表观点是:农民工虽然从事工人职业,但他们仍是农民,并且有土地,如果他们在城市里失业,还可以回农村去。其实,农村土地的生活保障功能已经随着农村人口的增多、种地成本的不断上升、农产品的价格逐渐下降而逐渐削弱,这不应成为阻碍农民工失业保险制度构建的借口。社会保障制度本质上是在社会经济发展进程中确保每一个国民均能够免除生存危机的必要举措,政府有义务根据国家财力和社会发展水平来推进农民工社会保障制度的建设。

（五）自我保护意识淡薄,维权能力差——农民工自身因素

总体上看,农民工文化程度不高,对各种知识掌握的程度有限,自我保护意识淡薄。首先,农民工对自身失业保障问题的认识不足,比较注重眼前利益而忽视长远利益。其次,农民工的法律素质有待提高,在遇到权益受损害后往往不知道怎样用法律武器来维护自己的权益。再次,农民工的组织化程度低,使其缺乏利益表达和权益维护的渠道和载体。

总之,农民工失业保障缺失的原因是多方面的,既有制度方面的原因,也有政府操作层面的行为原因,既有主观思想方面的认识原因,也

有客观财力不足的现实困难,当然农民工自身也存在一些问题。如果能够正确处理好这些问题,将会极大地促进我国"三农问题"的有效解决,有力地推动构建和谐社会的进程,因此,建立健全农民工失业保险制度意义重大。

第五节　农民工工伤保险

从层出不穷的农民工工伤事故到规模惊人的农民工职业病群体,以及由此导致的劳资纠纷,均表明针对农民工的工伤保险制度应当作为最基本的社会保障项目尽快得到确立。农民工工伤保险对于保障农民工基本权益、维护社会安定和经济正常发展具有重大的社会及经济意义。从中国的现状及未来趋势看,严重的工伤与职业病环境要求大力推进农民工工伤保险制度建设。在中国工业化和城市化进程中,对改制后的国有企业、外商投资企业以及私营企业和乡镇企业加强劳动者基本权益保障,是政府和社会义不容辞的责任。特别是在农民工工伤保险权益方面的保障,改变工伤事故频发的现状并控制其发展已经刻不容缓。我国应进行周密的研究,认真学习和借鉴国际上的成功经验,建立起适应改革开放、适应市场经济发展的农民工工伤保险制度。作为我国社会保障制度改革中的新任务和新课题,建立健全面向农民工的工伤保险制度有着十分重要的意义。

一、农民工参加工伤保险的必要性分析

（一）有利于适应农民工生存和发展的需要,维护农民工的合法权益

早些年,由于社会保险的覆盖面较窄,人们对社会保险的观念淡薄,农民工又是一个信息比较闭塞的群体,很多人根本没有听说过工伤保险,也就不可能对工伤保险产生需求。然而随着国家经济的发展以及其他条件的成熟,社会保险覆盖面逐渐扩大,在实际运用中所起的作用也开始明显,农民工也逐渐意识到社会保障的必要性。他们大多从事苦、脏、累、差、险的工作,发生工伤事故的几率非常大,是社会中的弱势群体。如果农民工工伤保险严重滞后,一方面农民工发生工伤后得

不到补偿,另一方面又由于身体受到伤害无法继续通过农业劳动从土地上获得保障,这对农民工来说是非常不公平的。农民工工伤保险制度使得农民工与城镇职工一样享有工伤保障,把农民工纳入社会保障体系,给予农民工正当的社会认可和人文关怀,不仅有利于兼顾经济效率与社会公平,还可以从一定程度上减少产生社会动荡的因素,维护社会的稳定。

（二）有利于加快我国的城市化和工业化进程

长期以来,我国的城市化发展由于种种原因而严重滞后。从世界各国城市发展的历史经验来看,城市人口的增长主要依靠农民的分化,也就是大量农民流向城市。中国城市化进程加快的主要原因也是大规模的农村人口进入城市。改革开放以来,数以千万计的农民工进入城市劳动力市场,成为城市市政建设的重要劳动力队伍。同时,农民工的规模流动实现了生产要素的合理配置与优化组合,降低了工业化成本,并为中国工业的起飞提供了廉价的劳动力。中国工业化和城镇化的任务,不仅是要把几亿农业劳动者变为非农业劳动者,而且要把几亿农村人口转变为城镇人口。为了解决我国城镇化进程中的难题,使农业劳动力非农化的过程与人口城市化的过程同步,就必须使农民工彻底告别土地,变成真正意义上的依赖非农业经营活动生存的产业工人。因此,必须为农民工提供最基本的社会保障。建立农民工工伤保险制度,将其纳入全国工伤保险体系,这是推进城镇化进程的重要制度保证,也是顺应城镇化发展趋势的战略举措。

（三）有利于社会保障制度改革长期目标的实现

由于客观条件的制约,我国社会保障制度的覆盖面还相当狭窄,很难体现社会主义制度的优越性。要与我国的社会主义制度相适应,就必须建立城乡统一的一元化的社会保障制度,这是我国社会保障制度改革的长期发展目标。但要解决农民工这一日益庞大社会群体的社会保障问题,在短时间内还难以实现。因此首先在工伤保险制度上打开突破口,再逐步向统一的社会保障制度过渡,不失为一种有效的方法。

（四）有利于实现社会公平,维护社会稳定

现代政府的三重目标即经济增长、充分就业和社会公平是相辅相成的。社会保障政策是追求社会公平和维护社会稳定的重要工具。农民工由于收入水平低、流动性大,加上自身素质普遍不高,已经成为社会不稳定的重要因素之一。建立和完善农民工的工伤保险制度,让农民工平等享受法律赋予的权益,分享其已作出巨大贡献于其中的城市发展的成果,不仅可以促进社会公平的实现,还可以从一定程度上提高农民工的素质,从而减少社会不稳定因素,维护社会的稳定运行。

二、农民工工伤保险制度缺陷分析

(一)专门性法规缺位且相关规范性文件效力层级较低

我国的工伤保险制度自建立始就主要面向城市居民,基本没有考虑农村人口。20世纪80年代末90年代初,农村人口大量涌入城市。面对如此庞大的特殊群体,当时政府和社会将注意力主要集中在这些人能够为城市发展作出贡献上,而对农民工的其他方面问题则明显关注不足,甚至一味强调其对社会经济所带来的消极影响,将他们视作"二等公民"、城市的异类等。中国农民工群体数量虽然庞大,但因其正当权益保护效率的低下而被公认为城市的弱势群体。由于我国还存在传统的轻农思想,这些思想在制度上的表现就是对农民工工伤权益的轻视甚至是忽视。在这种大背景下,农民工工伤问题很难引起社会和政府的重视,工伤保险问题也就不大可能进入立法决策者的视野。这也是虽然农民工为我国的现代化建设作出了巨大的贡献,却长期游离在城市工伤保险制度边缘的重要原因,政治上对农民工工伤权益的忽视直接导致制度层面上农民工工伤保险制度立法的滞后。

1951年的《劳动保险条例》标志着我国工伤社会保险正式开始实施,但其保障范围很窄。1996年原劳动部发布的《企业职工工伤保险试行办法》同样存在保障范围狭窄的问题,仅涵盖了国有企业和部分集体企业,截至2003年底,仅有4575万人参保,与当年我国以亿计的农民工群体人数相距甚远。2003年4月,国务院颁布的《工伤保险条例》第一次明确地将农民工涵盖在保险范围之内,该条例虽明确农民工应当享受相应的工伤待遇,却没有具体规范农民工的工伤保险问题。从立法层面上讲,农民工工伤保险制度缺乏一个纲领性的核心制度规范。之后,国务院、劳动和社会保障部又先后出台了《关于农民工参加工伤保险有关问题的通知》(劳社部发〔2004〕18 号)、《国务院关于解决农民工问题的若干意见》(国发〔2006〕5 号)、《关于贯彻落实〈国务院关于解决农民工问题的若干意见〉的实施意见》(劳社部发〔2006〕15号)、《实施农民工"平安计划"加快推进农民工参加工伤保险工作》(劳社部发〔2006〕19 号)、《关于做好建筑施工企业农民工参加工伤保险有关工作的通知》(劳社部发〔2006〕44 号)及《关于加强工伤保险医疗服务协议管理工作的通知》(劳社部发〔2007〕7 号)等文件。上述文件虽直接涉及农民工工伤问题,但由于效力层级都比较低,且整体上多为原则性、口号式规定,可操作性差,其对推进农民工工伤制度建设产生的作用不明显。

(二)"预防—补偿—康复"机制缺位

长久以来,我国的工伤保险制度一直偏重于工伤事故的处理,对预防和康复对策的重视不足,这一点在农民工工伤问题上体现得尤为明显。

1. 农民工工伤预防机制不健全

(1) 农民工工伤预防投入不足。

我国现行的《工伤保险条例》虽然明确了"工伤保险要与事故预防和职业病防治相结合"的原则,但没有明确工伤预防所需资金的规模及来源,这导致工伤预防的开展缺乏有力的资金保障。在我国农民工所从事的往往都是工伤风险较大的行业(如建筑、采矿等),农民工工伤风险抑制保障需要强有力的经济支撑,需要大量的成本投入。要充分保障农民工的职业安全与健康权益,需要健全安全工程系统,需要劳动技能培训、安全意识管理等机制的正常运行,生产设备安全维护特有的周期性也需要充足的后备资金。相关数据显示,近年来,我国工伤风险预防投入过低,不足 GDP 的 0.8%,而发达国家工伤风险预防性投入已占到 GDP 的 3.3%,且我国工伤预防资金多定向投入国有企业,对农民工大量聚集的非公有制企业的投入则相当有限。

具体来说,这里存在两方面问题:第一,我国当前的工伤保险基金主要用于参加工伤保险的工伤职工个人待遇方面的支出,没有从中专门列支工伤预防经费;第二,国家财政对农民工工伤预防投入严重不足。以上两方面的原因导致农民工工伤风险资金无法得到保证,在很大程度上影响了安全生产系统工程的建立,导致农民工劳动技能培训不能普及,安全管理机制无法正常运作。国家对工伤预防投入不足的责任在很大程度上通过工伤转移到农民工身上,本身就处于弱势地位的农民工因此承担了本应由国家承担的责任,这对农民工是不公平的。

(2) 安全生产工作不到位。

安全生产是工伤预防的重要手段和主要内容,强化安全生产能有效降低事故发生的频率,保障职工的安全。工伤预防的目的能否实现很大程度上取决于安全生产工作的好坏。但目前我国的安全生产相关制度并不完善,导致工伤预防效果欠佳。

第一,安全生产法律法规体系不完善。

我国现行安全生产法律法规体系主要存在以下问题:

其一,政府安全生产法律法规丧失事实的有效性。安全生产法律法规是保护农民工免受工伤损害的重要保证。我国颁布且已生效的有关安全生产和劳动保护方面的法律法规已达 280 余项,基本形成由国家一般法(如《宪法》、《刑法》、《民法》等)、国家安全专业综合法规(如《安全生产法》、《职业病防治法》等)、400 余项国家安全技术标准和相应地方法规所组成的法律体系。但是,现在有关保障农民工工伤权益的安全生产法律法规缺乏事实上的有效性。这一方面是因为现有的相关安全生产法律制度存在某些缺陷。例如,《刑法》对重大安全事故罪责任人量刑过轻及追究范围限定过窄,《刑法》中规定了对造成重、特大事故的直接责任人给予刑事追究,对于企业的法人或企业的投资者、决策者、企业管理部门的负责人却没有刑事追究的相关规定。对发生安全事故真正负有责任的决策人没有追究,助长了不落实安全责任的不良风气,除此之外还存在量刑的弹性较大、量刑受到人为操作影响等问题。此外,我国政府对违反安全生产法律法规责任人的经济处罚过轻,导致犯罪成本处于很低水平,与此类犯罪的社会危害性极不相称,客观上助长了违法行为,使得劳动者尤其是农民工群体,无法使自己的合法工伤权益得到切实的法律保障。另一方面原因在于相关安全生产法律法规的震慑力在执行中被地方政府的"自利主张"所消解。地方政府崇尚"效率"和"理性",一味追求现实利益和短期利益,侵蚀了安全生产法律的社会整合职能。于是,在实践中,政府安全生产法律法规失去了事实的有效性,法的合法性主张与事实的有效性之间存在张力,往往出现断裂的状况。

其二,现有安全生产法律法规缺乏时效性。我国现有的安全生产法律法规相当部分是在计划经济体制大背景下制定的。计划经济体制下,企业是国家的,政府对安全生产的要求企业一般都会不折不扣地执行。企业一般不需考虑相关成本,不需考虑投资资金来源,一切都由政府安排。企业设有专门的安全生产组织机构,人员配备齐全,安全生产工作井然有序,政府部门只要提出整改意见,企业就会主动解决安全问题,事故发生率相对较低。然而,目前,大部分企业已非国有,企业(尤其是个体私营企业)的利益与国家的利益并非完全吻合。企业以盈利为目的,总是想以最少的投入获得最大的产出,很多企业经营管理者在"企业经营自主权"的冲击下,没有长远打算,只着眼于眼前利益,不能正确认识安全与生产、生产与效益的关系,急功近利思想严重,只想少投入,多产出,只顾多赚钱,不顾工人安全,加之国家安全监督检查没有及时跟上,导致伤亡事故不断发生。事实上,计划经济体制下制定的安全生产法律法规已跟不上经济发展的步伐,红头文件到达的范围有限,原有的一些部门规章也失去了应有的作用。由于安全生产监督管理工作缺少法律依据,大量的非公有制企业成为监督的空白。这些都导致农民工群体的工伤权益屡受侵犯,却得不到法律的有效维护。

第二,国家现行监管体制不适应当前安全生产监管现状。

相当一段时间内,我国实施的是计划经济体制,改革开放后才逐步向市场经济体制转轨,到目前尚未完全到位。相应的,我国的安全生产监管机构、监管模式的变化也比较频繁,以至于我国安全生产监管不能适应当前安全生产现状,具体表现为以下5个方面:

其一,职业安全卫生方面监督职能分散。一些国家在职业安全卫生方面一般只设一个监察机构,如美国此方面的最高监察权力机关是劳工部,其下设立了职业安全与健康监察局和矿山安全与健康监察局;澳大利亚是国家职业安全与健康委员会;日本则是厚生劳动省。我国的职业安全健康监察工作则由 4 个部门承担：安全生产方面的监管由国家安全生产监督管理总局（国家煤矿安全监察局）负责；卫生部负责职业卫生监察；人力资源和社会保障部负责工伤保险；国家质量技术监督局负责锅炉压力容器监察职能。多头监管造成监管范围重叠，管理混乱，有些行业大家争着管，有些行业大家相互推诿，谁都不愿管。近年来，我国煤炭行业的伤亡事故尤其是重大、特大伤亡事故呈上升趋势，伤亡人员绝大部分是农民工，其上升的趋势虽由多方面因素造成，但与这种职业安全卫生工作的分割管理所造成的监察力度削弱有很大关系。

其二，安全监督缺乏足够的震慑力。美国职业安全与健康监察局和矿山安全与健康监察局的职权涵盖立法、执法，具有很强的震慑力，如果企业违反法律、法规，将被严厉处罚，甚至被起诉。由于目前我国此方面的法律、法规尚不健全，在行政方面，职业安全监管部门虽可行使制约权限，但手段却不完善，不少生产经营单位对安全生产监管部门的监察结果采取拖延、敷衍的做法，因此监察要求往往很难被切实执行，预防措施与处罚手段也不能真正落到实处。

其三，专职的安全监察力量薄弱。目前我国的专职安全监察人员只有 2.3 万多人。与发达国家相比，我国安全生产监察力量相当薄弱。目前我国监察力量与国外发达国家的水平相比相差悬殊，要达到发达国家安全水平所需的专职监察员人数，按英国的水平我国应有监察人员 10.77 万人，按德国水平应有 8.38 万人，按美国水平应有 5.03 万人，按日本水平应有 3.35 万人，按意大利水平应有 3.11 万人。若按照目前国际较低的水平，我国的专职安全监察员人数至少需配备 3 万人。

其四，安全监察缺乏有效的技术保障。目前我国安全监察人员缺乏有效的技术保障手段和安全监察装备，安全生产信息、宣传、培训、应急救援等相关体系很不健全，安全防护用品管理，安全检测检验、安全评价和鉴定与安全标志等尚未在全国各行业普遍且有效地推行，安全生产监察工作难以有效开展。

其五，企业安全生产监管不力。长期以来，我国安全生产工作的重点主要放在国有企业，特别是国有大中型企业。随着改革的深入和经济的快速发展，各类非公有制企业大量增加，由于非公有制企业过分注重经济利益,忽视生产安全,致使企业在安全监督管理方面出现纪律松懈、有章不循、违章指挥、违章作业、管理不严、监督不力及违反劳动纪律事件处罚不严,有些企业甚至撤销了安全管理机构、不再设专业安全管理人员,致使安全生产监管力量更加薄弱。

我国现行安全生产监察管理体制在客观上大大地削弱了监察力度,尤其对非公有制企业单位的监察缺乏制约力度,农民工的职业风险没有得到有效控制。

（3）农民工欠缺安全生产的必要知识和技能。

目前,我国农民工正处于向产业工人转型的时期,大多数人尚不具备现代生产常识,安全意识和安全素质较差,而用工企业又多从成本出发大量雇用农民工,追求短期利益决定了其不可能提供必要的技术知识及安全培训。对于正在向产业工人转型而不具备现代生产常识的农民工而言,出现对设计或设置防护设施认识不足,或不按照设计要求施工,或对施工机具工作原理、性能、适用环境不了解而违规操作的现象几乎成为必然。正是这种对隐患认识的不足和对事故预见能力的低下,极大地增加了工伤风险,由此引发的工亡事故已占到60%之多。因此,还需完善农民工安全生产教育培训制度,普及安全技术知识、增强安全操作技能,形成良好的安全文化氛围,促进企业事故的有效预防、保证安全生产。

2.农民工工伤康复机制欠缺

我国农民工工伤康复机制至今尚未形成,尚无针对农民工伤残病症开设的专业康复医疗机构,也没有出台工伤保险基金康复经费提取的相关政策,并且,工伤农民工、参保企业和医院之间缺乏必要的政策协调。如根据现行《工伤保险条例》相关规定,对于尘肺病等需终身护理的不可逆重症,领取一次性工伤补偿待遇的同时也就终结了工伤保险关系。这就意味着后续治疗的所有费用只能由农民工自己承担,这种经济上的不可行性决定了农民工工伤康复、重返岗位、重归社会的愿望很难实现。

（三）具体制度设计合理性欠佳

由于我国缺乏专门针对农民工工伤保险的法律,而相关政府文件又过于笼统、操作性不强，且效力欠佳，当前农民工工伤保险基本上只能套用城市职工工伤保险制度，而城市职工工伤保险与农民工工伤保险显然存在很大差异，且城市职工工伤保险制度的设计本身就存在很多欠妥之处，导致我国农民工工伤保险的具体制度设计不合理、不科学。

1. 农民工工伤维权程序复杂、成本高

依据《工伤保险条例》，农民工发生工伤到领取工伤保险待遇，至少要经历申请工伤认定、劳动能力鉴定以及核定并享受工伤保险待遇 3 个阶段，而未参保的农民工的维权程序则更为复杂，甚至有可能涉及法律诉讼。高成本的维权使很多农民工不得不选择私了和解，牺牲自己的部分权利以换取尽早拿到赔偿。漫长而复杂的维权程序妨碍了农民工实现自己的权利，却使违法单位有时间转移资产，导致此类维权诉讼面临风险甚至失去意义。

2. 农民工工伤保险管理机构缺位

我国目前的全国性工伤管理机构为人力资源和社会保障部工伤保险司，其主要负责拟订机关、企事业单位工伤保险法规、政策和总体发展规划，并负责全国工伤保险制度建设的指导工作。对于 2004 年才被纳入工伤保险体制的农民工群体来说，从中央到地方的工伤保险管理机构几乎没有专门负责农民工工伤事宜的部门。专门的农民工工伤保险管理部门的缺位对于农民工工伤保险制度的建设是一个不小的阻碍。

3. 相应法律规制缺位导致农民工工伤保险参保率低

总体来看，2009 年，雇主或单位为农民工缴纳工伤保险的比例为21.8%，值得关注的是，工伤风险较高的建筑行业雇主或单位为农民工缴纳工伤保险的比例仅为 15.6%，这离《工伤保险条例》的要求相差甚远。究其原因，主要是因为企业的逐利性、农民工的小农思想且欠缺相应的法律规制。

（四）"多保合一"的投保模式削弱了农民工获得工伤保险的机会

很多地方出于推动社会保险全面发展的良好愿望，实行"多保合一"体制，即要求所有企业及职工必须同时参加医疗、养老、失业、工伤和生育等数个社会保险险种,不能只参加其中的部分险种。如宁夏就要求将养老、失业、医疗、工伤、生育保险等5种保险纳入社会保险,集中征收、统一管理。以青壮年为主体的农民工对"五保"当中一些险种的需求并不迫切(如养老保险)。部分农民工因没有缴纳"五保"中需要由其缴纳的其他险种的保险费而无法享受工伤保险。

(五) 农民工群体整体素质不高导致工伤维权效果欠佳

"中国的基层社会,尤其是乡村社会,至今仍是一个熟人社会,人们长期在一个地方或者同一个单位生活,形成了各种相互牵连、相互依存的社会关系。人们不愿意为了一般的权利纠纷而严格依法处理,伤及这种社会关系,倒是往往愿意放弃一些权利,赢得一些情理,以改善同周围的社会关系。"①农民工的这种传统意识和较低的文化素质,使适应工业社会需要的现代法治观念很难为他们所接受。走向现代工业社会的农民工既不能以传统方式保护自身利益,很多情况下又不愿拿起法律武器捍卫自己的权益。

据有关部门的调查,进城农民工文化素质普遍偏低,70%以上的人没有经过任何职业或法律培训,他们的法律意识相当淡薄,法律知识也缺乏。② 权益保障制度是权益得以维护的外在因素,受益者的维权意识是权益得以维护的内在因素。农民工权益受侵犯,除了外在因素缺乏之外,也与农民工自身缺乏法律意识和维权勇气有关。很多农民工在自己合法权益受侵犯时,不懂得拿起法律武器保护自己。有的农民工虽有维权意识,但考虑自己身处弱势,不敢维护自身权益。在工伤处理的过程中,农民工的证据意识也令人担忧,约90%的当事人手头没有证据,有的甚至连身份证也被扣在老板手里,有的不仅没有合同,甚至连被告是谁都不清楚,其维权难度可想而知。

---

① 刘广安:《中华法系的再认识》,法律出版社,2006年,第6页。
② 朱礼好:《谁帮民工跨越素质门槛》,《中国县域经济报》,2003年7月1日。

第七章

完善农民工权益保障的对策

第一节　建立城乡统一的户籍制度

　　农民工问题的形成,源于我国户籍政策的刚性约束。体制转轨时期的中国,户籍政策造就了劳动力城乡间的歧视。这种歧视是少数人对多数人的歧视,它深深地打着政策的烙印,是一种政策性歧视。我国的户籍政策与计划经济体制下的工业化战略相适应,是与就业和社会保障融为一体的。在城乡二元结构的户籍管理政策背后,隐含的是由长期的行政控制而导致的城乡居民对国民财富的分配不均,对社会资源占有的不平等,这种不均和不平等,集中体现在城乡居民的就业、养老、医疗保险、子女教育、文化设施和享受社会公共服务等权益保障的不平等上。户籍政策是解决农民工问题的第一道屏障,改革户籍政策是打破城乡二元体制、实现农民工自由流动、实现农民工权益的最根本条件。

一、我国二元户籍制度的由来

　　1954年,我国《宪法》中公民"迁移自由"的条款被取消,1958年颁布的《中华人民共和国户口登记条例》及配套制度,为限制农村的人口迁入城市作了详尽的制度安排,意味着我国正式步入长达数十年的"城乡分割"的二元结构时代。该条例以法律的形式严格限制农民进入城市,并限制城市间人口的流动。这项户籍制度的诞生源于计划经济的施行,并随之确立了一整套非常具体的管理制度,内容包括"常住、暂住、出生、死亡、迁出、迁入、变更"7 项人口登记事项。

1964 年,国务院转批"公安部户口迁移的相关规定"时提出两个严加限制:"对从农村迁往城市、集镇的要严加限制;对从集镇迁往城市的要严加限制。"

1977 年,国务院第一次正式提出严格控制"农转非",此后公安部具体规定了每年"农转非"的内部控制指标:从农村迁入市镇的"农转非"人数不得超过现有非农业人口的 1.5‰。在如此严格的户籍制度管理下,20 世纪六七十年代基本上没有自主流动的人口,因为城市生活的柴、米、油、盐皆凭户口、票证供应,没有票证进城就意味着没饭吃,所以只能是农民生活在农村,市民生活在城市。

改革开放后,由于私营企业、乡镇企业的大量涌现,对于劳动力的需求倍增,加上我国农产品短缺问题得到了根本解决,政府才开始放松对人口迁移的控制。20 世纪 80 年代中后期,随着户籍制度的松动,"农转非"控制指标有所调整,某些地方的农民只要交纳一定数额的费用就可转成市民身份。随着城镇非农业户口"商品化趋势"的扩大,户口交易也成为户籍变动中的特有现象。

在长达 50 年的时间里,"城乡分割二元户籍"制度被逐渐附加了劳动、教育、医疗、卫生、住房等一系列社会福利差异,造成持有"农业户口"与持有"城市户口"公民在政治、经济、文化、社会各个方面人为的不平等,进而在一定程度上衍生出具有不同等级的社会身份:"一等城市公民"和"二等农村公民"。

二、二元户籍制度对农民工群体的影响

二元户籍制度在我国施行长达数十年,虽然客观上有助于工业化的实现,同时也获得了社会环境的相对稳定,然而城市化进程中的各类不公平待遇也逐渐凸显,尤其对于农民工群体在城市的正常生活造成了一系列的不利影响。

二元户籍制度作为计划经济时代的产物,时过境迁之后已不能对我国的人口流动实现行之有效的管理,阻碍了消费市场的进一步扩展,不利于形成城乡统一的劳动力市场,阻碍了我国农业人口城市化的继

续进行,不利于城市的健康发展。

二元户籍制度最明显的弊端体现在流动人口身上,对于幸福生活的追求是人的天性,农民工怀着美好的理想进入城市辛勤工作,他们从农村出来谋求发展,携带的不仅是勇气和技能,还有各类名目繁多的证件,其在政治权利、经济权利、人格权利等诸多方面和"城里人"存在明显差异。加上农民工本身流动性较大,还要经常办理相关证件,如若不然则会出现"进城打工不办卡,走到哪里哪里卡"。尤其是附加在户籍制度上的各种不平等待遇,从医疗、卫生、劳动、就业、教育、住房、社会保障等诸多层面扩大了城乡差别。所以,将公民的户口划分为"农业户口与非农业户口"、"常住户口与暂住户口",不同户口享有不同的福利,这种做法本身就是不合理的。

三、我国户籍制度改革的进程

1984 年,国务院批转的公安部《关于农民进入城镇落户问题的通知》中规定:"有经营能力、有固定住所或在乡镇企业单位长期务工的,公安机关应准予落常住户口。统计为非农业人口,吃议价粮,并办理《自理口粮户口簿》和《加价粮油供应证》。"这意味着农民可以合法、自由地进入城市,尤其是商品粮分配制度改革以后,进城务工不再需要"自带口粮"。

早在 1992 年国家就成立了户籍制度改革文件起草小组,并于 1993 年草拟出"户籍制度改革总体方案",提出了"取消农业、非农业二元户口性质,统一城乡户口登记制度;实行居住地登记户口原则,以具有合法固定住所、稳定职业或生活来源等主要生活基础为基本落户条件,调整户口迁移政策"的改革目标。

目前,由国务院牵头,包括公安部、国家发展和改革委员会、人力资源和社会保障部等的 14 个部委正在积极协商户籍改革的问题。① 数易其稿的《公安部关于进一步改革户籍管理制度的意见》将涉及五大改革措施:"严密和完善暂住户口登记管理;取消夫妻投靠的户口迁移条件

---

① 摘自《公安部等 14 部委正协商户籍改革,送审稿已经形成》,http://news.sohu.com/ 20080304/n255500260.shtml,搜狐新闻。

限制;放宽老年人到城市投靠子女户口迁移政策;以具有合法固定住所为基本条件,调整户口迁移政策;逐步建立全国城乡统一的户口登记管理制度。"户籍改革的目标正是"建立城乡统一的户口登记制度,放宽户口迁移限制,引导人口的合理有序流动"。

　　近年来,山东、辽宁、河北、广西、重庆等 12 个省(自治区)、直辖市取消了"农业户口",将所有的户口名称统一为"居民户口",统一了城乡户口登记制度。由公安、民政、卫生、教育、人力资源和社会保障、计划生育等部门整合相关的社会经济配套政策,直指原有户籍制度后面附加的各项不合理福利待遇制度。这些地方展开的新一轮户籍改革,均表现出了以"城乡一体化"为目标、通过配套的渐进式改革、逐步打破长期以来的二元社会结构的特点。①

　　四、各地的探索实践

　　2008 年被媒体称为"户籍改革推进年",各地区相继出台的改革措施力度之强、层次之深可谓前所未有。云南省宣布取消"非农业人口"和"农业人口"的户籍登记管理模式,实行"一元制"制度,统称为"居民户"。江西省也宣布:"为建设城乡统一劳动力市场,将探索取消农业和非农业户口划分,逐步建立以居住证管理为核心,以居住地登记户口为基本形式,以合法固定住所或稳定职业为准入条件,城乡统一流动的户籍管理制度。"山西省万荣县制定了《流动人口管理改革办法》,对辖区所有暂住人口实行常住化管理,废止暂住证,全部发放与当地居民相同的户口本。湖南省出台了《关于大力推进新型城市化的意见》,"要求加大户籍管理改革力度,在全省范围内建立户口一元化制度,取消附加在户口上的社会管理职能,促进城乡人口自由流动"。

　　由于不同的城市属性导致其改革程度不一,以下是几个典型城市

---

①　作为重庆统筹城乡改革先行示范区,九龙坡区在 2007 年初探索制定了《城乡统筹发展户籍制度改革试行办法》等配套制度,以解决农民变市民过程中面临的各种问题。该区有的区、县甚至出台了农民变市民的奖励办法。此项改革将在试点的基础上全面推开,并尽快过渡到以身份证取代属地户籍管理制度阶段。

的做法：

（一）上海

2009 年 2 月 23 口，上海市政府出台了"持有上海市居住证的人员"申办常住户口的试行办法：持有上海市居住证满 7 年，同时符合持证期间按规定"参加市城镇社会保险满 7 年等其他 4 个条件者"可以转为上海户籍，①但是这些条件农民工基本上难以企及。据上海市政府统计，外来劳动力中大部分是农民工，且主要集中在 39 岁及以下年龄段，占到 80.9%。此前上海有关部门制定了两个版本的户籍改革方案：A 版本和 B 版本，②最终采纳了后者。A 版本主要是针对外来农民工的，该版本的被搁置表明，对于这部分群体的户籍转变，尚未纳入上海市户籍改革的近期日程。

（二）深圳

2006 年 6 月，深圳市率先制定了《劳务工医疗保险办法》。③ 2007年 11 月，深圳修订了社会养老保险的有关政策，取消非深圳户籍的员工"应在达到退休年龄前五年在深圳连续缴费"的歧视性条款。2008年 6 月，深圳市法制办审议通过了《深圳市住房保障条例（草案送审稿）》，将非深圳户籍群体纳入住房保障体系。另外，对于外来务工人员子女的义务教育问题，早在 2005 年，《深圳市人民政府印发〈深圳市关于加强和完善人口管理工作的若干意见〉及五个配套文件的通知》中就规定，外来务工人员只要在深圳连续居住一年以上，且符合计划生育、劳动社保等方面的条件，其子女就可以在深圳市接受义务教育。

2007 年 9 月，深圳市在盐田区启动居住证试点工作。至 2008 年 1

---

① 为了激励部分持居住证的准上海居民加入上海户籍，上海市推出了优先申办上海市常住户口的激励措施，其中包括按个人在上海直接投资（或投资份额）计算，最近连续三个纳税年度内累计缴纳总额及每年最低缴纳额达到上海市规定标准的可以不受部分常规条件的约束。

② A 版本由上海市发改委（人口综合调控领导小组办公室）牵头；B 版本由上海市人事局牵头。

③ 截至 2007 年底，总计有 754 万人次参加了各种形式的社会医疗保险，其中非深圳户籍人口有 600 余万人。

月底,盐田区在试点阶段成功办理居住证 175 530 张,占全区流动人口的 91%,基本实现了"办证率达到覆盖 90% 流动人口"的预期目标。2008 年 8 月 1 日,深圳市开始在全市的范围内实施居住证制度,持"居住证"的居民子女可在深圳接受义务教育,持有"居住证"满 10 年的居民将被纳入深圳市社会保障体系。

至此,深圳市在医疗、养老、住房、教育等问题上均已突破户籍限制,完成了由"暂住证"向"居住证"的转变,非深圳户籍的人口也获得基本"市民待遇",因户籍不同而带来的不便正在被逐渐改变。

（三）嘉兴

2008 年 10 月 1 日,浙江省嘉兴市宣布:按居住地登记户口的新型户籍管理制度、城乡统一的户口迁移制度和按居住地划分的人口统计制度,取消农业户口、非农业户口分类管理模式,全市城乡居民户口统一登记为居民户口。从这天起,不仅嘉兴市不再存在"农业户口",其户籍制度本身各种社会福利待遇的不合理附加也逐渐被取消,并与社会经济的配套政策相对接,成为全国户籍改革的一个新标杆。

各地户籍改革的举措引起了社会的广泛关注,虽然目前多数还仅局限于取消形式上的户籍歧视,即户籍登记上体现的"农民"、"非农民"的不等身份,但至少是逐步取消了形式上的城乡身份区别,任何能够松动城乡二元体制的措施都有积极的意义。至于实质上的户籍歧视,如社会保障、基础教育、医疗卫生、住房保障等那些依据户籍身份产生的待遇差别,要实现彻底的转变不可能一蹴而就。

五、几种可行的改革方案

推进户籍制度改革是实现城乡经济社会发展一体化的前提,任何用户籍属性来区别对待农民和市民的制度都应当被重新检视。首要问题是要从体系上弱化城乡二元户籍体制,改变各种不合理附加,建立新型的户籍登记管理制度;关键问题是与该制度最密切相关的教育、医疗、住房、卫生、人事、劳动等相关社会福利的配套制度的完善;最终目标是实现城乡社会经济一体化。

我国人口基数大、地区分布不均衡,各个城市的资源条件也参差不齐,加上城乡差距、地区差距扩大的趋势已成定局,在户口迁移制度以及其他相关政策的调整方面,都应因地制宜、区别对待。因此,各地的户籍改革可以允许有不同的做法,综合考虑城市的承受能力,把握户籍改革的不同节奏。

（一）东部特殊城市

对于北京、上海、天津、广州等人口压力过大的特殊城市,考虑暂缓取消城乡二元户籍制度。为了防止人口的过度膨胀,在一定时期内继续施行适度从紧的户口迁移政策是很有必要的,对于部分群众的落户愿望可以有计划逐渐满足,不可能一步到位。可以尝试推行发放"绿卡"等方式,如务工人员在一个城市工作超过一定时间,达到一定标准,[1]即可办理入户手续而获得在这个城市的居住资格,建立"统一、开放"的人口管理机制。至于户籍上附加的社会福利等经济价值,只能"有步骤、分阶段"地向非城市户籍人口倾斜,不宜马上同等对待,保留一段时间的城乡差别也是不得已的权宜之计。

（二）东部普通城市

对于东部地区的中小城市,可考虑借鉴深圳的做法,进一步加快非户籍身份条件下的各种社会福利制度建设。考虑到人口的相对压力,只能逐步取消城乡二元户籍管理制度,首先将"暂住证"之类的歧视管理方式转换成"居住证"的普通管理方式,使市民之间的待遇基本平等,然后再逐步取消二元制户籍登记的规定。

（三）西部城市

对于西部地区特别是西部的中小城市,则要适应加快发展的需要,进一步放宽户口迁移的限制。可以考虑借鉴嘉兴市的做法,直接取消二元户籍登记的制度,并逐渐过渡到以身份证取代户籍管理制度的阶段。同时进一步加强相关福利措施的配套和完善,在就业支持、子女教育、养老保险、最低生活保障等各个方面,让"变身"为市民的农民工享受与当地"城里人"均等的待遇。

---

[1] 在全面推进小城镇户籍管理制度改革基础上,以有合法的固定住所、稳定的职业或生活来源作为落户条件,根据当地经济和社会发展的实际需要及综合承受能力制定城市发展总体规划和人口发展规划,以落户条件取代计划指标。

随着户籍制度改革的继续深入,相信农民工这个歧视性概念终将成为历史,我们也会迎来全国统一的"一元户籍制"的时代。

第二节　完善农民工权益保护的立法措施

目前,我国对农民工权益保护的立法取得了一些进展,但由于立法背景的差异,立法思想、立法价值取向和农民工在城市务工各方面条件的限制,有效保护农民工权益的法律体系尚不完善。因此,完善农民工权益保护的立法、建立多层次的法律保护体系是维护农民工权益的首要任务。

一、修订现行《劳动法》

农民工属于法律意义上的劳动者、社会主义事业的建设者,现行《劳动法》以及相关配套法律法规都对包括农民工在内的劳动者的合法权益作出了明确规定,但是这些规定都比较宏观,其原则性规定多,可操作性规定少,事实上很难切实保护农民工的合法权益。另外,与农民工权益保护相关的许多重要领域尚无相应的法律予以规范。我国当前的立法现状使得农民工的权益受到侵害时尚存在无法可依的困境。

1995 年实施的《劳动法》对依法调整劳动关系、规范用人单位行为、维护劳动者合法权益发挥了重要作用。但《劳动法》在农民工权益保护方面存在很多不完善的地方,忽视了农民工这一特殊群体,脱离了农民工的实际情况,对其权益保护的规定不完善且有些规定难以得到有效实施。本书认为,可以从以下几个方面对现行的《劳动法》加以修订:

1. 扩大《劳动法》的调整范围

《劳动法》的调整对象界定不清,范围过窄。随着市场经济的快速发展,劳动、人事、工资 3 项制度改革的不断深入,用工形式越来越多样化,劳动关系日益复杂,现行《劳动法》的局限性日益明显。为适应日益发展的市场经济条件下劳动市场的复杂性,应将民办非企业单位、国家机关、事业单位、社会团体作为用人单位直接纳入《劳动法》的调整范畴,而凡与这些用人单位建立劳动关系的农民工与城市劳动者统称为劳动者一并纳入《劳动法》的调整范围。把农民工明确规定为调整对象之一,使《劳动法》真正成为保护包括农民工在内的所有劳动者权益的基本法。

2. 实行裁审分离的劳动争议纠纷解决机制

改变劳动争议纠纷解决机制,实行"或裁或审,裁审分离,各自终局"的劳动争议处理模式。对此本书将在后面详细论述,在此不再赘述。

3. 建立严格的责任追究制度

对用工单位侵犯农民工权益的责任追究实行"双罚制",既对用人单位和责任人员都要追究法律责任。还应增加"政府有关部门,在《劳动法》执法过程中不履行职责、有渎职行为、徇私舞弊行为,造成严重后果或者造成恶劣社会影响的,追究有关责任人员的法律责任"的条款。这样才能防止有法不依、执法不严、违法不究的问题。

4. 注重与国际劳工标准相衔接

国际劳工标准又称"核心劳动标准",主要包括消灭剥削性童工、禁止强迫劳动、反对就业歧视、结社与集体谈判自由 4 个方面的内容。国际劳工标准为我国保护农民工权益提供了基本的参考模式,我国应当对此给予足够的重视,并结合我国的实际情况,修订我国《劳动法》使之与国际劳工标准相衔接,更好地保护我国农民工权益。

二、完善相关的法律

1. 修改《全国人民代表大会和地方各级人民代表大会选举法》和各省、市、区实施办法等法律法规,从法律上保障农民工政治参与权利的实现

由于传统歧视观念的存在和户籍的壁垒,特别是由于其流动性大的特点,使得农民工这个有近 2 亿人的庞大群体的政治地位一直得不到有效的保护,其选举权、被选举权往往被忽略或漠视。要把农民工的选举权和被选举权真正落到实处,必须通过民主政治的机制使农民工群体获得更多的参政、议政权利,特别是使其合法权益得到有效表达并能上升到法律制度层面加以保护。因此,应进一步明确农民工在城镇工作地、居住地享有与城镇居民同等的选举权和被选举权,政府须为农民工行使选举权和被选举权提供相应的保障,以保证农民工真正拥有

当家做主的权利和政治地位。

2. 完善《工会法》，充分发挥工会在农民工权益保护中的作用

一直以来工会始终被认为是维护劳动者权益的组织，但从工会的组织结构和工作方式来看，它更适合于与用人单位有固定联系的劳动者。而就现有情况来看，农民工流动性极强，大多数以临时工的身份参与劳动，寄希望于他们自觉地参加工会是不现实的，而且即使加入了工会，工会也很难为这一特殊群体提供保护。应当完善《工会法》，明确规定职工与用人单位建立劳动关系的，均可加入工会，不再区分合同工、临时工、季节工，农民工不再受职工本单位连续工作时间等的限制。农民工成为工会会员后，会员组织关系可以随着劳动关系流动。切实保障农民工加入工会的权利，加强农民工与用人单位的劳动抗衡力量，以制约用人单位强势地位的滥用。

3. 制定《社会保障法》，为农民工的社会保障权益提供法律保障

目前我国尚无一部综合性的社会保障方面的法律，这与我国社会发展的需要不相适应。由于缺乏相应的法律保障，农民工的社会保障工作缺乏强制性，这是造成劳动者社会保障权益遭受侵害的根本原因。国外大多数国家将社会保障纳入法制化轨道，在社会保障方面进行严格的立法，为公民切实实现社会保障权益提供法律保障。我国应借鉴国外经验，制定专门的《社会保障法》，尽快建立全面的社会保障体系，明确将进城农民工纳入城镇职工养老保险、失业保险、工伤保险、医疗保险等社会保险的覆盖范畴，实现农村社会保障和城镇社会保障的对接。

4. 制定《工资支付法》，保障农民工的劳动报酬权

目前，我国《劳动法》和劳动部发布的《工资支付暂行规定》以及《对〈工资支付暂行规定〉有关问题的补充规定》对工资支付的办法、禁止克扣或无故拖欠劳动者的工资、对工资支付的监督作了规定。2008年实施的《劳动合同法》又增加了试用期内最低工资标准、劳动者因拖欠工资可以向法院申请支付令以及对用人单位不足额支付劳动报酬的处罚措施等规定。但以上规定有些地方不够明确，存在着"有规定，没标准"，实际操作性不强的漏洞，使其很难在实践中发挥作用。我国应

借鉴国外关于工资发放保障的立法,针对我国农民工在工资报酬方面常受到损害的现状,制定《工资支付法》,将农民工的工资支付、最低工资保障、雇主责任等纳入其中,规范企业工资支付的行为,建立工资支付的监督机制,完善农民工欠薪追偿措施,明确政府有关部门在保障农民工工资方面的责任,以杜绝拖欠工资现象的产生和蔓延。

三、发挥立法监督职能,突出基本权利保护

面对日趋严重的农民工权益受损现象,许多学者和研究机构纷纷呼吁,为了保护这近2亿农民工的合法权益,亟须制定一部《进城农民工权益保障法》,以专门立法的形式确定农民工的产业工人身份、政治地位及应该享受的各种平等待遇,使农民工的权益不受侵害,逐步缩短工农差别、城乡差别,促进工农、城乡之间的协调发展。他们认为,以《劳动法》为核心的劳动法制是针对一般劳动关系设立的,具有一般代表性,是劳工权益保障的一般性标准,对农民工权益保护的特殊性缺乏针对性,因此有必要建立起一套以劳动法体系为标准的,以农民工为保护对象的特定法律法规体系以及相应的执行机制来适应当前保护农民工权益的需要。[①] 也有学者认为,农民工从农村转移到城市务工,其生活的主要来源是其打工所得的劳动报酬——工资,他们理应属于工人阶级的范畴。从法律上看,农民工到城市务工,与企业、个体经济组织形成劳动关系,他们便是属于这个企业或个体经济组织的劳动者,理应受到以《劳动法》为主体的现行劳动法律法规体系的保护。因此,就农民工问题专门立法已无必要,重要的是将现行《劳动法》落实到位。本书赞同第二种观点,如果真要从立法环节打开保护农民工合法权益的突破口,那么立法机关真正要做的则是发挥其立法监督职能,突出对农民工群体的基本权益的保护。

根据我国现行的制度设计和安排,我国的立法主体有全国人民代表大会及其常委会、国务院及其各部委,以及省(自治区)、直辖市、较大城市的人民代表大会及其常委会和人民政府等,2000年出台的《立法法》以法律的形式赋予了相关立法机关立法监督权,具体而言,我国立

---

① 高刃锋:《农民工权益的法律保护思考》,《兰州学刊》,2005年第1期。

法机关的立法监督权可以分为事先监督和事后监督两类。事先监督主要是指有关立法机关的规范性法律文件在生效之前须经审查和批准。如《立法法》第六十三条第二款规定:较大城市的人民代表大会及其常务委员会,根据本法的具体情况和实际需要,在宪法、法律、行政法规和本省、自治区的地方性法规相抵触的前提下,可以制定地方性法规,报省、自治区的人民代表大会常务委员会批准后施行。而事后监督是指规范性法律文件在施行后,有关立法机关若发现有不适当的或与上位法相抵触的条款,可以予以改变或者撤销。《立法法》第八十八条就是赋予有关立法机关事后审查权的具体规定,此外,根据《立法法》第九十条的规定,国务院、中央军事委员会、最高人民法院、最高人民检察院和各省、自治区、直辖市的人大常委会认为行政法规、地方性法规、自治条例和单行条例同宪法、法律相抵触的,可以向全国人大常委会书面提出进行审查的要求,其他国家机关和社会团体、企事业组织以及公民可以向全国人大常委会书面提出进行审查的建议。由此可见:享有违宪审查权的立法机关有权也有义务对涉嫌违宪的规范性法律文件进行合法性审查或者正当性审查,审查属实的,不予批准、予以改变或者撤销。然而,从现今针对农民工的各种规定来看,违宪的地方性法规和政府规章、规定不在少数,对此农民工本身有怨言,广大媒体也进行了追踪报道和呼吁,可是,地方法规对农民工合法权益的排斥性规定并没有大幅度减少。虽说近年来的清欠行动促使某些地方开始重视农民工这一群体的合法权益,但更多的是治标不治本,忽视对这一广大群体合法权益的长效保障。因此,针对目前普遍存在的对农民工合法权益的排斥性规定,享有事后审查权的机关应当积极行动,该改的改,该废止的坚决废止,这样才能使中央与地方的劳动制度保持一致,形成对包括农民工在内的所有劳动者的平等保护机制,切实维护和实现农民工的合法权益,还农民工以平等的国民待遇。

第三节　强化政府执法责任

根据我国《宪法》和《政府组织法》的明确规定,我国各级政府享有广泛的行政管理职权,并承担着贯彻与执行宪法和法律的执法责任。由于政府执法涉及社会生活的方方面面,与人民的生产和生活接触得最紧密、最广泛,加之我国长期以来延续的官本位思想,使得我国的政府机关成为维护民权、关注民生的核心所在,人们也将各级政府视为为民做主、伸张正义的首选之处。因此,面对严峻的农民工权益保障困境,不能仅靠企业家的道德水准和觉悟,也不能仅靠农民工个体维权的抗争,政府应该扮演一个关键性的角色。

一、明确流出地和流入地政府的责任

(一) 流出地政府的责任

农民工流出地往往是生产力相对落后、生活相对贫困的地方,农民工进城务工,不仅转移了流出地农村的富余劳动力,也给当地的经济发展和生活水平提高提供了大量的资金积累和经验积累,因此,流出地政府应该尽其所能地保障其所流出的农民工的合法权益。

1. 流出地政府应该更新观念,积极搜集并提供各种招工信息

长期以来,农民工流出地政府一直都认为,辖区内农民工进城务工纯属农民工个人短期行为,政府对此不应过多介入和干涉。观念上的错位造成了当地农民工的盲目外流和无功而返。服务型政府理念的提出,要求流出地政府改变过去的错误观念,积极地为其流出的农民工提供各种服务,其中重要的一条便是信息服务。因为农民工所在的农村一般都信息闭塞、交通不便,当地政府应当积极、主动地利用其信息整合优势和技术设备,充分搜集用工需求旺盛的城市、地区、行业、企业的相关招工信息,并及时向本地有意外出务工的富余劳动力发布,帮助他们有秩序、有计划地向外流出。

2. 满足外出农民工获得职业培训的权利

流出地政府应该在了解相关招工信息的基础上,创造一切条件扩大职业培训的规模,提高职业培训的水平,满足外出农民工获得职业培训的权利要求。各级政府应当从地方财政中拨专款予以支持,根据物价部门制定的标准,政府应承担培训费用的 30% ~ 40%,用人单位、农民工承担剩余部分的费用。湖南省的邵阳和娄底两市就针对目前印刷行业用工紧俏的现实,充分利用当地的职业技术学校资源,采用地方财

政补贴的方式开设各种印刷技术培训班,帮助外出农民工掌握各种印刷技能,熟练操作各种印刷设备。如今,邵阳和娄底两市的印刷技工已经遍布全国各地,形成了一定的品牌效应。因此,如果流出地政府积极推动农民工职业技能培训计划的制订和落实,让外出农民工都能掌握一技之长,如印刷、裁缝、钳焊等,那么,仅靠出卖简单体力、不能进入技术行业的农民工务工现状就能够从根本上得到改善。

3. 建立外出农民工信息跟踪服务机制

流出地政府应做好本地外出农民工的信息统计工作,并建立起有利于保护其流出农民工合法权益的跟踪服务机制。尤其是针对现今农民工规模不断扩大并趋向集中的事实,流出地政府要是能对其行政区划内外出农民工的人员变动、务工流向、从事行业、工资待遇等情况进行科学、系统的统计和研究,则流出地政府就能根据相关统计数据对其农民工外出务工进行合理的引导和规划,也便于流出地政府建立起农民工跟踪服务机制。建立跟踪服务机制的目的在于使外出农民工有难时不被地方保护所困,能够借助家乡政府的力量。可以是流出地政府与流入地政府的劳动部门建立定期联系,定期交换意见;可以是流出地政府部门委托农民工集中地的个别农民工作为情况反映人;也可以是由流出地政府在农民工相对集中的流入地设立农民工服务办公室,派专人留驻,就近提供指导和服务。

(二) 流入地政府的责任

农民工进城务工,对流入地而言是利大于弊,农民工从事的往往是当地人不太愿意从事的行业和职业,他们改善了城市面貌,方便了城市人的生活,填补了城市相关行业的用工空白,因此,流入地政府有义务和责任保护这些外来务工者的合法权益,相比流出地政府而言,流入地政府的责任更大,更应有所作为。

1. 清理和取消对农民工的不合理规定,保护农民工合法权益不受侵害

流入地政府应该及时清理和取消当地有关部门对农民工的不合理规定,营造尊重和保护农民工合法权益的良好氛围。多年来,各大、中、小城市都不同程度地采取先本市后外地、先城市后农村的歧视性政策,

有的甚至采取了"清岗腾笼"政策,对本地在岗的农民工予以清退,以保障城市下岗职工的就业。这些不合理政策和规定的存在,极大地损害了进城农民工的平等权,对自由、竞争、平等、有序的社会主义市场经济秩序也是一种严重的破坏,不利于流入地的长远发展。依法行政的原则要求流入地政府积极作为,坚决撤销当地政府部门对进城农民工的一切不合理规定,努力打造就业凭技能、致富靠本事的政策环境,鼓励就业竞争,不干涉企业自主合法使用农民工。

2. 加强劳动监察,严惩侵害农民工合法权益的劳动违法行为

前国际劳工局局长弗朗西斯·勃朗夏曾说:"没有监察,劳动立法只是一种道德力量,而不是有约束力的社会纪律。"①目前,用工单位侵害农民工合法权益的案件层出不穷,追根溯源,劳动监察失灵是一个重要的原因。用工单位以利润为终极目的,想方设法降低生产成本,于是,不提供安全生产条件、不与农民工签订劳动合同、不为农民工投工伤保险、拖欠克扣农民工工资等劳动违法行为屡屡发生。此时,以保护劳动者合法权益为职责的流入地政府劳动监察部门,在专项整治的基础上应加大不定期抽查的密度和力度,建立起长效监督制约机制,通过劳动保障年检、日常巡视监察、举报专查和专项检查等各种监察形式,来维护农民工的合法权益。对于监察中发现的劳动违法行为要进行严肃查处,决不估息,从而提高用工单位的违规成本,督促用工单位按标准提供安全生产条件、按劳动工时制度安排劳动时间、按时足额地发放农民工工资、加强农民工的职业病检查与预防,从而在加强执法监察的基础上建立起企业用工信用档案,并及时将有关情况通报给建设、工商、金融等部门,对其经营行为和市场准入等区别情况采取制裁或鼓励措施。

3. 规范职业介绍所等劳动中介机构的行为,加强对劳动力市场的监管

如今,农民工进城务工除了一部分人是熟人介绍外,越来越多的农民工开始走进劳动中介机构寻找就业机会,原因在于职介所等劳动中

---

① 赵恒:《劳动法施行十年,劳动者依旧茫然》,《检察日报》,2004 年 12 月 7 日。

介机构信息搜集能力强,介绍就业机会多。这让急于找事做的农民工纷纷涌入这些劳动中介机构。然而,事实上有些职介所提供的用工信息不详细,且往往在介绍工作岗位时先要求求职的农民工交纳一定数额的职介费,其实他们做的都是以推荐为名、以图财为实的罪恶勾当。在农民工的市场交易规则和交易过程方面,农民工劳动力市场是很不完善的,这种不完善突出表现在交易场所的不固定和交易的无契约上,农民工一旦感觉被"黑中介"所骗,便无处可找、无据可依。所以,规范职介所等劳动中介机构也是保护农民工权益的一个重要方面,流入地政府工商行政部门应加大查处力度,对以职介所名义坑害农民工的不法分子和不法中介,一经发现,要视情况给予罚款、没收违法所得、暂扣或吊销营业执照等处罚措施;劳动和社会保障部门要管理好劳动力市场,维护好农民工的合法权益,要及时对劳动中介机构的不合法行为予以通报和警告,为农民工进入正规职介所寻找务工机会保驾护航。

4. 督促签订劳动合同,为农民工提供社会保障待遇

流入地政府劳动部门应督促城市用工单位与农民工签订劳动合同,为农民工提供工伤保险和医疗保险等基本的社会保障待遇。社会保障的目标是:立足于社会公正和社会安全的角度,通过社会救助、社会养老保险、医疗保险等各方面的制度来实现社会公正和社会安全,确保每个人都有一个合理的生活水平。[①] 进城农民工之所以在遭遇工伤事故或大病大灾后,只能消极对待或是倾家荡产,一个很重要的原因就是用工单位与所雇农民工劳动合同签订率极低,未能给农民工提供各种保障待遇,一旦出现农民工伤病事故,用工单位便会以未订协议为由拒绝承担相关责任。因此,流入地政府有义务站在社会正义的立场上,在劳动执法的同时,重点检查用工单位与所雇农民工的劳动合同签订情况,有劳动合同的重点检查合同中有无提供社会保障条款,督促用工方为农民工办理工伤保险和医疗保险等,解除农民工的后顾之忧。

总之,对于既是农民又是城市建设者的农民工的保护工作,既不能交由市场来完成,也不是任何与其地位相左、利益相冲突的群体能够完

---

① 钱亚仙:《农民工权益保障与政府责任》,《湖北行政学院学报》,2005 年第 5 期。

全胜任的。政府是以服务社会为己任,唯有政府才能保护农民工的合法权益。无论是流出地政府还是流入地政府,作为执法机关,他们都应该明确并履行各自承担的对农民工权益保护的职责。因此,政府应该在保护农民工合法权益过程中发挥更大的作用。

二、建立起严格的责任追究机制

如上所述,各地政府在保护农民工合法权益中责任重大,只要各地政府都能切实承担起责任,那么普遍存在的农民工权益受损困境必能得到极大的缓解和改善,问题在于各地政府尤其是流入地政府未能真正担负起自己的职责,有时甚至还成为侵害农民工合法权益的始作俑者。因此,非常有必要建立起严格的对违法违规操作的各地政府的责任追究机制。

我国各级政府及其职能部门实行的都是行政首长负责制,从目前频发的农民工工伤事故和职业病问题等可以看出,各地政府对农民工权益保障问题不够重视。为此,若要追究政府及其职能部门的责任,首先就要追究其行政首长的责任,因为权力与责任是相伴相生的,没有无责任的权力。有的地方经济上去了,但出现了很多工伤事故,且无人对此负责。如果各地将预防工伤事故作为地方政府的一把手工程,将这一内容作为地方政府官员升迁考核的重要指标,则情况肯定会比现在要好。目前工伤事故的受害主体是农民工,这是由于我国的矿山、机械、建筑等易发生工伤事故的产业中,农民工已经成为工人构成的主体。此外,我国农民工职业病的情况也相当严重,如尘肺、血液病等;更为可怕的是农民工既没有职业病防治措施,也没有工伤保险。国家颁布了《劳动法》、《安全生产法》、《职业病防治法》、《建设工程安全管理条例》等,这些法律法规都明确规定了政府机关在保护劳动者合法权益的法律责任。拥有广泛执法权的政府部门要想做到依法行政,就必须有法必依,严格执法,否则就要承担失职的法定不利后果。而在行政系统内部,行政监察部门、人事组织部门须对直接责任人员和相关主管官员确定并追究相应的法律责任,该行政处分的坚决给予行政处分,需要追究刑事责任的依法移送司法机关。只要政府执法后面紧随着严肃的责任追究,那么哪个政府部门及其工作人员还敢漠视农民工权益受损事故的接连发生而不闻不问呢？作为社会代表的政府一旦下定决心，积极履行职责，又有哪个用工单位敢无视并肆意侵害农民工的合法权益？可见，保障农民工这一弱势群体的合法权益，无论是从功利的角度还是从道义的角度，都是政府义不容辞的责任。怠于履行职责就要承担法律责任，各地政府要改变过去倚重和偏向资本，有意对用工单位放松监管，以损害农民工权益为代价的错误执政方式，回归到依法行政、维护社会正义的本位上来，而要做到这一点，就必须以严格的责任追究机制为保障。

第四节　疏通司法渠道

司法不同于执法，司法要求被动、中立，在保护农民工问题上也是如此，对待农民工案件同样要严格遵循"不告不理"的原则，但与此同时，司法环节又是保护农民工合法权益的最后一道屏障，也应该是最有权威的一道关卡。可现实情况是，农民工权益受到侵害后，一般不会通过司法途径来救济自己的权益。这主要是因为司法成本太高。另外，从我国现行法律规定的处理劳动争议的程序设计来看，采用的是可调先裁后审的模式，法律程序复杂，审理时间长。正是由于农民工寻找司法救济需要高昂的经济成本和时间成本，农民工害怕被拖入诉讼的泥潭，对于通过司法渠道保护农民工的合法权益，常常是敢想而不敢做。

一、法院重视农民工案件

人民法院是我国法定的审判机关，象征着我国法律的权威和尊严。在一个真正的法治社会里，所有人的合法权益特别是弱势群体的合法权益都应该得到法律的无差别保护，为此，人民法院在保护我国农民工的合法权益上具有不可替代的作用。法院系统必须审时度势，对农民工权益受损问题，应该引起重视，有案必办，有案快办，做到快立案、快审判、快执行。根据我国《民事诉讼法》的相关规定，农民工案件一般以基层人民法院作为一审法院，并且由被告住所地人民法院管辖，这样的规定也便于有诉求的当事人及时就近提起诉讼。而法院系统若想真的在保护农民工合法权益上发挥其应有的作用，就必须采取一些保护农

民工的特殊措施。农民工怕打官司是担心耗不起时间和金钱,对此,人民法院可以从以下两方面入手加以解决:

第一,为了争取时间,基层法院可以专门设立劳动庭来受理和审判劳动争议案件。建立这种模式在农民工聚集地尤为必要,劳动庭应由熟悉劳动法律法规的法官主持,在审理涉及农民工的劳动争议案件时,可以采取灵活形式和简易程序,尽量缩短法律文书的送达时间。对于事实清楚、证据充分的农民工案件尽量当庭宣判、尽早结案;对于不及时应诉、不及时履行判决的用工方,可以加大拘传、缺席判决的适用力度,必要时采用拘留、查封、扣押、冻结其财产等强制措施;对于拖欠农民工工资、农民工工伤赔偿等案件可以适用先予执行制度。这样农民工就不会因担心时间太长而规避司法救济。目前,有的地方已经设立了些类法庭,如青海省海东地区地、县两级法院"维护农民工权益速裁法庭"全面开展巡回办案活动,并取得了很好的效果。①

第二,为了缓解金钱压力,受案法院可以在农民工提起诉讼时取消预交案件受理费等诉讼费用的规定,并允许农民工在起诉书中提出让对方承担诉讼费用的诉讼请求。只要法院判决农民工胜诉,这些诉讼成本的承担风险就可以转移到败诉方,从而使农民工不会因为事先需要缴纳案件受理费、勘验费、证人或鉴定人出庭费、执行费等高额诉讼费用而不敢起诉。此外,我国的法律明确规定:"当事人确因经济困难不能按时足额交纳诉讼费用的,可以向人民法院申请缓交、减交或者免交,是否缓、减、免,由人民法院审查决定。"受案法院完全可以根据具体情况依法决定让农民工缓交、减交或免交相关的诉讼费用,甚至在农民工权益受损情况普遍存在的法院辖区,当地法院可以以公告的形式告知农民工享有缓、减、免诉讼费用的权利,让权益受到损害的农民工不会因为无钱打官司而徘徊在法院门外。

此外,在我国的司法实践中还有一个现象值得农民工案件的受案法院注意,那就是现实个案中,作为权益受损方的农民工往往人数众多,而真正敢于向法院起诉的农民工却少之又少,有时几十个农民工权

---

① 海东:《速裁法庭维护农民工权益》,《工人日报》,2005 年 1 月 17 日。

益受到损害,起诉的却只有一两人,而且未起诉的农民工基本上都是选择离开案发地,不为自己的合法权益进行抗争,这也是目前农民工流动性增大的原因之一,给我国的法院审理工作增加了一定的难度。然而我们也应该看到,这样的案件往往符合我国民事诉讼法中所规定的普通共同诉讼的构成要件,如果只有部分农民工起诉,则法院作出的判决和裁定并不当然地对其他权益受损的农民工适用,除非他们赶在诉讼时效期届满前提起诉讼,否则,即使法院作出了对已起诉的部分农民工有利的判决和裁定,他们也会因为错过了诉讼时效而丧失请求法律保护合法权益的机会。因此,法院一旦受理了农民工案件,除了按照法律的要求发出公告催促未起诉农民工向法院登记之外,还要以通知书或者法律允许的其他方式让不能看到公告的农民工及时得到相关信息,从而以共同诉讼人的身份参与到相关诉讼中来,这样既可以节约司法资源,避免缠诉和滥诉,又可以让更多的农民工通过司法途径实现自己的权益诉求,从而使尽可能多的权益受损农民工获得司法救济的机会。

二、完善民事诉讼当事人制度

适格的当事人是诉讼请求获得支持的基本前提之一。一般情况下,在具体的诉讼中争议标的的主体才可能成为适格的当事人。① 为切实保障农民工权益,应对涉及农民工权益案件的诉讼当事人制度进行完善。

(一)适当扩大原告的范围

鉴于农民工在法律知识、举证能力、诉讼费用的承担能力等方面的不足阻碍了他们以诉讼方式维护自己权益的现实,本书认为,可参照《著作权法》第八条第一款的规定,②赋予工会以类似原告的资格。即:农民工加入工会后其权益受到侵犯后,可以通过授权,由工会作为当事人为农民工主张权益,提供法律援助。工会在起诉前应对诉讼进行审查,并告知农民工可能的后果,对不符合援助条件的依法予以书面说明。这样既可打破农民工在举证能力、诉讼能力等方面的限制,使原告

① ［美］伯尔曼:《法律与宗教》,梁治平译,三联书店,1991年,第28页。
② 马文斌、李福岩:《法制宣传教育三题》,《辽宁教育行政学院学报》,2006年第7期。

和被告的诉讼能力趋于平衡,又能有效减轻仲裁机构和法院的工作量,节约诉讼资源。

(二) 适当扩大责任主体的范围

为确保建筑工程领域的农民工能够如期顺利拿到工资,可以赋予农民工直接起诉发包单位的原告资格。从法理上说,这似乎有悖于《合同法》所强调的"合同相对性"原则,因为发包单位与农民工之间不存在合同关系。但合同的"相对性原则"并不是不可突破的,我国《合同法》第七十三条规定的代位权、第七十四条规定的撤销权均出于维护第三人合法权益的需要而对合同相对性原则进行了突破,因此完全可以有限度地突破。此外,从《合同法》的角度来说,规定农民工有权直接起诉发包方单位,实质上只是对建设领域内代位权行使的一种特别规定,而非权利种类的创建。因而法律可尝试作如下规定:农民工只要能够证明发包单位存在拖欠工资款的行为,就有资格起诉发包单位。承包单位有为农民工提供发包单位支付工资款情况的义务。农民工可以依承包单位出具的相关账目作为证据起诉。这样调整的理由在于:首先,可以有效防止承包单位对农民工工资款的截流;其次,可以确保2004年《建设领域农民工工资支付管理暂行办法》第十条规定的落实。该规定虽然明确了业主或工程总承包企业未按合同约定与建设工程承包企业结清工程款,致使建设工程承包企业拖欠农民工工资的,由业主或工程总承包企业先行垫付农民工被拖欠的工资,先行垫付的工资数额以未结清的工程款为限。但并未明确有关主体不垫付时农民工是否具有原告资格。

三、完善劳动争议解决机制

(一) 实行"裁审分离"的争议解决机制

根据我国目前法律规定,解决劳动争议的唯一合法途径是"劳动仲裁—法院诉讼"。实践证明,这种劳动争议"先裁后审"制度的弊端很多,"先裁后审"的劳动争议处理体制在我国的实践运行中已明显表现出不适应现实需要,也不利于劳动者正当权益的保障。2006年,《最高人民法院关于审理劳动争议案件适用法律若干问题的解释(二)》第三条明确规定:"劳动者以用人单位的工资欠条为证据直接向人民法院起诉,诉讼请求不涉及劳动关系其他争议的,视为拖欠劳动报酬争议,按照普通民事纠纷受理。"这样,农民工可凭欠条直接向法院起诉,不需要经过仲裁程序,这也为完善农民工权益的司法救济途径指明了方向。因此,本书认为,应当修改《劳动法》,实行"裁审分离"。在"裁审分离"的模式中,劳资双方可以自愿选择仲裁或者诉讼保护自己的权益。当争议发生时,当事人无法达成调解或不愿调解时,可协商向仲裁机构申请仲裁或向人民法院提起诉讼。申请仲裁无需双方达成一致提起才能受理,有一方提起诉讼就应该适用诉讼程序。选择仲裁解决的,仲裁裁决具有终局效力,当一方不履行裁决时,另一方当事人可向人民法院申请强制执行。"裁审分离"的劳动争议解决机制,既较好地维护了劳资双方对争议解决方式的选择权,又节约了争议解决的成本和时间,是目前改变劳动争议解决机制与民事仲裁和诉讼机制严重脱节现状的明智选择。

（二）农民工诉讼案件的举证责任倒置

《最高人民法院关于民事诉讼证据的若干规定》(以下简称《证据规定》)第六条规定:在劳动争议纠纷案件中,因用人单位作出开除、除名、辞退、解除劳动合同、减少劳动报酬等决定而发生劳动争议的,由用人单位负举证责任。该条文没有明确事实劳动关系,即劳动者与用人单位未签订劳动合同但在客观上已成立劳动关系的事实状态,由《证据规定》的第二条可以推知,证明实施劳动关系存在的举证责任在劳动者一方。而实践证明,农民工要对事实劳动关系进行举证是极为困难的。在这方面,可以借鉴医疗事故处理上的司法改革成功的经验。在医疗事故诉讼中,原告基本为患者,而作为弱势方的患者想在被告之前从技术方面取得强有力的证据非常困难。而新的医疗事故鉴定规定出台后,在医疗事故诉讼中,医疗机构要想胜诉,就必须举出自己无过错的证据,否则,法院将会依法作出对患者有利的判决。可以借鉴医疗事故诉讼改革的经验,在劳资纠纷案件中,凡未签订劳务合同的,应由用人单位举证证明自己无过错,否则将作出有利于农民工的裁定。

第五节　鼓励社会监督

我国的法律监督体系可以分为国家监督和社会监督,国家监督往往都是伴随着国家机关的职权行使,有时国家监督并不能做到面面俱到,它还需要社会监督加以补充和提醒。我国的农民工数量巨大、遍布各地,权益受损问题比较严峻,除了依靠制度化的、法制化的途径来保护农民工的合法权益之外,还需要充分发挥社会各界的监督力量。在此,仅就工会和媒体的监督加以论述。

一、发挥工会作用

目前,我国的农民工大多缺乏组织保护意识,农民工在自身合法权益受到侵犯时,往往各谋出路,各行其是,很难形成维权合力,极易被侵权者各个击破。虽然农民工中存在的"同乡会"等自发组织在保护成员权益方面发挥着一定的作用,也有人主张建立农民工工会,由他们自己管理,但是2003年中华全国总工会第十四次代表大会已经明确农民工是工人的一部分,因此没必要再另行成立专门的农民工工会。在我国,最能满足农民工组织需求的应该是工会组织,工会是农民工的最佳和最实际的组织选择。从《宪法》的角度来看,农民工加入工会没有任何障碍,其入会权是《宪法》和法律赋予的权利,任何单位和个人都不得剥夺。各级工会要积极接纳农民工入会,使工会不仅是城市职工的组织,还要成为农民工在外打工时的"娘家"。企业内部要按照《工会法》的要求,及时成立工会组织,并积极开展活动,各级总工会要成为企业内部工会的后盾,支持企业内部工会维护农民工的合法权益。

首先,工会可以代表农民工与用人单位签订集体合同,由工会代表农民工与企业签订集体合同,可以从整体上维护农民工的合法权益,发挥工会在协调和稳定劳动关系中的作用。既可以克服农民工的素质问题,又可以节约缔约成本。

其次,工会可以对用工单位涉及农民工权益的重大决议发表意见,如用人单位违法解除与农民工的劳动合同,工会认为不适当的,有权提出意见,可以要求重新处理,对农民工请求劳动仲裁或者提起诉讼的,工会应当依法给予物质和精神上的支持和帮助;用人单位若决定农民工的工作时间,就必须征求工会的意见,与农民工进行协商。

再次,加大工会对劳动争议的调处力度。《工会法》第二十一条规定:"企业侵犯职工劳动权益的,工会可以提出意见调解处理;职工向人民法院起诉的,工会应当给予支持和帮助。"这说明工会对企业的劳动保护、劳动条件、劳动保险等方面有监督和建议权,并且能够直接参与劳动争议的调解工作。充分发挥工会的监督职能,帮助法院对劳动争议案件进行审理,从而更好地维护农民工的合法权益。要建立依法协调劳动关系的新机制,其中包括:以职代会为载体的民主管理制度,以平等协商和集体合同为内容的劳动关系协调稳定机制,以工会、政府相关部门、企业家协会(联合会)三方积极参与共同协商解决问题的三方协商联席会议制度,农民工法律援助诉讼制度。

复次,建立农民工工资支付保障机制。特别是在一些容易发生拖欠农民工工资的重点行业和企业,如建筑行业和煤炭行业建立农民工工资保障机制,确保农民工工资不被恶意拖欠和保证按高于最低工资标准的水平足额发放。在建筑行业由建设部门在审批项目开工、办理开工许可证时,向承建企业或包工头,按工程造价的5%收取农民工工资保障金存入专门账户,如发生拖欠工资的行为,则通过人力资源和社会保障部门、建设部门、总工会核实后,从该项目缴纳的工资保障金中支付被拖欠的农民工工资。并将项目承建单位(或包工头)记入在册,依法进行处罚。如无拖欠现象,在项目竣工验收后如数退还工资保障金。同时还可实行农民工工资统一发放制度,对一些有拖欠农民工工资行为的企业,实行农民工工资由地税代收后拨付到工会账户,工会按月为农民工发放工资的制度。

最后,建立农民工工资增长的协商机制。过去,工资分配中存在着一些不合理现象:一线职工特别是一些农民工的工资偏低,工人的工资增长缓慢;有些企业以最低工资标准作为实际工资支付标准;有些企业劳动定额偏高,迫使农民工加班加点,且加班不加薪,变相降低或克扣农民工工资。农民工增加工资还依赖于企业经营者的开明程度,还没有建立起职工参与分配和工资正常增长机制等。企业因工资分配不合理激化劳动关系矛盾,引发劳动争议的事件逐步上升。据不完全统计,因收入分配和保险福利问题引发的劳动纠纷已占劳动纠纷的65%以上,成为影响社会和谐、稳定的重要因素。农民工付出了劳动,却没有得到相应的报酬,这与党中央提出的共建、共享经济社会发展成果存在矛盾。要真正实现共建共享,必须开展工资集体协商,建立公正合理、规范有序的企业分配制度,必须充分发挥工会平等协商集体合同制度的作用,特别要加大工资协商力度,由工会与企业行政面对面协商,确保农民工工资水平的稳定增长。工会在推行工资集体协商过程中,要本着因地制宜的原则,企业能够单独进行工资集体协商、签订工资协议的,就单独进行工资集体协商;在企业规模较小,工会力量较弱,不能单独进行工资集体协商的地区,则着重抓好区域性工资集体协商;在同行业企业较多的地方,着重抓好行业性工资集体协商,确保职工工资与企业效益同步增长。

二、吸纳传媒参与

近年来,通过媒体的宣传报道使普遍存在的农民工权益受损问题引起全社会的普遍关注,各有关方面相继采取了积极行动。可以说,在现在日益明朗的农民工权益保障局面的形成中,媒体起到了举足轻重的作用。特别是随着国家保护农民工合法权益的各项政策措施的出台,媒体开始改变过去倾向于负面报道农民工形象的作法,转而报道农民工给城市建设所带来的贡献等正面内容。这一转变使农民工在赢得媒体尊重的同时,也赢得了社会大众的理解和尊重。进入信息时代,先进的报道手段和方式,使得传播媒介的影响无处不在、无时不有。在保障农民工合法权益的过程中,传媒应该充分行使法律赋予其的监督权利,对处于弱势地位的农民工予以关注和支持,要深入采访,了解农民工的生存状况和权益保障问题,要乐于接受农民工的新闻举报,对用工单位拖欠农民工工资的现象予以及时曝光并进行跟踪报道,使肆意损害农民工合法权益的用人单位受到社会舆论的谴责;不仅如此,传媒还可以对当地政府部门和司法系统的工作进行监督,促使他们切实履行保护农民工合法权益的执法责任和司法责任,必要的时候还可以结合具体事实向有权机关进行检举和申诉。由此可见,现代传媒在保护农民工合法权益过程中所起的作用是不容忽视的，吸纳传媒的参与，不仅能让农民工找到一条保护自身权益的合法途径，也加深了用工单位、国家机关、社会大众对农民工问题的理性认识，并积极主动地承担起保障农民工合法权益的法律责任。

三、建立农民工权益保障的长效评估预警机制

在我国，农民工阶层已经产生了 30 多年，农民工权益保障问题也延续了 30 多年。可是纵观农民工问题存在的 30 多年时间，只有近几年农民工权益保障工作才有了较大的推进。这一方面体现了我国近年来自上而下对农民工问题的重视，另一方面也反映出了我们的配套保障机制出现了严重的空白，因而不能长效地保障农民工的合法权益，这也是经历了 2003—2005 年的清欠风暴后，农民工欠薪问题再度反弹的真正原因。为了能使农民工合法权益得到长效保障，必须着手建立起一个长效的农民工权益保障的评估预警机制。

一直以来，常常是当农民工的合法权益被损害到无以复加的地步，我们的相关职能部门才开始采取弥补措施，结果往往是损害已经发生、损失难以挽回，因此，对于农民工权益受损问题，必须坚持预防为主、惩治为辅的原则，只有问题在出现初期就被有效遏制，问题才不会被扩大化，农民工权益保障问题也是如此。我们可以以市或区县为单位设计一个固定的农民工权益保障的评估预警组织，由这个组织定期对该市或该区县内雇用农民工的用人单位进入信息搜集和统计，其中重点是搜集和统计农民工工资获取情况和安全生产情况，之后由该组织对相关信息进行分析和评估。一旦发现用工单位恶意拖欠农民工工资或不能保证安全生产等违法情形，该组织首先可以对用工单位提出警告，并督促其在合理期限内改正违法行为，用工单位在合理期限内不予改正的，再由该组织提请公力救济。该组织的构成，可以由当地工会代表、人大代表等组成，必要时还可以吸收会计师事务所、鉴定机构等服务中介的专业人员以及社会志愿者，具体组成各地可以视情况而定，关键是要能够实现农民工与用工方的平等对话，这个组织的主要任务是按时评估农民工务工信息，并适时向用工单位或有关职能部门发出预警信号，从而实现尽早发现问题、有效预防事态扩大的目的。这个组织可以

避开法院被动介入和政府减少干预的缺陷,积极、主动地调查当地农民工的权益保障现状,并督促有关部门及时解决当地农民工权益受损问题。因而,从本质上说,这种评估预警机制也是一种监督机制,弥补了其他监督主体监督的被动性、不定期性和非长效性。当然,该机制设计还不够成熟,其具体实用价值还有待进行试点和验证。

第六节　完善法律援助制度

我国《宪法》第三十三条明确规定:"中华人民共和国公民在法律面前人人平等。"这是我国法律援助制度的最高法律依据,同时也是我国法律援助事业所要实现的最高目标。《民事诉讼法》第一〇七条规定:"当事人缴纳诉讼费用确有困难的,可以按照规定向人民法院申请缓交、减交或者免交。"《刑事诉讼法》第三十四条也详细规定了对被告人的法律援助。2003 年国务院颁布的《法律援助条例》是 1994 年我国试行法律援助制度以来的第一部全国性立法,也是我国法律援助进程的里程碑,该法第一条和第二条明确规定其目的是:"为了保障经济困难的公民获得必要的法律服务","获得法律咨询、代理、刑事辩护等无偿法律服务",确定了政府在法律援助中的责任主体地位。《法律援助条例》第二章规定了法律援助的范围和条件,其中就包括请求国家赔偿,请求给予社会保险待遇或者最低生活保障待遇以及请求支付劳动报酬的情形,而这几项恰恰是农民工最需要的,它成为农民工在合法权益遭受侵害时请求法律援助的法律依据。

一、法律援助概念

在我国,对法律援助概念的界定有多种提法,但其实质正如肖扬在1996 年召开第七次部长办公会上所讲的:"法律援助,简言之,就是为弱者、残者、少者、贫者提供法律救济和法律帮助,保护司法人权,实现司法公正,体现我国在法律面前人人平等的精神。"

从援助主体上看,法律援助有狭义和广义之分,狭义的法律援助包括律师、公证员、基层法律工作者提供的法律帮助,例如《司法部关于开展法律援助工作的通知》称:"法律援助是指在国家设立的法律援助机构的指导和协调下,律师、公证员、基层法律工作者等法律服务人员为经济困难或特殊案件的当事人给予减免收费、提供法律帮助的一项法律制度。"①广义的法律援助指包括司法救助在内的人民法院、人民检察院、民间组织、律师、公证员、基层法律工作者提供的法律帮助。② 即广义的法律援助包括狭义法律援助、司法救助和民间组织救助三大块内容。这里讨论的是狭义的法律援助。

从受援主体上看,有学者认为法律援助是国家以制度化、法制化的形式,为贫者、弱者或残疾者提供的法律帮助,即"为经济上贫穷,智能上低下,生理上残缺而需要法律援助帮助的人,提供免费或者减少收费的法律服务,以实现法律赋予公民的平等权利"。③

二、农民工法律援助制度的现状及存在问题

我国法律援助制度的全面建立起步较晚,虽然新中国成立之初制定的部分法律中已有法律援助的相关内容,但缺乏整体效应,尤其是在我国改革开放不断深化和社会主义市场经济体制逐步确立的新形势下,现有的散见于个别法律中有关法律援助内容的规定,已经不能适应社会发展之需要,而针对农民工群体的法律援助,同样面临问题和困难。

(一)农民工法律援助制度立法在宏观方面的不足

1. 指导思想不明确使法律援助对"国家责任"的贯彻不力

首先,法律援助是国家责任,而不仅仅是政府责任。但《法律援助条例》第三条只规定为"政府责任",非"国家责任",因而只能由政府立法,而不是由人大进行的国家立法。其结果是,从法律援助在以现代法治理念为指导、履行国家责任的实践中,于法无据,无法从根本上保障弱势群体的司法人权。

其次,从功能来看,作为司法过程中的一种辅助性制度设计,法律

---

① 段正坤:《法律援助法律法规及规范性文件》,人民法院出版社,2000年。
② 王书君、苗存文:《法律援助主体刍议》,《泰安师专学报》,2002年第2期。
③ 肖扬:《建立和健全法律援助制度是加强社会主义精神文明建设、推动社会进步的实际步骤》,肖扬顾问、张耕主编《法律援助制度比较研究》,法律出版社,1997年。

援助旨在为弱势群体提供法律上的帮助,这就内在地包含了两大功能:一是为司法结果的(实质)正义提供条件;二是为司法过程的(程序)公正提供条件。明确这一点的意义在于:在法律援助制度设计中,指导思想应当明确,即尽可能扩大援助范围和对象,使一切需要法律援助的人都能获得援助。在国家财力有限的时候,至少应当为法律援助的范围和对象提供扩大与发展的空间。但从目前的立法状况看,并未明确这一点,因此法律援助的范围实际上受到制约。

再次,从目的看,因主体不同,法律援助的目的具有多重性。对刑事被告人尤其是对犯罪嫌疑人而言,目的是使孤立的个人免遭强大的国家机器任意侵害提供重要保障,因此其立法应该对整个国家机器(包括政府部门和公检法等国家机关)具有约束力,而不仅仅是对政府部门(如司法行政机关)、法律援助中心、律师协会提出要求。对相应的国家机构及律师、律师事务所而言,其目的是使其应尽的义务得以明确,为此,如果法律没有明确规定获得法律援助的各种条件和提供法律援助的各项义务,同时不把这些要求扩展到所有国家机器的组成部分,那么法律援助制度只会流于形式。

2. 现有法律援助立法性质不明,立法层次不高,规定不具体

第一,从立法性质和形式来看,我国法律援助制度只是由政府(国务院和地方政府)进行的行政立法,而不是国家(全国人大及各级人大)立法。现有立法无法协调、解决与法院和检察院的关系问题,《法律援助条例》实施后的社会效果大打折扣。1996 年的《律师法》、2003 年的《法律援助条例》都是由国务院司法行政部门制定,报国务院批准后实施;各省(自治区)、市的法律援助实施细则也几乎都由各地方政府司法部门制定。目前与法律援助有关的专门法都不是由全国人大或地方人大制定的,法律援助专门法都只是行政立法;各省(自治区)、直辖市等地方法律援助的"法规"、"决定"等,也都是由地方政府或司法行政部门制定,而非各级地方人大制定。从程序上讲,行政立法的方式会比较方便、快捷。但从实践看,法律援助大量涉及与法院和检察院的关系协调问题。而法院、检察院同属于国家司法机关,只有国家立法才能对其有事实上的约束力;《法律援助条例》等行政法规实际上只对从属于政

府机关的司法行政机关,特别是司法行政机关管理的各级法律援助中心有约束力。这样,现有法律的立法形式就不能适应法律援助实践的需要。

第二,从《法律援助条例》的地位看,其立法层次不高,立法的依据也出现混乱。《法律援助条例》在国家法律中应属于第三层次,立法依据应该是居于第一层次的根本大法《宪法》与有关规定,以及第二层次的相关基本法,如《刑法》、《民法》、《民事诉讼法》、《刑事诉讼法》等的有关规定。至于《律师法》,其法律地位属于第三层次,地位等同于《法律援助条例》,不能成为立法依据。但《法律援助条例》第六条的"律师应当依照律师法和本条例的规定履行",却未把《刑事诉讼法》等写入其中,这样,《律师法》成为《法律援助条例》的立法依据是不妥当的。这一立法技术上的欠缺,使得法律援助实施过程中,有关各方容易产生误解,以为《律师法》是《法律援助条例》的本位法,在法律的理解和应用上容易产生混淆。

第三,从国家和地方立法的关系来看,《法律援助条例》共 6 章 31 条,只赋予各省(自治区)、直辖市人民政府制定有关法律援助事项的补充规定的狭小权力,而没有赋予各地方政府更多的自主权。即:《法律援助条例》只考虑其作为全国立法的一般要求、基本原则、主要内容的一致性,并未充分考虑我国幅员辽阔、人口众多、社会转型、各地经济文化发展存在极大不平衡的实际情况。

(二)农民工法律援助制度立法在微观方面的不足

1. 援助对象依据不明确

我国法律援助制度建立的最重要的理论依据是,国家有义务确保"公民在法律面前人人平等"的《宪法》原则的实现,国家确保建立公平、正义的司法体系和运行机制。因此,法律援助的对象应该是那些最需要法律服务的人。"法律援助除了应具有资助性外,更应特别强调社会平等性。"①平等性必须在选择和确定法律援助的对象中得以充分体现。如果对象依据不明确,势必会给法律援助实践带来困难,也不能体

---

① 莫宏宪:《为了社会的公平与正义》,《武汉大学学报(社会科学版)》,2002 年第 5 期。

现法律援助制度这一宗旨。

关于法律援助的对象,中外学者持不同观点。有学者倾向"经济型",即根据经济尺度来衡量是否有为诉讼和非诉讼当事人提供法律援助的需要。"法律援助,是指在当事人确需律师的法律服务却又无力支付律师费用时,由国家负责为其提供法律帮助的制度。"①有学者主张"权利型",即以实现权利平等为目的,使法律援助对象更能体现法律援助的社会意义。也就是说,受益与"贫穷"和"弱者"之间,更倾向于后者。我国《妇女权益保障法》、《未成年人保护法》、《残疾人保障法》、《老年人权益保障法》等社会立法,以及《刑事诉讼法》、《律师法》中有关法律援助的规定,均体现了对妇、幼、残、老4类社会弱者的权益优先原则。《法律援助条例》第一条"为了保障经济困难的公民获得必要的法律服务,促进和规范法律援助工作,制定本条例"以及第十七条关于公民申请时须提交经济困难证明等要求,均表明我国的法律援助条件是偏重于"经济困难"标准的。

2. 对法律援助受援对象应符合条件的限制过严

首先,在对申请案件的审查中,大部分案件必须符合"经济条件"和"案情条件"双重标准。比如,当事人申请代理事项,虽然经济困难且符合条件,但是案件不属于条例规定范围的,就得不到援助,这使相当一部分贫弱的农民工群体被挡在法律援助的大门之外。

其次,在经济条件的审查中,法律的规定过于原则,不便操作,各地的规定也过于笼统,不符合实际情况。《法律援助条例》第十三条规定:"经济困难的标准按照申请受理的法律援助机构所在地的经济困难标准执行。"目前,各地政府一般都根据当地经济发展水平来规定最低生活保障线或收入线作为具体认定条件。以上海市为例,2006年8月11日,上海市司法局下发的《关于执行上海市法律援助对象经济困难标准的通知》规定:"本市法律援助对象经济困难标准确定为城乡居民最低生活保障标准的1.5倍,以后将根据情况再适当调整。"现行的1.5倍标准也即家庭月人均收入不高于600元的人群才符合法律援助的范

---

① 青锋:《中国律师制度论纲》,中国法制出版社,1997年。

围,而2008年4月1日上海月最低工资标准调整为960元,这使得一部分经济收入刚刚维持基本生活水平的弱势群众因为不符合经济标准而得不到法律援助。

3. 法律援助范围过窄

援助范围即援助种类,具体指对哪些案件可以提供法律援助。我国的法律援助范围从立法到实践,对某些案件仍有很大的侧重,如重罪案件、请求支付赡养抚育费等案件,但还未能将法律援助涵盖到国家法制运行的各个环节和各个层面。比如,有些案件进入司法程序需要司法鉴定(如伤情鉴定、伤残等级鉴定等),当事人因交不起鉴定费用,不能申请法律援助。2002年1月14日,国家纪委办公厅在给最高人民法院办公厅的《关于最高人民法院司法鉴定服务中心司法鉴定服务收费标准有关问题的复函》中规定,法院系统的司法鉴定机构在实施法律援助或司法援助时,有减免收取鉴定费用的规定,但其他鉴定系统尚未见到类似的规定。

三、我国农民工法律援助制度在实践领域内的问题和不足

随着我国法律援助事业的逐步发展和国务院对农民工问题的重视,针对农民工的法律援助也逐步加强,但是从整体上看,农民工数量的每年上升带来潜在的农民工法律援助需求的上升,而农民工法律援助制度还存在着一些不适应现实需求的问题。

（一）维权需求大于提供法律援助的可能

随着"国务院5号文件"的进一步落实,农民工维权意识逐步增强,请求法律援助的农民工越来越多,造成农民工维权的法律援助经费和人力资源普遍不足。目前,农民工法律援助案件在整个法律援助案件中已经占相当大的比例,而且这个比例还将继续加大。

虽然需求不断增长,但目前,全国还有160个县(区)未成立法律援助机构,已成立的法律援助机构中有15%的机构没有专职人员。多数县区法律援助机构人员在3人以下。这种人员现状根本无法满足包括农民工在内的困难群众的法律援助需求,法律援助人员不足的压力在农民工流入地更加突出。人力资源不足是制约农民工法律援助工作深入开展的一个重要原因。

（二）维权成本高、难度大

农民工遭受侵权后，即便获得了法律援助，进入了法律维权程序，也面临重重困难，常常是耗费了时间和精力，最后却得不到满意的结果，具体表现在以下3个方面：

一是仲裁、诉讼环节多，农民工维权成本高。劳动法和相关法律规定了劳动仲裁前置程序及一裁二审的法律程序，大量简单的劳动争议案件必须经过劳动仲裁、法院一审、二审、强制执行才能完成，导致农民工维权之路过于漫长。如果是工伤维权则程序更为复杂。据一名长期办理工伤赔偿案件的律师计算，工伤维权的程序最高可达19项之多：申请工伤认定——行政复议——行政诉讼一审、二审（如果是法院撤销不予认定工伤的行政行为的话，那么行政诉讼的程序还得重新走一遍）——劳动能力初次鉴定——劳动能力二次鉴定——劳动争议仲裁——民事诉讼一审、二审——执行程序等等。如用人单位对与职工的劳动关系有异议的话，还要确立劳动关系，要经过劳动仲裁——民事诉讼一审、二审。职业病的工伤处理，还要经过职业病的鉴定（包括初次鉴定与再次鉴定两项程序）。而且，一些工伤保险待遇的获得，还需要经过多次的劳动争议仲裁与民事诉讼程序。

二是农民工维权案件调查取证难。多数农民工不知道要签订劳动合同、不懂得如何签订劳动合同，或在用人单位拒不签订合同的情况下接受用工条件，使各方面权利得不到保障。相当一部分用人单位依法管理、依法经营的意识不强，加之一味地追求自身的经济利益，不愿与农民工签订劳动合同，也不按规定为其交纳养老保险，造成农民工案件普遍存在着无劳动合同、无养老保险和无福利待遇的"三无"现象。在发生劳动纠纷时往往难以证明劳动关系的存在，农民工往往连工资卡、饭票等都拿不出来，甚至不知道用人单位的名称。同时，企业和雇主会利用各种关系打通关节，为自己开脱，有的设置障碍阻挠律师调查取证，甚至故意损毁证据，工友或证人考虑自身利益不愿或不敢作证，有的医院也因为农民工拖欠医疗费用而拒绝出证。调查取证困难直接影响到维权的效果。

三是农民工维权案件执行难。根据《工伤保险条例》的规定，参加工伤保险期间用人单位职工发生工伤的,保险待遇由工伤基金支付,未参加工伤保险的,由该用人单位按照条例规定的工伤保险待遇项目和标准支付费用。实践中,用人单位不交纳工伤保险费,农民工的工伤保险待遇无保障,最终无法兑现工伤赔偿。在诉讼环节,由于农民工收入低、财产少,在仲裁或诉讼过程中申请法院对侵权人的财产采取财产保全或先予执行时无法按照法律的规定提供相应的担保,往往导致农民工赢了官司却得不到赔偿,胜诉判决成为一纸空文。另外,由于农民工维权案件程序多、时间长,到案件终结时,有的用人单位已不存在或老板已逃之夭夭,导致案件执行困难或无法执行,许多失去工作拿不到工资或因工伤致残的农民工最后不得不以放弃而告终。

（三）部分地区法律援助经费缺乏有力保障

《法律援助条例》第三条明确指出:"法律援助是政府责任,县级以上人民政府应当采取积极措施推动法律援助工作,为法律援助提供财政支持,保障法律援助事业与经济、社会协调发展。"我国法律援助经费保障水平低和人力资源不足,除了受经济发展水平的限制外,一个重要原因就是,仍有相当一部分地方政府对法律援助工作重视不够,投入较少,法律援助与经济、社会发展严重不协调。

目前全国还有 35.5% 的县和 15.4% 的地市法律援助业务经费未纳入财政预算,也就是说这些地方法律援助经费基本没有保障。[①]

四、农民工法律援助制度的构建

农民工法律援助工作是一项社会系统工程,具有很强的社会参与性,需要从立法、执法、司法等环节多管齐下,需要相关部门的通力合作。针对上述存在的问题及其成因,我们认为应从以下几个方面采取相应对策:

（一）农民工法律援助的法律机制构建

各级人大和政府要尽快清理、修改妨碍农民工享有平等权利的法律法规政策,制定完善农民工法律援助相关的法律法规,为农民工法律援助工作营造良好的法制环境。针对农民工法律援助工作中存在的问

---

① 贾午光、高贞:《农民工法律援助工作现状、问题及对策建议》,《中国司法》,2001 年第 11 期。

题。建议从以下两个方面修订和完善相关法律法规：

1. 从程序上尽快健全农民工法律援助机制

（1）尽快制定《法律援助法》，明确政府应将法律援助经费按需列入财政预算，并随着国民经济发展逐年增加经费，扩大法律援助范围，降低法律援助门槛；将法律援助范围扩大及降低门槛权限下放至省辖市，《法律援助法》授权各省（区）、市人民政府制定公民经济困难标准和法律援助范围的补充规定，把那些与农民工基本生存、生活权益最为密切的工伤事故、交通事故、医疗事故、人身伤害事故等追索医疗费和赔偿费的法律事项列入受援范围，最大限度地满足农民工的实际需要；建立法律援助与侦查、检察、审判工作的衔接关系；规范、协调法律援助与其他相关部门的关系，建立法律援助与其他相关部门工作的衔接关系；明确律师等法律服务工作者的义务，规范社团组织、高等院校和社会志愿者参与法律援助工作；在立法上尽可能多地作出有利于社会贫弱群体如农民工申请并获得法律援助的规定。

（2）改革目前的劳动争议处理机制，取消劳动争议处理仲裁前置程序，在《劳动法》中增加当事人可以不经过仲裁，直接向法院提起诉讼的内容，减少劳动争议的处理环节。

（3）延长申请劳动仲裁的时效，将劳动仲裁时效由现在的 60 天延长至 6 个月，给农民工提供充足的申请仲裁期限。在劳动争议处理条例中增加"劳动者一方申请仲裁，因经济困难正在接受法律援助，仲裁机构缓交仲裁费，待案件裁决后再决定仲裁费用的承担"的条款。

（4）切实保障农民工的工伤保险待遇。规定用工单位没有为农民工缴纳工伤保险，则农民工发生工伤无须经过工伤认定程序，便可以直接要求用工单位支付工伤保险待遇。对于没有参加工伤保险的农民工，在经过劳动部门认定为工伤以后，用工单位拒不支付医药费、不进行紧急治疗造成严重后果的，经劳动能力鉴定委员会鉴定确认后，可以由工伤保险基金先行垫付治疗费，然后由工伤保险经办机构向用工单位追偿。工伤保险经办机构还可以依法对用工单位进行处罚。同时，建议规定：劳动部门作出工伤认定结论后，用工单位申请行政复议期间，不改变工伤认定的法律效力。工伤农民工申请劳动争议仲裁，劳动争议仲裁委员会应当受理,对于符合条件的,可以部分裁决先予执行,以简化工伤维权程序。针对工伤发生以后农民工无钱治疗问题,在《工伤保险条例》中增加"医疗机构对工伤事故中的受伤职工应当及时治疗,不得因医疗费用未及时支付而拖延救治"的条款。

2. 从实体上不断完善农民工法律援助机制

（1）在《宪法》规定的公民的基本权利和义务中增加"公民在经济困难的情况上有获得政府提供法律援助的权利"的条款。

（2）进一步明确农民工与用人单位的劳动关系,双方主体的权利与义务、劳务流出地与流入地的权责、农民工申请法律援助的条件、范围以及法律援助机构职责等,促进农民工维权法制化、规范化、程序化。

（3）制定及完善《工资支付条例》。按照国家的有关法律规定,工资至少每月支付一次,实行周、日、小时工资制的可按周、日、小时支付。根据这一规定,为"周薪制"的推行奠定了法律基础。考虑到农民工所从事工种的特殊性、农民工工作的不稳定性及季节性,制定《工资支付条例》可以规定将农民工工资由"月薪制"改为"周薪制"。并且,还应规定用人单位出现无故拖欠劳动者工资等侵犯劳动者合法权益的情形时,应承担严重惩罚性法律责任。制定《工资支付条例》是解决拖欠农民工工资的有效法律措施。

（4）建议立法机关修订《建筑法》的法律条文。重点增加和修改以下条款:一是增加"建设单位开工前向劳动保障行政部门交纳工资保障金"的条款。规定在建设项目开工前,建设单位按工程中标价的一定比例缴纳农民工工资保障金,由建设行政主管部门负责管理,劳动保障行政部门监督使用。建设单位无法按时、足额支付农民工工资,建设行政主管部门有权从工资保障金中划支,用于垫付拖欠的农民工工资。对于拒绝缴纳保障金的建设单位,主管部门不批准其开工建设,已开工的项目,有权责令其暂停施工。制订"在房地产开发项目中施行工资支付保障金"条款,是解决企业拖欠工资问题的有效法律保障。许多地方政府已采取了该做法,并收到了较好效果,但因缺少法律依据,给政府执法造成障碍。二是增加"开发商与承包商承担连带担保责任"的条款。制订以发包人工程担保制度为重点的担保条款,要求开发商与承包商共同提供履约担保函,双方在拖欠民工工资范围内共同承担连带责任。三是制订"工程建设项目立项和审批联动"条款。凡存在拖欠行为的单位在申请办理立项、规划、施工许可等手续时,必须先结清欠款,审批部门才给予办理相关手续。对已完成开发建设项目有拖欠工程款的,不批准其新开发建设项目,并在资质年检中予以降级,情节严重者注销资质证书。四是加大和细化法律责任的处罚力度。现行的法律法规对拖欠工程款的行为缺乏处罚条款,难以有效制约拖欠行为。为加大对用人单位拖欠农民工工资的经济处罚力度,加重用人单位因拖欠工资应承担的法律责任,应在《建筑法》"法律责任"相关部分增加"对拖欠农民工工资行为最高可处 30 万元罚款"的规定。增加和修改上述条款可以从根本上遏制或减少拖欠农民工工资的现象。

(5)将恶意拖欠工资确定为犯罪行为,建议立法机关在《刑法》中增设恶意拖欠工资罪。拖欠农民工工资现象目前被认为是一种经济现象,属于民事法律调整的范畴。但由于恶意欠薪现象屡屡发生,为打击恶意欠薪行为,可以采用刑罚的手段,将企业恶意欠薪问题作为犯罪处理。在《刑法》中增加"恶意拖欠工资罪",规定企业恶意拖欠劳动者工资,数额巨大、后果严重或者有其他严重情形的,对欠薪企业主管人员和其他直接责任人员追究刑事责任,严惩包括拖欠农民工工资在内的相关行为。在量刑时可以考虑并处罚金。通过《刑法》将恶意拖欠行为明确规定为犯罪行为,这对打击和遏制恶意欠薪现象将起到积极的作用。

各级人大和政府有关职能部门要加大执法检查力度,进行专项整治,督促用人单位认真执行国家的法律法规,对侵害农民工权益的行为要依法严肃处理。政府农民工管理部门要会同劳动、建设、工会等有关部门不断健全农民工维权的投诉机制,开通便捷、快速、有效的投诉渠道,加强农民工维权的调处工作。

(二)推动政府落实法律援助责任,解决农民工法律援助经费的保障问题

法律援助是以政府财力作为保障的,为法律援助提供必要的经费是政府法律援助责任的核心体现。我国现有法律援助经费保障水平远

远不能适应弱势群体对法律援助的需求,更无法满足法律援助机构进一步加大对农民工的法律援助力度的需求。英国在所有财政预算项目中,只有法律援助这一项是"开放性预算",即预算仅作参考,年终按实际支出拨付。① 这样设置的理由是:维护司法公正和司法人权的实际需要,是不能以预算来限制的。英国的这种做法很值得借鉴,各级政府应加大对法律援助工作在人力和财力方面的投入力度,保障农民工法律援助工作开展的正常需要。

财政部门应落实"国务院 5 号文件"第二十九条的规定,制定相应的政策措施,明确规定各级政府财政要加大法律援助的经费投入。中央财政在每年拨付的补助地方法律援助办案专款中,各省(自治区)、市在政府设立的法律援助专项资金中增加农民工法律援助经费,用于扶持农民工比较集中的地方开展法律援助工作。各级地方政府财政要在现有的法律援助业务经费预算的基础上,增加为农民工提供法律援助所需的经费,农民工流入较多的地方可以建立农民工法律援助专项资金,专门用于农民工法律援助工作。建议中央部门出台相关指导意见,指导地方部门改变过去根据本地人口确定机构人员编制的做法,根据各地实际总人口(包括外来人口)的数量和法律援助的实际需求量来确定各地法律援助机构的人员编制。农民工较密集地区法律援助机构的编制设计要高于全省或者全国的水平,保证为农民工维权提供援助的人力资源。

(三) 发挥职能部门作用,完善法律援助与相关部门的协调机制

发挥职能部门的作用,进一步整合资源,完善法律援助同司法机关及其他相关职能部门的协调机制,改善法律援助工作的外部环境,拓宽法律援助渠道。目前,涉及农民工权益保障工作的部门很多,各部门都把农民工权益保障工作作为工作的重点,工作上各有侧重,且有交叉,但彼此之间缺乏相互配合,没有形成合力,致使出现农民工权益维护工作由很多部门管,但仍管不了、管不好,农民工感到迷茫和困惑,有困难不知道该找谁的局面。为此,我们认为必须整合资源,尽快把涉及农民

---

① 　宫晓冰:《中国法律援助制度研究》,方志出版社,2004 年,第 17－18 页。

工权益保障工作的有关部门有机组织起来,建立一整套反应迅速、便捷高效的农民工权益保障工作系统。制订翔实可行的工作方案,减少工作环节,加强部门间的协作与沟通,打破、消除规章制度在适用上的地域差异和保护,充分发挥各职能部门的作用,形成合力,提高农民工法律援助工作的效率。由政府牵头建立农民工维权与法律援助机制,整合资源,成立"农民工法律援助领导协调小组",由党委、政府分管领导任组长,法院、公安、检察院、建委、劳动、安监、教育、卫生、农工办、工商联、工会、团委、妇联等单位的主要负责人为成员,实现农民工工作的统一领导、指导协调和规划统筹,制定相应的配套制度,全权负责研究和协调涉及农民工维权与法律援助中的所有政策问题,从体制和机制上确保此类问题得到解决。

建立统一的"农民工法律援助绿色通道"。各职能部门对农民工法律援助案件应当优先受理、优先办理。各级人民法院和劳动仲裁部门要认真落实《司法救助规定》和其他有关规定,对农民工就请求支付劳动报酬和请求工伤赔偿提起诉讼和仲裁的,按规定缓、减、免收诉讼费和仲裁费,保证权益受到侵害的农民工顺利进入司法救济程序。检察机关要充分发挥职能,为农民工开辟法律援助绿色通道。控诉部门要积极受理农民工的投诉、控告和举报,对属于检察机关受理的案件要快受理、快初查,对不属于检察机关受理的,要尽快移送其他部门受理,并跟踪和监督落实情况。安监、公诉部门要从严从快批捕和公诉涉及侵害农民工人身及财产安全的案件。民政部门对农民工申诉的民事、行政案件要依法抗诉,对群体性农民工遭受的损害案件要支持他们起诉,为他们充当"保护伞"。

纪检部门要积极开展反渎职漠视农民工权益的专项活动,严肃查处国家公职人员因失职、渎职造成农民工人身及财产损失的案件。公安机关要加大查办农民工集中行业领域发生的重大责任事故案件,要与安监部门形成预防农民工发生重特大事故的合力。司法行政部门应加大普法宣传力度,不断增强农民工自身的维权法律意识。广大律师应积极伸出援手对符合司法援助条件的农民工实施无偿援助。法律援助中心应为外来的农民工提供维权服务。公证机关应积极为农民工提供法律服务,可以会同建设行政部门推行农民工劳动合同公证制度。对拖欠农民工工资的单位,由欠款单位和农民工签订具有强制执行效力的债权文书公证,在欠款到期后,可由农民工直接申请法院强制从工程款中划拨。财政、民政、工会等部门建立"农民工维权与法律援助基金"。其资金来源采用政府财政划拨和企业、社会捐助筹集,专款用于对农民工的法律援助。工商、保险等部门要实行行政、经济制裁措施,严厉查处危害农民工合法权益的行为。

对用人单位不与农民工签约,扣减或拖欠农民工工资,不给农民工缴纳综合社会保险,依法予以行政处罚。对屡犯者,给予包括停业整顿、营业执照年审不予通过等制裁,从政策和制度上强化对违规违法者的约束手段。重点做好对建筑施工单位拖欠和克扣农民工工资的查处工作,严厉打击恶意拖欠、克扣工资的违法行为。因建设单位拖欠施工单位工程款,致使施工单位不能按时发放农民工工资的,追究建设单位的责任。

劳动、建设、审计部门也要各司其职、互相配合,形成维护农民工合法权益的监控机制。劳动部门要在高危险行业实行强签合同,对于存在事实劳动关系,但未签订劳动合同现象突出的建筑行业,明确规定用工单位与农民工必须依法签订书面劳动合同,并具体规定劳动合同应具备劳动报酬及支付标准、支付方式、支付时间、违反劳动合同的责任等相关条款。建设部门通过强制签订劳务合同的形式,推进建筑总承包、专业承包、劳务分包市场的科学分流和协调发展,规范用工行为,切实维护农民工合法权益。审计部门要对企业拖欠工资情况申报、企业欠薪保障基金进行专项审计,对人民法院受理了破产申请的企业、依法整顿或资不抵债无力支付劳动者工资的企业以及投资者隐匿或逃逸的企业等也要全面审计,督促企业按时发放工资,预防和减少企业主欠薪逃逸恶性案件的发生,切实维护农民工的合法劳动报酬权。

涉及调查、取证的,有关部门应当积极配合并减免有关费用,不得推诿扯皮,并实行责任追究制度。要逐步健全和完善法律援助同相关部门的协作配合机制,真正做到信息互通、工作互动、各尽所能,更好地实现法律援助与司法救助和行政执法的衔接。

（四）逐步扩大农民工法律援助工作的覆盖面

积极采取便民、利民措施，适当降低门槛，是扩大法律援助覆盖面、提高受援农民工数量的重要途径，同时也是法律援助工作发展的必然要求。值得注意的是，受现有法律援助资源保障能力的限制，现阶段要保障所有农民工的法律援助需求并不现实。因此，必须在农民工的法律援助需求与法律援助资源保障能力上寻求一个平衡点，既不能为了扩大农民工受援范围而一味地扩大范围，降低门槛，使农民工法律援助工作缺乏足够的保障，也不能为了节约资源而把农民工援助范围限定得过窄，不利于农民工法律援助的深入开展。因此，在开展农民工法律援助工作上，各地要根据当地法律援助工作的发展水平，因地制宜，适当降低门槛，逐步扩大农民工法律援助覆盖面。

第七节　加大普法力度

我国自 1986 年全国人大常委会通过《关于在公民中基本普及法律常识的决议》以来，一直都把开展普法教育、加大法制宣传、提高全民法律意识作为社会主义法治建设的一项重要的基础性工程。无论是法制现代化，还是建设法治国家，仅有法律规范的进步和完善是不够的，"法制现代化的实现，除了规范因素外，更重要的是看这种规范能否内化为主体的观念和行为"。要通过法制宣传使法律家喻户晓，使人们都能知法、懂法，从而自觉地守法，将法律规范变为自己实实在在的行为准则。当前，我国农民工权益受损案件之所以频频发生，一个很重要的原因就是法制宣传不到位，人们缺乏相应的法治观念和法律意识。为此，对农民工、用工单位、当地市民等主体进行法制宣传，使他们知道应该干什么、可以干什么、禁止干什么，这样不但可以培养这些主体的法律意识和良好的守法习惯，而且可以让这些主体相互配合，共同促进农民工权益问题的依法解决。

一、普法教育的含义

"普法教育是指负有普法教育责任的组织,通过特定的手段和方式,对我国一切有接受教育能力的公民实施的,旨在普及法律知识、传播法治理念、树立法治信仰的教育。"1985 年 11 月 5 日,中共中央、国务院转批了中共中央宣传部、司法部的《关于向全体公民普及法律常识的五年规划》,同年 11 月 22 日,第六届全国人民代表大会第十二次会议又作出了《关于在公民中普及法律常识的决议》。自此,普法教育工作有计划、有组织、有步骤地轰轰烈烈开展。普法教育是加强社会主义民主法制建设的伟大实践,是改革开放和社会主义现代化建设的必然要求。法律知识的普及和法治观念的培养是建设社会主义法治国家的一项基础工程。作为民主法制建设重要基础的普法教育工作,紧紧围绕党和国家的工作大局,紧密结合国家民主法制建设的发展和需要,宣传依法治国、建设社会主义法治国家的基本方略,宣传民主法制思想,宣传《宪法》和国家的基本法律,在维护社会稳定、促进社会主义市场经济的发展、推进依法治国方略的实施中,发挥了重要的基础性作用,收到了良好的社会效果。然而,在 20 多年的普法历程中,对外来流动人口尤其是农民工的普法宣传却始终被我们有意、无意地忽略着,对农民工开展普法教育成为法制宣传工作的薄弱环节。直到近几年,因农民工法律意识淡薄、法律知识欠缺引发的社会问题越来越多,针对农民工开展专项普法教育工作才逐渐被提上议事日程。

二、农民工普法教育存在的问题

（一）对普法教育的思想认识不到位

农民工普法教育虽然得到了各地相关部门的重视,然而在实际工作中一些地方的个别领导还存在着认识上的偏差,重使用、轻教育的现象尤为突出。他们认为法制教育周期长、见效慢,而单纯的使用管理周期短、见效快,抓管理比抓教育要省劲,因而在实际工作中用管理代替了法制教育;有的干部对农民工的法制教育抓得不够实、不全面,还有的干部对于农民工的法制教育总是强调客观原因和困难,甚至认为农民工本来文化素质就比较低,农民工普法是"曲高和寡",甚至是"对牛弹琴",对他们进行法制宣传是浪费精力和资源,所以往往走过场,重计划制订,轻计划落实,存在"雷声大雨点小"的现象。个别部门习惯于开会布置,提要求,工作在面上平推,其实是推而不动,致使农民工法制教育始终没有新的起色;甚至还有个别部门只顾本单位的眼前利益,向农民工收取各种费用,忽视了法制宣传教育的作用。

另外,我们知道,农民工普法教育要想收到好的成效不仅要靠政府的重视,还需要用人单位的密切配合。但是,由于个别用工单位中仍存在着权大于法、以言代法、个人说了算的现象,这种不良倾向和现实所造成的负面影响,使许多用工单位对法律的地位和作用认识不足,一些管理人员对农民工普法教育的认识存在偏差,把普法教育当成是"听话教育",认为要求农民工学法主要是为了让农民工听话。当看到农民工学法后懂得用法律维护自身权益时,认为农民工还是不学法好管理;还有的用工单位的管理人员断章取义,把普法当成"实用教育",只普及与农民工履行义务有关的法律条文,而对行使民主权利方面的法律知识却视而不见。

（二）普法教育保障不力

1. 普法机制不完善

对农民工的法制宣传教育是一项长期而复杂的工作,其成果不是一朝一夕可见的。目前,还没有专门的农民工普法教育工作机构,农民工的普法教育尚处在探索阶段,没有形成制度化和规范化机制。另外,农民工宣传教育关系到多个部门的工作,而长期以来,各部门都是各自为政,没有形成工作合力。

2. 普法队伍力量薄弱

司法所、调解委员会、治保会等组织缺乏统筹牵头单位,尤其缺乏负责抓农民工法制宣传教育工作的专职人员,使农民工的普法教育始终没有新的起色。普法骨干网络不健全,作用发挥不明显。乡镇的司法助理员和村干部的素质普遍较低,跟不上新形势发展的需要,不能很好地运用法律手段解决新形势下出现的新情况、新问题、新矛盾。

3. 普法经费保障不够

任何工作的开展均离不开经费保障,编印普法材料需要钱,购置普法器材需要钱,利用新闻媒体宣传法律知识也需要钱。基层法律工作机构的财政资金缺乏,加之农民工普法教育又不能带来直接的经济效益,致使一些普法活动虽然设想很好,举措合理,却往往因经费问题而浮于形式,这无疑影响了农民工法制教育工作的深入开展。

（三）普法教育内容缺乏针对性和实效性

由于农民工文化素质普遍较低,对抽象的法律条文学不懂、记不住,而部分地区对他们的法制宣传教育,缺乏针对性和实效性,无视农民工的文化水平、思维习惯和不同需求,普法手段陈旧,内容乏味,只是简单地宣讲法律条文,与农民工的现实法律需求结合不紧,缺乏足够的吸引力和感染力,从而影响了农民工学法的积极性,使普法效果难以保证。

首先,对农民工的普法教育重普及、轻重点,缺乏针对性。不同的农民工群体有不同的工作性质和生活环境,也就有不同的法律需求,当然目前对农民工统一开展的如《劳动法》、《合同法》、《法律援助条例》等方面的法律法规和政策知识的普及教育都是农民工维护自身合法权益所必需的,但从事不同行业的农民工对法律有自己特殊的需求,而现在的普法教育在针对不同群体农民工有所侧重地开展普法教育方面做得还很不够,这主要是因为在这方面应该扮演主要普法主体角色的用工单位没能发挥应有的作用。前面说到,用工单位往往从自身利益出发,怕农民工学法后懂得用法律维护自身权益反而不好管,所以不少用工单位对农民工不但不开展与其工作性质相关的劳动安全法规的宣传教育,甚至连基本的法律教材都没有,而有些用工单位虽然也成立了普法领导小组及办公室,但实际上也是形同虚设。

其次,对农民工的普法教育重实体、轻程序,缺乏实用性。目前的普法教育大多是宣讲法律条文,介绍实体法的权利和义务规定,这使得许多农民工在发生劳动争议后,往往是通过传统的向政府有关部门申诉或直接通过如爆炸、自残、自杀等极端方式来谋求问题的解决,而不是通过法律途径寻求公力救济。由于普法教育对农民工程序法的普及不够重视,很多农民工对维权的程序和途径不熟悉、不了解,不知道仲裁时效的规定,不知道认定工伤的程序,不知道向劳动监察部门举报,在合法权益受到侵害时不能及时采取维权措施,导致超过仲裁或诉讼时效的情况经常发生。另外,农民工证据意识不足也是农民工普法教育缺乏实效性的一个重要体现,由于普法过程中没有注意让农民工了解如何搜集与保存证据,一旦发生纠纷,农民工常因无法举证难以寻求司法保护。

(四) 普法教育形式单一

农民工普法教育方法简单,形式单一,有的甚至走过场,普法未能收到实效。

1. 普法手段单一

当前农民工的文化素质仍然普遍较低,文盲、半文盲仍占相当比例,这无疑给他们学法和接受法律知识增加了难度,而我国的大部分普法工作者又不善于根据农民工的具体情况,灵活地运用各种生动活泼的普法方式,科学地运用电影、电视、电话、网络等普法工具,大多时候还是采用传统的挂横幅、贴标语、设立宣传橱窗、发放宣传资料等形式。

2. 信息传输方向单一

"我说你听"、"我教你学"等信息单向传输的普法模式还普遍存在,这种以讲为主的静态普法方式,单向的法律灌输和枯燥的条文解读使农民工始终处于被动接受的地位,容易产生厌倦心理,难以调动起学法的积极性。另外这种方式只有法律传播者的讲授而没有相互的交流,没有信息的反馈,也使得普法工作者难以根据农民工的真实需求,对传播的内容和形式适时作出调整。普法教育的过程应是一个动态的过程,是一种交流过程,应是受众对主体和过程的一种体会与理解,普法应该根据农民工的需要和心理特点,开发新颖的形式,通过双向互动调动起他们学法、用法的积极性。

3. 普法渠道单一

由于外出务工农民规模庞大、行业分布广、居住地流动性大且比较分散,对农民工的普法教育就应该多渠道地开展。然而一些地方依然沿用传统的上大课、放广播、搞宣传栏等传统形式,一些地方和企业甚至还利用农民工的闲暇时间搞集中的普法培训,这既不科学也不人性化。"我说你听"、"我教你学"的单向信息传输模式不利于农民工的普法,无论是挂横幅、贴标语、设立宣传橱窗、发放宣传资料,还是上大课、放广播,实际上都是单向的信息传输,并不利于农民工学法、用法,应该拓宽普法渠道,全方位地开展农民工普法教育。

三、农民工普法教育的难点

(一)普法教育时间难安排

由于农业的特殊性,农村土地承包到户,农民日出而作、日落而息,很难集中,特别是改革开放以来,广大农民外出务工,他们的居住地比较分散且流动性强,很难集中,部分农民工逢年过节或有重大事情才回家,且回家时间短,迎来送往礼节性的应酬多,有的甚至举家外出,数年不回家。调查发现,绝大多数村组织都缺乏对农民工进行普法的有效形式。当然,农民工普法主要应在其打工地进行,然而农民工大多从事建筑、环卫、家政、餐饮服务等行业,这些行业的显著特点就是苦、脏、累,工作时间长,休息时间少,要利用他们的业余时间集中普法显然不合理。如果主要寄希望于企业,各用工单位在大部分时间里都忙于生产和经营,而且很多雇主和用工单位出于经济利益考虑,不愿开展农民工普法教育,一些私营企业甚至还对在农民工中开展法制宣传教育存在抵触情绪。这些都在客观上使针对农民工的普法教育难以落实。

(二)农民工文化素质不高

国家统计局 2009 年的调查数据显示,在农民工流动就业人群中,文盲占 1.1%,小学文化程度占 10.6%,初中文化程度占 64.8%,高中文化程度占 13.1%,中专及以上文化程度占 10.4%。初中及以下文化程度所占比例高达 83%,表明我国农民工总体文化水平偏低,而较低的文化素质无疑增加了农民工学法和接受法律知识教育的难度,客观上制约了农民工普法效率的提高。农民工较低的文化素质增加了他们进城就业的难度,他们往往更愿意把精力和时间放在打工赚钱上,一般不愿意抽出时间主动学习法律知识。另外,农民工的低素质使得他们只能选择在次级劳动力市场寻找工作,从事的大多是城里人不愿干的脏活、苦活,长期繁重的体力劳动,也抑制了他们学法的积极性。

(三)传统思想阻碍农民工法律意识的培养

"法律不仅是名词,也不仅是知识,只有当它们能够建立起一种真实的社会秩序,强烈地影响人们的思想观念、行为方式和风俗习惯,消融于老百姓的日常生活,构成人们法律思维的一部分,它才能支撑这个国家的司法活动,否则,它们不过是一些空洞的口号和抽象的条文而已,和老百姓的生活关系不大。"①而开展农民工普法教育就是要通过普法的实际行动,建立起法律与农民工的密切联系,使法律真正内化为农民工的思想观念与生活习惯,使农民工能够自觉地运用法律的武器捍卫自己的合法权益。然而农民工来自农村,中国几千年儒家传统文化的影响使得他们对道德、伦理的尊崇远远高于法律,这无疑成为开展农民工普法教育、培养农民工法律意识的最大思想障碍。

1. 法律道德化不利于农民工培养现代法律意识

在法律方面,中国的法律属于伦理型法律。这种伦理型法律的基本特点是以礼统法,礼法合一,或者说是道德法律化、法律道德化。《唐律疏议》在《名例》篇中说:"德礼为政教之本,刑罚为政教之用,两者犹昏晓阳秋相须而成者也。"德主刑辅是以唐律为代表的传统中国法的基本结构,它表明"传统中国法的原理不过是中国文化原理在法律上的延伸和表达,它实质上还是道德原理,只是这个道德原理的内涵有了变化,阳主阴从的哲学概念转换成了德主刑辅的法律概念。因此,从法哲学上说,传统中国法的原理可称之为道德原理。换言之,道德是传统中国法的共通原理,是传统中国人视法之为法亦即法的正当性的理论根据。"金岳霖先生说:"不道之道,各家所欲言而不能尽的道,国人对之油然而景仰之心的道,万事万物之所以不得不由,不得不依,不得不归的道才是中国思想中最崇高的概念,最基本的原动力。"②万物有道,道中有德,德在利他和奉献,因为有德的利他奉献,万物才得以生育;如果没有德的利他和奉献,万物将归于寂灭。这就是说万物的存在和意义都在于德,亦即利他和奉献,至少首先是利他和奉献而不是利己和索取,所以有"上善若水,水善利万物而不争"的说法,正是这种从《易经》中发展来的传统中国哲学,在制度上使得道德成为法律上的责任,在权利

---

① 任强:《法制现代化进程中的儒家法哲学》,《南京大学学报》,2008 年第 1 期。
② 金岳霖:《论道——中国现代学术经典》(金岳霖卷),河北教育出版社,1996 年,第 18 - 19 页。

与义务的关系上使义务优先成为法的基本特征并长期指导着中国人的生活。我们知道现代法应该是权利和义务的结合,法治的框架应由权利和义务的双柱来支撑,而强调义务优先于权利的古代中国法形成的对个人权利发挥的抑制和处罚的传统显然无助于农民工现代法律意识的养成。

2. 重刑轻民的法律思想使农民工对法律产生畏惧心理

为什么西方国家的普通民众为了维护自己的权益能够据理力争,而广大的中国老百姓,尤其是农民工却畏刑畏权,视公门为畏途,不敢也不愿主张自己的权利呢? 这主要是因为中西法律文化精神的差异铸就了生活在各自文化环境下的人们的法律心理。"在古代中国人的观念里,刑即法,法即律。"①中国古代从《法经》到《大清律例》基本都是刑法典,只夹杂着一些零散的民事法规,民事行为或者被称为"细故",由习惯法、宗族法调整,或者直接入律、入刑法调整范畴,这使得中国传统法律成为独具特色的刑事性法律,而"中国传统思维里的刑法重在惩罚(报复),轻在教育(警戒)。这是因为,法即刑,刑即杀。杀戮的目的不是为了别的,而是为了报复"。② 所以中国人自古就畏刑、畏法。而农民工对现代法律的了解较少,又深受这种传统法律文化的影响,以为打官司就意味着杀头、坐牢,一般的小纠纷甚至遭遇较大的权益侵害,都不愿诉诸法律解决。

3. 宗法等级观念阻碍农民工权利意识的树立

聚族而居是中国社会尤其是乡土农村最典型的社会组织特征,以家庭为单位,组成以自家地位为中心的根据一定的血缘关系秩序构筑的关系圈并形成家族本位的宗法文化观念,这"使得生活在其中的个体中国人丧失了作为独立的自由民的可能,因为他(她)只有作为家庭、家族和宗族的成员,才具有社会价值,而作为单个的社会成员则不具有社会价值。在家族主义的取向下,人们在社会生活中的行动自然一切首先考虑家族的利益,而把个人的利益放在次要的地位,家族的生存重于

①　张中秋:《中西法律文化比较研究》,南京大学出版社,1999 年,第82 页。
②　蔡鸿铭:《重刑轻民:我们生活中的中华法律文化传统》,《学术探索》,2004 年第5 期。

个体的生存,家族的荣耀也重于个体的荣耀,每个人只有屈从或融入其家族,才能获得意义。换言之,在传统社会里,中国人很少能建立个体意义上的自我意识,因此也就谈不上建立起个人权利的概念,而家族或宗族的权利则被看得很重要"。① "日本教授寺田浩明曾说过:中国是以全部个体的共存为基础,无论是基本的经济单位如何趋向于个体化或分散,但要求所有个体都顾全大局并作为一个和谐的集体中的一员来生活却一直被视为不证自明的道理。首先有全体的生存,才会有个体的生存。代表全体的利益要求每个个体互助互让,同时对于每个个体有时会出现的私欲膨胀予以抑制和处罚,这些都被看做是公共权力应该履行的职责。"② 由此可见,建筑在这种牢固的宗法等级观念基础上的集体主义价值观湮没了个人权利,并形成了一种异常深厚的社会心理积淀。这种在漫长的历史过程中形成的心理积淀,即使在最初的形成条件消失和相应的制度改变的情况下,也将以其固有的惯性长时间地保留下来,成为今天的中国人尤其是来自宗法传统色彩浓厚的农村地区的农民工权利意识形成的主要思想障碍。

4. "无讼"的价值取向不利于农民工涉讼意识的培养

孔子曰:"听讼,吾犹人也,必也使无讼乎!"(《论语·颜渊》)"无讼"或称"非讼"是儒家法哲学重要的价值取向。儒家要求人们用礼来约束自己,从而维护人与人之间的亲善关系(即"仁")。在"克己"的内省中,人们奉礼守信,修身养性,平息止争。"克己"还要求人们"见得思义"(《论语·季氏》)。孔子云:"君子喻于义,小人喻于利。"(《论语·里仁》)这种义利观要求人们耻于言利,而通过诉讼的手段争取自己的合法权益便不可取。另外,儒家的忠恕观要求人们"己所不欲,勿施于人"(《论语·卫灵公》),"不念旧恶,怨是用稀"(《论语·公冶长》),"人而不仁,疾之已甚,乱也"(《论语·泰伯》),这也是要求人们正心修身、诚意立性,而不要通过诉讼来解决问题,可见儒家提倡的传统道德观是"无讼"的一个重要思想根源。而农民工在这种传统道德观的长期

① 张中秋:《传统中国法的道德原理及其价值》,《南京大学学报》,2008年第1期。
② 同①。

影响下,自然也形成了"知足者长乐,能忍者自安"的心态,缺乏诉求意识,缺乏寻求法律救济的主动性。但现代社会,诉讼是解决纠纷、实现正义的最佳途径,农民工"和为贵、忍为上"的处理问题方式显然不利于自己合法权益的实现。

四、加强普法教育,促进农民工合法权益的维护和实现

（一）对农民工进行普法,增强其法律意识

对农民工这样一个边缘化的弱势群体而言,要想使他们的劳动权益得到有效的维护,仅有姿态式的关注与关心是无济于事的,单纯地向他们进行普法宣传、灌输法律知识也是远远不够的。卢梭曾说过:"法律既不是铭刻在大理石上,也不是铭刻在铜表上,而是铭刻在公民们的内心里。"①因而,我们更应关注的是如何培养和增强农民工的法律意识。"法律意识是人们对法律的基本态度,它指在对法律的了解、理解,对法律功用的认知基础上,运用和依据法律来规范和引导社会生活。"②它包括人们的用法、守法和执法意识,而要保证农民工合法权益的有效实现,就必须着眼于农民工用法意识的培养,关键是要树立农民工的权利意识,培养农民工的涉讼意识,增强农民工的证据意识。

1. 普法教育应着眼于树立农民工的权利意识

"权利是一种观念,也是一种制度。说它是一种观念是指权利应该成为公民的一种自觉意识;说它是一种法律制度是指权利的内容应该规定在具体的法律之中,成为公民的一项法定权利。此外,这句话的另外一层意思是,权利的演变有一个从观念到制度的过程。现在的社会是一个私权勃兴的社会,法律对公民行为的调控多是通过授权方式来实现的,公民依法享有政治、经济、文化等各个方面的权利。农民工作为公民,也依法享有法律赋予的合法权利。需要指出的是,尽管权利已上升为法律规定,但农民工要想真正享有权利,能够维护自己的合法权利,也有一个自己对权利的认识的过程,同样需要权利观念先行。没有良好的权利观念,就很难行使法律赋予的广泛的法律权利,当然,更无

---

① 卢梭:《社会契约论》,何兆武译,商务印书馆,2005 年,第 21 页。
② 宋文禄:《法治公民的培育是法治建设的基础》,《法治与社会》,2007 年第 1 期。

法为自己争取更多的法律权利。"①然而事实上,农民工由于受历史文化传统影响,还普遍存在法律即义务的思想认识。在这种思想认识的支配下,农民工对国家法律的认识只看到其强制性的一面,而对其权利保护的一面却了解甚少。农民工义务意识愈浓厚,权利意识便愈淡薄。另外,农民工受教育程度普遍偏低,在现代社会的市场环境中容易形成低人一等的心理,这也使得农民工在行使某些权利的过程中一旦碰壁则往往采取放弃、逃避的态度。所以普法教育应着眼于农民工权利意识的培养,转变农民工对法律的态度,使他们能够在自己的权利受到损害时,主动拿起法律武器来捍卫自己的权利。另一方面,农民工的"边缘人"身份使其游离于城市和农村之间,"游离"身份导致他们仅仅满足于比家乡高一些的经济收入,农民工的这种功利性、保守性的心理特征使其谋生方式较为单一,在自然和社会力量面前普遍感到难以把握自己的命运,精神上具有强烈的乏力感,对未来不敢也不可能抱有太多、太高的奢望,因此,他们极其看中眼前的经济利益,而对其他诸多应有的权利采取规避的态度。普法教育的基本内容应该是权利教育,强调法律对农民工的保护,要培养农民工的权利意识,使农民工能够意识到自己是一个社会政治生活和公共生活的主体,而非无足轻重的客体,应当享有各种政治、经济和社会权利,使他们明确地懂得权利的正当性和可行性。尤其要通过法律价值理念教育,培养农民工的政治参与意识,提高他们对社会主义国家的认同感、责任感和归属感,使他们能够自觉地通过政治途径表达自己的意愿。

2. 普法教育应着眼于培养农民工的涉诉意识

"涉诉意识"或称"诉讼意识"是人们关于诉讼及诉讼现象的思想、认识、观念、知识和心理的总称。它是人们在诉讼的社会实践中反复形成的对诉讼程序本身功能和价值的体验、认识、观点。它与对法律的价值和功能的认识密切相连,是对法律价值的功能认识的必然反映。西方的法学家多把法律看成"善良公正之术",因此作为法律运用的诉讼自然与公正和公平相统一,通过诉讼解决纠纷也就被视为一种正当而

---

① 张波:《农民工的法律意识演变分析》,《桂海论丛》,2006 年第 3 期。

正常的途径；法律如果被看成"惩恶止暴"的手段、实现统治的一种工具，作为适用法律的必要方式的诉讼自然而然与惩罚联系在一起，一般情况下人们就会远讼和不涉诉。而我国几千年的传统都是把法律作为统治阶级的工具，把法律看成社会控制的手段，这无疑对人们的诉讼心理产生了很大影响，人们不到万不得已是不轻易打官司的。直到目前，当农民工面临纠纷时，找领导解决问题的比例最高，他们更愿意借助领导的权力来保护自己的权利。因此，应该通过开展普法教育引导农民工抛弃"漠视诉讼"、"以诉讼为耻"的观念，树立用诉讼手段保护合法权益为当然的诉讼意识，要使农民工习惯于用诉讼手段保护自己的合法权益，引导农民工树立当事人在诉讼中地位平等的观念，转变农民工"畏惧诉讼"、"怕为被告"的心理。

3. 普法教育应着眼于增强农民工的证据意识

证据意识是人们在面对纠纷或处理争议时自觉收取、保存、运用证据的觉悟。我国农村自古以来人与人之间的交往相对固定，社交圈狭窄，使得农民生活在以血缘关系为纽带，以家族为根基的熟人社会里。在熟人社会中普遍存在人情优位，常常使人养成一种态度暧昧、不太计较、不很认真的习惯。在这种熟人社会中，签字画押不但多余，而且显得见外。在这种传统意识的影响下，农民工普遍契约意识淡薄，没有契约就没有证据，一旦发生纠纷，许多农民工一无劳动合同，二无任何证据证明其与用人单位存在事实劳动关系，使得自己的合法权益很难受到法律的保护。另外在古代，绝大部分人认为诉讼是万不得已的事情，能避免就尽量避免。清代裕谦在《戒讼说》中甚至认为好讼之害有十：坏人心、耗货财、误正事、伤天伦、致疾病、结怨毒、生事变、损品望、召侮辱、失家教。与诉讼关系密切的证据也难逃其咎，人们总是不太喜欢它，有时还躲着它。结果，在遇到法律纠纷时往往关注人情关系，或者相信审案者（如包青天）能够明察秋毫，作出公正的判决。农民工自然也受这种厌讼心理和清官意识的影响，没有收取、保存证据的心理自觉。因此，必须深入开展农民工普法教育，让他们知道法律中"谁主张谁举证"的一般证据分配规则，增强他们的证据意识，提高他们运用法律武器来维护自身合法权益的能力。

（二）对用工单位进行普法，增强其依法用工意识

应该说从用工单位入手保护农民工的合法权益是最为直接和有效的，因为农民工的所有权益包括工资待遇、劳动保护等都直接来自于用工单位，用工单位如能依法行事，并多从劳动者的角度考虑问题，农民工的合法权益就自然能够得到较为彻底的保护。问题是，用工单位与所雇农民工的利益关系是对立的，只有在不与本单位利益相冲突的时候才会考虑到农民工的权益，有些单位甚至无视法律的权威，随意损害农民工的合法权益。因此，必须对所有的用工单位，特别是雇佣农民工较多的单位宣讲依法用工的法律规定，增强这些用工单位依法用工的意识。

首先，普法工作者应该组织有关用工单位的负责人和管理人员参加关于依法用工的法律培训。通过法律培训，使这些用工单位的管理层了解国家保护劳工方面的法律法规，并结合具体的案例，让他们知道单位在用工过程中不应该存在的一些损害所雇劳工现象，特别是在保护农民工合法权益的问题上，应该通过培训使他们明白作为用工方应该履行的义务，比如，应该与农民工签订具体的劳动合同，应该为农民工提供安全生产的必备条件，应该保障农民工的休息休假权，应该为农民工提供基本的社会保障待遇等。

其次，普法工作者可以通过发放相关法律文件、在单位宣传栏张贴公告等形式，使用工单位了解违法违规雇佣农民工所要承担的法律责任。《劳动法》第八十九条至第一百零五条规定了用工单位违法延长工作时间、不提供劳动安全设施和劳动卫生条件、强令劳动者违章冒险作业、侵犯劳动者人身权等违法用工行为所要承担的法律责任，其中包括警告、责令改正、罚款、支付赔偿金、追究刑事责任等。普法工作者的目的是使用工单位自上而下都认识到一旦侵害所雇农民工的合法权益，就要承担相应的法律上的不利后果，从而增强用工单位保护所雇农民工合法权益的责任感，自觉地按照法律的要求来作出经营决策、制订单位内部的劳动规章制度、采取相应的调整和补救措施，更好地保护农民工的合法权益。

（三）对城市居民进行普法，改变其对农民工的歧视态度

农民工离开农村进入城市，为的只是多挣点养家糊口的钱，他们的

经济能力可能不如城里人，文化素质也可能比城里人低，言行举止有时还带着些"土气"，但是，这些都不应该成为城市居民鄙视农民工、排斥农民工的理由；相反，城市人更应该从心理上理解、从行动上关心农民工。现实中很多农民工从事的是直接服务于市民的工作，有给市民家庭当保姆的，有挨家挨户送水送气的，有给市民提供搬运服务的，他们在用真诚服务给城市、给社区带来便利，理应得到市民的尊重和认同。遗憾的是，经常发生城市居民歧视农民工甚至与农民工发生冲突的事件，并且大多是以农民工受辱为结局，这在一个主张建立和谐社会的时期是极不正常的现象。

本书认为，应该以城市社区为单位，向城市居民宣传国家保护农民工的政策及相关法律规定。可以在社区内设置法制宣传橱窗，该橱窗应该修建在社区内的文化广场、休闲场所或者过往行人较多的地方。针对市民排斥农民工的心理和行为，可以在橱窗内开辟一个农民工问题专栏，动员社区内的时事关心者、法律自学爱好者、离退休的司法干部等办好这个专栏，内容应为国家最近颁布的有关农民工保护的各项政策措施和农民工作为城市建设者所享有的各项权利以及农民工给这个城市所作的贡献等，让城市居民系统地了解农民工进城的动机、农民工的生存状况、国家对待农民工阶层的态度、法律规定的农民工所享有的权利等，让城市居民在认识农民工这个特殊阶层的同时，反思其在现实生活中的不当想法和做法，自觉地站到尊重和保护农民工合法权益的行列中。利用法制宣传橱窗在城市社区宣传农民工权益保障内容所带来的实际效用是不可估量的，因为社区里居住的不仅有普通市民，更有政府工作人员、企业正式职工等各种身份的人，通过这些人的带动效应，可以使他们在各行各业中充当保护农民工合法权益的代言人，这对于在城市社会营造良好的农民工权益保障氛围大有帮助，值得推广。此外，还可以在社区开展农民工代表与市民代表的交流与联谊活动，通过相互交往，增进彼此了解，减少隔阂。